U0026941

春秋經傳集解

四部備要

經部

中華書局據相臺岳氏家塾本校刊

桐鄉　陸費逵總勘
杭縣　高時顯
　　　吳汝霖輯校
杭縣　丁輔之監造

春秋經傳集解襄公一第十四

襄公名午。成公子。母定姒。謚法。因事有功曰襄。辟土有德曰襄。

杜氏註　盡九年

經元年。春。王正月。公卽位。無傳。於是公年四歲。仲孫蔑會晉欒黶。宋華元。衞甯殖。曹人。莒人。邾人。滕人。薛人。圍宋彭城。魯與謀於虛朾。而書會者。褒命霸主。非匹敵故。○〔與〕音預。夏。晉韓厥帥師伐鄭。仲孫蔑會齊崔杼。曹人。邾人。杞人。次于鄫。鄫。鄭地。在陳留襄邑縣東南。書次。兵不加鄭。次鄫以待晉師。○〔鄫〕才陵反。秋。楚公子壬夫帥師侵宋。九月。辛酉。天王崩。無傳。辛酉。九月十五日。邾子來朝。冬。衞侯使公孫剽來聘。剽。子叔黑背子。○〔剽〕匹妙反。晉侯使荀罃來聘。冬者。十月初也。王崩。赴未至。皆未聞喪。故 / 各得行朝聘之禮。而傳書之。

傳。元年。春。己亥。圍宋彭城。下有二月。則此己亥爲 / 正月。正月無己亥。日誤。非宋地。追書也。成十八年。楚取彭城以封魚石。故曰 / 非宋地。夫子治春秋。追書繫之宋。於是爲宋討魚石。故稱宋。且不登叛人也。登。成也。不與 / 其專邑叛君。故使彭城 / 還繫宋。謂之宋志。稱宋。亦以 / 成宋志。彭城降晉。晉人以宋五大夫在彭城者歸。寘諸瓠丘。彭城降不書。賤略之。 / 瓠丘。晉地。河東東垣縣東南有壺丘。五大夫。魚石。向爲人。鱗朱。向 / 帶。魚府。○〔降〕戶江反。〔瓠〕侯吳反。一戶故反。齊人不會彭城。晉人以爲討。二月。齊大子光爲質於晉。光。齊 / 靈公大 / 子。夏。五月。晉韓厥荀偃帥諸侯之師伐鄭。入其郛。荀 / 偃不書。非元帥。 / ○〔郛〕芳夫反。敗其徒兵於洧上。徒兵。步兵。洧水出密 / 縣。東南至長平入潁。

○〔湞〕于軌反於是東諸侯之師次于鄶以待晉師齊魯曹邾杞晉師自鄭以鄶之師侵楚焦夷及陳於是孟獻子自鄶先歸不與侵陳楚故不書○〔焦〕如字又在堯反晉侯衛侯次于戚以爲之援爲韓厥援秋楚子辛救鄭侵宋呂留呂留二縣今屬彭城郡鄭子然侵宋取犬丘譙國酇縣東北有犬丘城迂迴疑○〔酇〕才河反又子旦反〔迂〕音于九月邾子來朝禮也邾宣公冬衛子叔晉知武子來聘禮也凡諸侯即位小國朝之小事大大國聘焉大字小以繼好結信謀事補闕禮之大者也闕猶過也禮以安國家利民人爲大

經二年春王正月葬簡王無傳五月而葬速鄭師伐宋書伐從告

夏五月庚寅夫人姜氏薨六月庚辰鄭伯睔卒未與襄同

盟而赴以名。庚辰。七月九日。書六月。經誤。○[騙]古囷反。又胡忖反。晉師宋師衛甯殖

侵鄭。宋雖非鄭。師重。故敘衛上。秋。七月。仲孫蔑會晉荀罃宋華元

衛孫林父。曹人。邾人。于戚。己丑。葬我小君齊姜。齊謚也。三月而葬。速。○[齊]如字。執心克莊曰齊。叔孫豹如宋。豹於此始自齊還爲卿。冬。仲孫

蔑會晉荀罃。齊崔杼。宋華元。衛孫林父。曹人。邾人。滕

人。薛人。小邾人。于戚。遂城虎牢。以偪鄭。楚殺其大夫公

子申。

傳。二年。春。鄭師侵宋。楚令也。以彭城故。齊侯伐萊。萊人使

正輿子。賂夙沙衛以索馬牛。皆百匹。夙沙衛。齊寺人。索。簡擇好者。○

[索]所白反。齊師乃還。君子是以知齊靈公之爲靈也。謚法。亂而

不損曰靈。言諡應其行。夏齊姜薨。初穆姜使擇美檟。檟。梓之屬。○［檟］古雅反。以自爲櫬與頌琴。櫬。棺也。頌琴。琴名。猶言雅琴。皆欲以送終。○［櫬］初覲反。季文子取以葬。君子曰。非禮也。禮無所逆。婦養姑者也。虧姑以成婦。逆莫大焉。穆姜。成公母。齊姜。成公婦。○［養］余亮反。詩曰。其惟哲人。告之話言。順德之行。詩大雅。哲。知也。話。善也。言知者行事無不順。○［話］戶怪反。［知］音致。季孫於是爲不哲矣。言逆德。且姜氏。君之妣也。襄公適母。故曰君之妣。詩曰。爲酒爲醴。烝畀祖妣。以洽百禮。降福孔偕。詩周頌。烝。進也。畀。與也。偕。徧也。言敬事祖妣。則鬼神降福。季孫葬姜氏不以禮。是不敬祖妣。齊侯使諸姜宗婦來送葬。宗婦。同姓大夫之婦。婦人越疆送葬。非禮。召萊子。萊子不會。故晏弱城東陽以偪之。爲六年滅萊傳。東陽。

齊竟上邑 鄭成公疾。子駟請息肩於晉。欲辟楚役以負擔喻○[擔]都暫反 公曰。楚君以鄭故。親集矢於其目。謂鄢陵戰晉射楚王目○[射]食亦反 非異人任寡人也○言楚子任此患不為他人蓋在己○非異人任絕句[任]音壬一讀至人字絕句 若背之。是弃力與言。其誰暱我。言盟誓之言○力一本作功[暱]女乙反 免寡人。唯二三子。秋七月庚辰。鄭伯睔卒。於是子罕當國。攝君事 子駟為政。為政卿 子國為司馬。晉師侵鄭。晉伐喪非禮 諸大夫欲從晉。子駟曰。官命未改。成公未葬嗣君未免喪故言未改不欲違先君意 會于戚。謀鄭故也。鄭久叛晉謀討之 孟獻子曰。請城虎牢以偪鄭。虎牢舊鄭邑今屬晉 知武子曰。善。鄫之會。吾子聞崔子之言。今不來矣。元年孟獻子與齊崔杼次于鄫崔杼有不服晉之言。獻子以告知武子。滕薛小邾之不至，皆齊故也。三國，齊之屬。

寡君之憂不唯鄭。言復憂齊叛。（復）扶又反，下同。○罃將復於寡君而請於齊。以城事白晉君，而請齊會之，欲以觀齊志。得請而告，吾子之功也。得請，謂齊人應命，告諸侯會築虎牢。若不得請，事將在齊。將伐齊。吾子之請，諸侯之福也。城虎牢足以服鄭，息征伐。豈惟寡君賴之。傳言荀罃能用善謀。

穆叔聘于宋，通嗣君也。冬，復會于戚，齊崔武子及滕薛小邾之大夫皆會，知武子之言故也。武子言事將在齊，齊人懼，帥小國而會之。遂城虎牢，鄭人乃成。如孟獻子之謀。

楚公子申爲右司馬，多受小國之賂，以偪子重、子辛。偪奪其權勢。楚人殺之，故書曰楚殺其大夫公子申。言所以致國討之文。

經三年春楚公子嬰齊帥師伐吳公如晉夏四月壬戌公及晉侯盟于長樗 晉侯出其國都與公盟于外○樗勑居反 公至自晉 無傳不以長樗至本非會 六月公會單子晉侯宋公衛侯鄭伯莒子邾子齊世子光己未同盟于雞澤 雞澤在廣平曲梁縣西南周靈王新即位使王官伯出與諸侯盟以安王室故無譏 陳侯使袁僑如會 陳疾楚政而來屬晉本非召會而自來故言如會 戊寅叔孫豹及諸侯之大夫及陳袁僑盟 諸侯既盟袁僑乃至故使大夫別與之盟言諸侯之大夫則在雞澤之諸侯也殊袁僑者明諸侯大夫所以盟盟袁僑也據傳盟在秋長曆推戊寅七月十三日經誤 秋公至自會 無傳 冬晉荀罃帥師伐許

傳三年春楚子重伐吳爲簡之師 簡選練 克鳩茲至于

衡山。鳩茲，吳邑，在丹陽蕪湖縣東，今皋夷也。衡山在吳興烏程縣南。使鄧廖帥組甲三百、被練三千。組甲、被練，皆戰備也。組甲，漆甲成組文。被練，練袍。○(廖)力彫反，(組)音祖，(被)去聲。以侵吳。吳人要而擊之，獲鄧廖。其能免者組甲八十、被練三百而已。子重歸，既飲至，三日，吳人伐楚，取駕。駕，良邑也。鄧廖亦楚之良也。君子謂子重於是役也，所獲不如所亡。當時君子。○(要)於遙反。楚人以是咎子重。子重病之，遂遇心疾而卒。憂恚，故成心疾。公如晉，始朝也。公即位而朝。夏，盟於長樗。孟獻子相，公稽首。相，儀也。稽首，首至地。知武子曰：天子在，而君辱稽首，寡君懼矣。稽首，事天子之禮。孟獻子曰：以敝邑介在東表，密邇仇讎，仇讎，謂齊、楚，與晉爭。寡君將君是望敢不稽首。傳言獻子能固事盟主。晉爲鄭服故且欲脩吳好。鄭服在前年。將合諸侯使士匄告于齊曰寡君使匄以歲之不易不虞之不戒寡君願與一二兄弟相見不易多難也。虞度也。戒備也。列國之君相謂兄弟。○〔易〕以豉反。以謀不協請君臨之使匄乞盟齊侯欲勿許而難爲不協乃盟於耏外與士匄盟。耏。耏水名。○〔耏〕音而。祁奚請老老致仕。晉侯問嗣焉嗣續其職者。稱解狐其讎也將立之而卒解狐卒。○〔解〕音蟹。又問焉對曰午也可。午祁奚子。於是羊舌職死矣晉侯曰孰可以代之對曰赤也可赤職之子伯華。於是使祁午爲中軍尉羊舌赤佐之各代其父。君子謂祁奚於是能舉善矣稱其讎不爲諂立其子不爲比舉其偏不爲黨諂媚也偏屬也○(諂)他檢反(比)毗志反商書曰無偏無黨王道蕩蕩商書洪範也蕩蕩平正無私其祁奚之謂矣解狐得舉未得位故曰得舉祁午得位伯華得官建一官而三物成一官軍尉物事也能舉善也夫唯善故能舉其類詩云惟其有之是以似之祁奚有焉詩小雅言唯有德之人能舉似已者也○(夫)音扶絕句一讀夫爲下句首六月公會單頃公及諸侯己未同盟于雞澤單頃公王卿士○(頃)音傾晉侯使荀會逆吳子于淮上吳子不至道遠多難楚子辛爲令尹侵欲於小國陳成公使袁僑如會求成患楚侵欲袁僑濤塗四世孫晉侯使和組父告于諸侯告陳服秋叔孫豹及諸侯之大夫及陳袁

僑盟。陳請服也。其君不來。使大夫盟之。匹敵之宜。晉侯之弟揚干亂行於曲梁。行，陳次。○〔行〕戶郎反。注同。〔陳〕直覲反。魏絳戮其僕。僕，御也。晉侯怒。謂羊舌赤曰。合諸侯以爲榮也。揚干爲戮。何辱如之。必殺魏絳。無失也。對曰。絳無貳志。事君不辟難。有罪不逃刑。其將來辭。何辱命焉。言終。魏絳至。授僕人書。僕人，晉侯御僕。將伏劍。士魴張老止之。公讀其書曰。日君乏使。使臣斯司馬。斯，此也。臣聞師衆以順爲武。順，莫敢違。軍事有死無犯爲敬。守官行法，雖死不敢有違。君合諸侯。臣敢不敬。君師不武。執事不敬。罪莫大焉。臣懼其死。以及揚干。無所逃罪。懼自犯不武不敬之罪。不能致訓。至於用鉞。用鉞，斬揚干之僕。臣之罪重。敢有不從以怒君心。言不敢不從戮。請歸死於司寇。致尸於司寇使戮之。公跣而出曰。寡人之言親愛也。吾子之討軍禮也。寡人有弟弗能教訓。使干大命。寡人之過也。子無重寡人之過。聽絳死爲重過。敢以爲請。請使無死。晉侯以魏絳爲能以刑佐民矣。反役與之禮食。使佐新軍。羣臣旅會。今欲顯絳。故特爲設禮食。○〔食〕音嗣。又如字。張老爲中軍司馬。代魏絳。士富爲候奄。代張老。士富。士會別族。楚司馬公子何忌侵陳。陳叛故也。許靈公事楚。不會于雞澤。冬晉知武子帥師伐許。

經四年春王三月己酉。陳侯午卒。前年大夫盟雞澤。三月無己酉。日誤。

夏叔孫豹如晉秋七月戊子夫人姒氏薨成公妾襄公母姒杞姓葬陳成公無傳八月辛亥葬我小君定姒無傳定謚也赴同祔姑反哭成喪皆以正夫人禮母以子貴踰月而葬速冬公如晉陳人圍頓

傳四年春楚師爲陳叛故猶在繁陽前年何忌之師侵陳今猶未還繁陽楚地在汝南鮦陽縣南○鮦音紂一音童韓獻子患之言於朝曰文王帥殷之叛國以事紂唯知時也知時未可爭今我易之難哉晉力未能服楚受陳爲非時三月陳成公卒楚人將伐陳聞喪乃止軍禮不伐喪陳人不聽命不聽楚命臧武仲聞之曰陳不服於楚必亡大國行禮焉而不服在大猶有咎而況小乎夏楚彭名侵陳陳無禮故也爲下陳圍頓傳穆叔如晉

報知武子之聘也。武子聘在元年。晉侯享之。金奏肆夏之三。不拜。肆夏樂曲名。周禮以鍾鼓奏九夏。其二曰肆夏。一名樊。三曰韶夏。一名遏。四曰納夏。一名渠。蓋擊鍾而奏此三夏曲。○〔夏〕戶雅反。工歌文王之三。又不拜。工樂人也。文王之三。大雅之首。文王大明緜。歌鹿鳴之三。三拜。小雅之首。鹿鳴四牡皇皇者華。韓獻子使行人子員問之。行人通使之官。○〔員〕音云。〔使〕所吏反。曰。子以君命辱於敝邑。先君之禮。藉之以樂。以辱吾子。藉薦也。○〔藉〕在夜反。吾子舍其大。而重拜其細。敢問何禮也。對曰。三夏。天子所以享元侯也。使臣弗敢與聞。元侯牧伯。○〔舍〕音捨。文王。兩君相見之樂也。臣不敢及。及與也。文王之三。皆稱文王之德受命作周。故諸侯會同以相樂。〔〕相〔樂〕音洛。鹿鳴。君所以嘉寡君也。敢不拜嘉。晉以叔孫爲嘉賓故歌鹿鳴之詩取其我有嘉賓叔孫奉君命而來嘉叔孫乃所以嘉魯君四牡。君所以勞使臣也。敢不重拜。詩言使臣乘四牡騑騑然行不止勤勞也晉以叔孫來聘故以此勞之○[勞]力報反勤[勞]平聲[騑]芳非反皇皇者華。君教使臣曰必諮於周。皇皇者華君遣使臣之詩言忠臣奉使能光輝君命如華之皇皇然又當諮于忠信以補己不及忠信爲周其詩曰周爰諮諏周爰諮謀周爰諮度周爰諮詢言必於忠信之人諮此四事○[諏]子須反[度]待洛反下同臣聞之訪問於善爲咨。問善道咨親爲詢。問親戚之義咨禮爲度。問禮宜咨事爲諏。問政事咨難爲謀。問患難○[難]乃旦反臣獲五善。敢不重拜。五善謂諮詢度諏謀秋定姒薨。不殯于廟。無櫬不虞。櫬親身棺季孫以定姒本賤既無器備議其喪制欲殯不過廟又不反哭○[過]古禾反匠慶謂季文子匠慶魯大匠曰。子爲正卿。而小君之喪不成。謂如季孫所議。則為夫人禮不成。不終君也。慢其母。是不終事君之道。君長誰受其咎。言襄公長。將責季孫。○長。丁丈反。初季孫為己樹六檟於蒲圃東門之外。蒲圃。場圃名。季文子樹檟。欲自為櫬。匠慶請木。為定姒作櫬。季孫曰。略。不以道取為略。匠慶用蒲圃之檟。季孫不御。御。止也。傳言遂得成禮。故經無異文。○御。魚呂反。君子曰。志所謂多行無禮必自及也。其是之謂乎。冬。公如晉聽政。受貢賦多少之政。晉侯享公。公請屬鄫。鄫。小國也。欲得使屬魯。如須句顓臾之比。使助魯出貢賦。公時年七歲。蓋相者為之言。鄫。今琅邪鄫縣。晉侯不許。孟獻子曰。以寡君之密邇於仇讎。而願固事君。無失官命。晉官徵發之命。鄫無賦於司馬。晉司馬又掌諸侯之賦。為執事朝夕之命敝邑。敝邑褊小。闕而爲罪。(闕不共也。○〔共〕音恭。)寡君是以願借助焉。(借鄫以自助。○〔借〕子亦反。)晉侯許之。(爲明年叔孫豹鄫世子巫如晉傳。)楚人使頓閒陳而侵伐之故陳人圍頓。(閒伺閒缺。○〔閒〕去聲。〔伺〕音司。〔閒〕音閑。又去聲。)無終子嘉父使孟樂如晉。(無終山戎國名。孟樂其使臣。)因魏莊子納虎豹之皮以請和諸戎。(欲戎與晉和。莊子魏絳。)晉侯曰戎狄無親而貪不如伐之。魏絳曰諸侯新服陳新來和將觀於我我德則睦否則攜貳勞師於戎而楚伐陳必弗能救是棄陳也。諸華必叛。(諸華中國。)戎禽獸也。獲戎失華無乃不可乎。夏訓有之曰有窮后羿。(夏訓夏書。有窮國名。后君也。羿有窮君之號。)公曰后羿何如。(怪其言不次。故問之。)對曰昔有夏之方衰也后羿自鉏遷于窮石。（禹孫大康淫放失國。夏人立其弟仲康。仲康亦微弱。仲康卒。子相立。羿遂代相。號曰有窮。鉏。羿本國名。）因夏民以代夏政。恃其射也。（羿善射。）不脩民事而淫于原獸。（淫放原野。）弃武羅伯因熊髠尨圉。（四子皆羿之賢臣。○[髠]苦門反。[尨]莫邦反。[圉]魚呂反。）而用寒浞。寒浞伯明氏之讒子弟也。（寒國。北海平壽縣東有寒亭。伯明。其君名。○[浞]仕角反。又在角反。）伯明后寒弃之。夷羿收之。（夷氏。）信而使之。以爲己相。浞行媚于內（內宮人。）而施賂于外。愚弄其民（欺罔之。）而虞羿于田。（樂之以遊田。○[樂]音洛。下樂安同。）樹之詐慝以取其國家。（樹。立也。）外內咸服。（信浞詐。）羿猶不悛。（悛。改也。○[悛]七全反。）將歸自田。（羿獵還。）家衆殺而亨之。以食其子。（食羿子。○[亨]普彭反。[食]音嗣。）其子不忍食諸。死于

窮門殺之於國門靡奔有鬲氏靡夏遺臣事羿者有鬲國名今平原鬲縣○[鬲]音革
浞因羿室就其妃妾生澆及豷恃其讒慝詐僞而不德于
民使澆用師滅斟灌及斟尋氏二國夏同姓諸侯仲康之子后相所依樂
安壽光縣東南有灌亭北海平壽縣東南有斟亭○[澆]五弔反[豷]許器反處澆于過處豷
于戈過戈皆國名東萊掖縣北有過鄉戈在宋鄭之閒○[過]古禾反靡自有鬲氏收
二國之燼燼遺民○[燼]才刃反以滅浞而立少康少康夏后相之子少
康滅澆于過后杼滅豷于戈后杼少康子○[杼]直呂反有窮由是
遂亡失人故也浞因羿室故不改有窮之號昔周辛甲之爲大史
也命百官官箴王闕辛甲周武王大史闕過也使百官各爲箴辭戒王過於虞
人之箴虞人掌田獵曰芒芒禹迹畫爲九州芒芒遠貌畫分也經

啓九道。啓開九州之道。民有寢廟。獸有茂草。各有攸處。德用不擾。人神各有所歸。故德不亂。○〔處〕如字。在帝夷羿。冒于原獸。冒。貪也。忘其國恤。而思其麀牡。言但念獵。武不可重。重。猶數也。用不恢于夏家。羿以好武。雖有夏家。而不能恢大之。獸臣司原。敢告僕夫。獸臣。虞人。告僕夫。不敢斥尊。虞箴如是。可不懲乎。於是晉侯好田。故魏絳及之。及后羿事。公曰。然則莫如和戎乎。對曰。和戎有五利焉。戎狄荐居。貴貨易土。荐。聚也。易。猶輕也。○〔荐〕在薦反。〔易〕以豉反。土可賈焉。一也。邊鄙不聳。民狎其野。穡人成功。二也。聳。懼。狎。習也。○〔賈〕音古。戎狄事晉。四鄰振動。諸侯威懷。三也。以德綏戎。師徒不勤。甲兵不頓。四也。頓。壞也。鑒于后羿。而用德度。

以后羿爲鑒戒遠至邇安五也君其圖之公說使魏絳盟諸戎脩民事田以時傳言晉侯能用善謀冬十月邾人莒人伐鄫臧紇救鄫侵邾敗於狐駘臧紇武仲也鄫屬魯故救之狐駘邾地魯國蕃縣東南有目台亭○〔紇〕恨發反〔駘〕徒來反又勑才反國人逆喪者皆髽魯於是乎始髽髽麻髮合結也遭喪者多故不能備凶服髽而已○〔髽〕側瓜反〔結〕音計國人誦之曰臧之狐裘敗我於狐駘臧紇時服狐裘我君小子朱儒是使朱儒朱儒使我敗於邾襄公幼弱故曰小子臧紇短小故曰朱儒敗不書魯人諱之

經五年春公至自晉夏鄭伯使公子發來聘發子產父叔孫豹鄫世子巫如晉比魯大夫故書巫如晉仲孫蔑衛孫林父

會吳于善道。魯衛俱受命於晉。故不言及。吳先在善道。二大夫往會之。故曰會吳。善道地闕。秋。大雩。楚殺其大夫公子壬夫。書名。罪其貪。公會晉侯宋公陳侯衛侯鄭伯曹伯莒子邾子滕子薛伯齊世子光吳人鄫人于戚。穆叔使鄫人聽命于會。故鄫見經。不復殊吳者。吳來會于戚。公至自會。無傳。冬。戍陳。諸侯在戚會。皆受命戍陳。各還國遣戍。不復有告命。故獨書魯戍。楚公子貞帥師伐陳。公會晉侯宋公衛侯鄭伯曹伯齊世子光救陳。十有二月。公至自救陳。無傳。辛未。季孫行父卒。

傳五年春。公至自晉。公在晉。既聽屬鄫。聞其見伐。遂命臧紇出救。故傳稱經公至以明之。王使王叔陳生愬戎于晉。王叔。周卿士也。戎陵虣周室。故告愬於盟主。○

（[虣]白報反。）晉人執之。士魴如京師。言王叔之貳於戎也。（王叔反有二心於戎。失奉使之義。故晉執之。）夏。鄭子國來聘。通嗣君也。（鄭僖公初卽位。）穆叔覿鄫大子于晉。以成屬鄫。（覿。見也。前年請屬鄫。故將鄫大子巫如晉以成之。○[見]賢遍反。）書曰。叔孫豹。鄫大子巫。如晉。言比諸魯大夫也。（豹與巫俱受命於魯。故經不書及。比之魯大夫。）吳子使壽越如晉。（壽越。吳大夫。）辭不會于雞澤之故。（三年會雞澤。吳不至。今來謝之。）且請聽諸侯之好。（更請會。）晉人將爲之合諸侯。使魯衛先會吳。且告會期。（以其道遠。故使魯衛先告期。○[爲]于僞反。）故孟獻子。孫文子。會吳于善道。（二子皆受晉命而行。）秋。大雩。旱也。（雩。夏祭。所以祈甘雨。若旱則又脩其禮。故雖秋雩。非書過也。然經與過雩同文。是以傳每釋之曰。旱也。雩而獲雨。故書雩而不書旱。）楚人討陳叛故討治也曰由令尹子辛實侵欲焉乃殺之書曰楚殺其大夫公子壬夫貪也君子謂楚共王於是不刑陳之叛楚罪在子辛共王既不能素明法教陳叛之日又不能嚴斷威刑以謝小國而擁其罪人與兵致討加禮於陳而陳恨彌篤乃怨而歸罪子辛子辛之貪雖足以取死然共王用刑爲失其節故言不刑詩曰周道挺挺我心扃扃講事不令集人來定逸詩也挺挺正直也扃扃明察也講謀也言謀事不善當聚致賢人以定之○（扃）工迥反己則無信而殺人以逞不亦難乎共王伐宋封魚石背盟敗于鄢陵殺子反公子申及壬夫八年之中戮殺三卿欲以屬諸侯故君子以爲不可夏書曰成允成功亦逸書也允信也言信成然後有成功九月丙午盟于戚會吳且命戍陳也公及其會而不書盟非公後會蓋不以盟告廟穆叔以屬鄫爲不利使鄫大夫

聽命于會。鄫近魯竟故欲以爲屬國既而與莒有怨魯不能救恐致譴責故復乞還之傳言鄫人所以見於戚會○[復]扶又反[見]賢遍反楚子囊爲令尹公子貞范宣子曰我喪陳矣楚人討貳而立子囊必改行。改子辛所行○[喪]息浪反[行]如字又下孟反而疾討陳疾急也陳近於楚民朝夕急能無往乎有陳非吾事也無之而後可言晉力不能及陳故七年陳侯逃歸冬諸侯戍陳備楚子囊伐陳十一月甲午會于城棣以救之。公及救陳而不及會故不書城棣城棣鄭地陳留酸棗縣西南有棣城○[棣]力計反一徒妹反季文子卒大夫入斂公在位在阼階西鄉宰庀家器爲葬備。庀具也○[庀]匹婢反無衣帛之妾無食粟之馬無藏金玉無重器備。器備謂珍寶甲兵之物○[衣]於既反[食]如字又音嗣[重]如字又直龍反君子是

以知季文子之忠於公室也相三君矣而無私積可不謂忠乎 ○〔積〕子賜反

經六年春王三月壬午杞伯姑容卒夏宋華弱來奔 華椒孫 秋葬杞桓公 無傳 滕子來朝莒人滅鄫冬叔孫豹如邾季孫宿如晉 行父之子 十有二月齊侯滅萊 書十二月從告

傳六年春杞桓公卒始赴以名同盟故也 杞入春秋未嘗書名桓公三與成同盟故赴以名 宋華弱與樂轡少相狎長相優又相謗也 狎親習也優調戲也 ○〔少〕詩照反〔長〕丁丈反 子蕩怒以弓梏華弱于朝 子蕩樂轡也張弓以貫其頸若械之在手故曰梏 ○〔梏〕古毒反 平公見之曰司武而梏於朝難以勝矣 司武司馬言其懦弱不足以勝敵 ○〔懦〕乃亂反又乃臥反 遂

逐之。夏。宋華弱來奔。司城子罕曰。同罪異罰。非刑也。專戮於朝。罪孰大焉。亦逐子蕩。子蕩射子罕之門曰。幾日而不我從。言我射女門。女亦當以不勝任見逐。○[射]食亦反。子罕善之如初。言子罕雖見辱。不追忿。所以得安。秋。滕成公來朝。始朝公也。莒人滅鄫。鄫恃賂也。鄫有貢賦之賂在魯。恃之而慢莒。故滅之。冬。穆叔如邾。聘。且脩平。平四年狐駘戰。晉人以鄫故來討。曰。何故亡鄫。鄫屬魯。恃賂而慢莒。魯不致力輔助。無何以還晉。尋便見滅。故晉責魯。季武子如晉見。且聽命。始代父爲卿。見大國。且謝亡鄫。聽命受罪。十一月。齊侯滅萊。萊恃謀也。賂夙沙衛之謀也。事在二年。於鄭子國之來聘也。四月。晏弱城東陽。而遂圍萊。子國聘在五年。二年晏弱城東陽。至五年四月。復託治城。因遂圍萊。甲寅堙之環城傅於堞堞女墻也堙土山也周城爲土山及女墻○[環]戶關反又音患[傅]音附及杞桓公卒之月此年三月乙未王湫帥師及正輿子棠人軍齊師王湫故齊人成十八年奔萊正輿子萊大夫棠萊邑也北海即墨縣有棠鄉三人帥別邑兵來解圍○[湫]子小反齊師大敗之敗湫等丁未入萊萊共公浮柔奔棠正輿子王湫奔莒莒人殺之四月陳無宇獻萊宗器于襄宮無宇桓子陳完玄孫襄宮齊襄公廟晏弱圍棠十一月丙辰而滅之遷萊于郳遷萊子于郳國○[郳]五兮反高厚崔杼定其田定其疆界高厚高固子

經七年春郯子來朝夏四月三卜郊不從乃免牲稱牲既卜日也卜郊又非禮也小邾子來朝城費南遺假事難而城之○[費]音祕[難]乃旦反

秋季孫宿如衛八月螽無傳爲災故書冬十月衛侯使孫林父來聘壬戌及孫林父盟楚公子貞帥師圍陳十有二月公會晉侯宋公陳侯衛侯曹伯莒子邾子于鄬謀救陳陳侯逃歸不成救故不書救也鄬鄭地○〔鄬〕于軌反鄭伯髡頑如會未見諸侯丙戌卒于鄵實爲子駟所弑以瘧疾赴故不書弑稱名爲書卒同盟故也如會會於鄬也未見諸侯未至會所而死鄵鄭地不欲再稱鄭伯故約文上其名於會上○〔鄵〕七報反又采南反〔爲〕于僞反陳侯逃歸畏楚逃晉而歸

傳七年春郯子來朝始朝公也夏四月三卜郊不從乃免牲孟獻子曰吾乃今而後知有卜筮夫郊祀后稷以祈農事也郊祀后稷以配天后稷周始祖能播殖者是故啓蟄而郊

郊而後耕。今既耕而卜郊。宜其不從也。啓蟄夏正建寅之月。耕謂春分。○【蟄】直立反。南遺爲費宰。費季氏邑。叔仲昭伯爲隧正。隧正主役徒。昭伯叔仲惠伯之孫。欲善季氏而求媚於南遺。謂遺請城費。使遺請城。吾多與而役。故季氏城費。傳言祿去公室。季氏所以强。小邾穆公來朝。亦始朝公也。亦邾子也。秋。季武子如衛。報子叔之聘。且辭緩報。非貳也。子叔聘在元年。言國家多難。故不時報。冬十月。晉韓獻子告老。公族穆子有廢疾。穆子。韓厥長子。成十八年爲公族大夫。將立之。代厥爲卿。辭曰。詩曰。豈不夙夜。謂行多露。詩言雖欲早夜而行。懼多露之濡己。義取非禮不可妄行。又曰。弗躬弗親。庶民弗信。詩小雅。言譏在位者不躬親政事。則庶民不奉信其命。言己有疾。不能躬親政事。無忌不才。讓其可乎。請立起也。無忌穆子名。起無忌弟宣子也。與田蘇游而曰好仁。田蘇晉賢人。蘇言起好仁。詩曰。靖共爾位。好是正直。神之聽之。介爾景福。靖安也。介助也。景大也。詩小雅。言君子當思不出其位。求正直之人。與之竝立。如是則神明順之。致大福也。恤民爲德。靖共其位。所以恤民。正直爲正。正己心。正曲爲直。正人曲。參和爲仁。德正直三者備。乃爲仁。〇〔參〕七南反。或音三。如是則神聽之。介福降之。立之不亦可乎。言起有此三德。故可立。庚戌。使宣子朝。遂老。韓厥致仕。晉侯謂韓無忌仁。使掌公族大夫。爲之師長。衛孫文子來聘。且拜武子之言。緩報。非貳之言。而尋孫桓子之盟。盟在成三年。公登亦登。禮。登階。臣後君一等。叔孫穆子相。趨進曰。諸侯之會。寡君未嘗後衛君。敵體竝登。今吾子不後寡君寡君未知所過吾子其少安(安徐也)孫子無辭亦無悛容(悛改也)穆叔曰孫子必亡爲臣而君過而不悛亡之本也詩曰退食自公委蛇委蛇(委蛇順貌詩召南言人臣自公門入私門無不順禮)謂從者也(從順行)衡而委蛇必折(衡橫也橫不順道必毀折爲十四年林父逐君起本)楚子囊圍陳會于鄬以救之(晉會諸侯)鄭僖公之爲大子也於成之十六年(魯成公)與子罕適晉不禮焉又與子豐適楚亦不禮焉(子豐穆公子)及其元年朝于晉(鄭僖元年魯襄三年)子豐欲愬諸晉而廢之子罕止之及將會于鄬子駟相又不禮焉侍者諫不聽又諫殺之及鄵子駟使賊夜弒僖公而以瘧疾赴于

諸侯。（傳言經所以不書弒。）簡公生五年奉而立之。（僖公子。）陳人患楚。（楚圍陳故。）慶虎慶寅謂楚人曰吾使公子黃往而執之。（二慶陳執政大夫。公子黃哀公弟。）楚人從之。（爲執黃。）二慶使告陳侯于會。（鄬之會。）曰楚人執公子黃矣君若不來羣臣不忍社稷宗廟懼有二圖。（背君屬楚。）陳侯逃歸。（鄬會所以不書救。）

經八年春王正月公如晉夏葬鄭僖公。（無傳。）鄭人侵蔡獲蔡公子燮。（鄭子國稱人刺其無故侵蔡以生國患燮蔡莊公子。）季孫宿會晉侯鄭伯齊人宋人衛人邾人于邢丘。（時公在晉晉悼難勞諸侯唯使大夫聽命故季孫在會而公先歸。○[難]乃旦反。）公至自晉。（無傳。）莒人伐我東鄙。秋九月大雩冬楚公子貞帥師伐鄭晉侯使士匄來聘。

傳。八年春。公如晉朝。且聽朝聘之數。晉悼復脩霸業。故朝而稟其多少。〇[復]扶又反。鄭羣公子以僖公之死也。謀子駟。子駟先之。夏四月庚辰。辟殺子狐子熙子侯子丁。辟。罪也。加罪以戮之。〇[先]悉薦反。[辟]婢亦反。孫擊孫惡出奔衛。二孫。子狐之子。庚寅。鄭子國子耳。侵蔡。獲蔡司馬公子燮。鄭侵蔡。欲以求媚於晉。子耳。子良之子。不言敗。唯以獲告。鄭人皆喜。唯子產不順。子產。子國子。不順衆而喜。曰。小國無文德而有武功。禍莫大焉。楚人來討。能勿從乎。從之。晉師必至。晉楚伐鄭。自今鄭國不四五年弗得寧矣。子國怒之曰。爾何知。國有大命。而有正卿。童子言焉。將爲戮矣。大命，起師行軍之命。五月甲辰，會于邢丘，以命朝聘之數。使諸侯之大夫聽命，季孫宿、齊高厚、宋向戌、衛甯殖、邾大夫會之。晉難重煩諸侯，故使大夫聽命。鄭伯獻捷于會，故親聽命。獻蔡捷也。大夫不書，尊晉侯也。晉悼復文襄之業，制朝聘之節，儉而有禮。德義可尊，故退諸侯大夫以崇之。莒人伐我東鄙，以疆鄫田。莒既滅鄫，魯侵其西界，故伐魯東鄙，以正其封疆。秋九月，大雩，旱也。冬，楚子囊伐鄭，討其侵蔡也。子駟、子國、子耳欲從楚，子孔、子蟜、子展欲待晉。待晉來救。子孔，穆公子。子蟜，子游子。子展，子罕子。○〔蟜〕，居表反。子駟曰：周詩有之曰：俟河之清，人壽幾何？逸詩也。言人壽促而河清遲，喻晉之不可待。兆云詢多，職競作羅。兆，卜。詢，謀也。職，主也。言既卜且謀，多則競作羅網之難，無成功。

○〔難〕乃旦反謀之多族。民之多違。族，家也。事滋無成。滋，益也。民急矣。姑從楚以紓吾民。晉師至。吾又從之。敬共幣帛。以待來者。小國之道也。犧牲玉帛。待於二竟。二竟，晉楚界上。以待彊者而庇民焉。寇不爲害。民不罷病。不亦可乎。子展曰。小所以事大。信也。小國無信。兵亂日至。亡無日矣。五會之信。謂三年會雞澤，五年會戚，又會城棣，七年會鄬，八年會邢丘。今將背之。雖楚救我。將安用之。言失信得楚不足貴。親我無成。晉親鄭。鄙我是欲。楚欲以鄭爲鄙邑，而反欲與成。不可從也。言子駟不可從。不如待晉。晉君方明。四軍無闕。八卿和睦。必不棄鄭。四軍，謂上中下新軍也。軍有二卿。楚師遼遠。糧食將盡。必將速歸。何患焉。舍之聞之。舍之子展名。杖莫如信。完守以老。楚杖信以待晉。不亦可乎。子駟曰。詩云。謀夫孔多。是用不集。詩小雅。孔甚也。集就也。言人欲爲政。是非相亂而不成。○[守]手又反。或如字。下守官同。發言盈庭。誰敢執其咎。言謀者多。若有不善。無適受其咎。○[適]丁歷反。如匪行邁謀。是用不得于道。匪彼也。行邁謀。謀於路人也。不得于道。衆無適從。請從楚。騑也受其咎。騑子駟名。○[騑]芳非反。乃及楚平。使王子伯駢告于晉。伯駢鄭大夫。曰。君命敝邑。脩而車賦。儆而師徒。以討亂略。蔡人不從。敝邑之人。不敢寧處。悉索敝賦。索盡也。○[索]悉各反。又所百反。以討于蔡。獲司馬燮。獻于邢丘。今楚來討曰。女何故稱兵于蔡。稱舉也。焚我郊保。郭外曰郊。保守也。馮陵我城郭。馮迫也。○〔馮〕皮冰反。敝邑之衆。夫婦男女。不皇啓處。以相救也。遑暇也。啓跪也。翦焉傾覆。無所控告。翦盡也。控引也。民死亡者。非其父兄。卽其子弟。夫人愁痛。夫人猶人人也。○〔夫〕音扶。不知所庇。民知窮困。而受盟于楚。孤也與其二三臣不能禁止。孤鄭伯。不敢不告知。武子使行人子員對之曰。君有楚命。見討之命。亦不使一介行李告于寡君。一介獨使也。行李行人也。○〔介〕古賀反。獨〔使〕所吏反。而卽安于楚。君之所欲也。誰敢違君。寡君將帥諸侯以見于城下。唯君圖之。爲明年晉伐鄭傳。晉范宣子來聘。且拜公之辱。謝公此春朝。告將用師于鄭。公享之。宣子賦摽有梅。摽有梅。詩召南。摽。落也。梅盛極則落。詩人以興女色盛則有衰。衆士求之。宜及其時。

宣子欲魯及時共討鄭取其汲汲相赴季武子曰誰敢哉言誰敢不從命今譬於草木寡君在君君之臭味也言同類歡以承命何時之有遲速無時武子賦角弓角弓詩小雅取其兄弟婚姻無相遠矣賓將出武子賦彤弓彤弓天子賜有功諸侯之詩欲使晉君繼文之業復受彤弓於王宣子曰城濮之役在僖二十八年我先君文公獻功于衡雍受彤弓于襄王以爲子孫藏藏之以示子孫○[雍]於用反匄也先君守官之嗣也敢不承命言己嗣其父祖爲先君守官不敢廢命欲匡晉君君子以爲知禮彤弓之義義在晉君故范匄受之所謂知禮

經九年春宋災天火曰災來告故書夏季孫宿如晉五月辛酉夫人姜氏薨成公母秋八月癸未葬我小君穆姜無傳四月

而葬速。冬公會晉侯宋公衛侯曹伯莒子邾子滕子薛伯杞伯小邾子齊世子光伐鄭。十有二月己亥同盟于戲。伐鄭而書同盟，則鄭受盟可知。傳言十有一月己亥，以長曆推之，十二月無己亥，經誤。戲，鄭地。○〔戲〕許宜反。楚子伐鄭。

傳九年春宋災。樂喜爲司城以爲政。樂喜，子罕也。爲政卿，知將有火災，素戒爲備火之政。使伯氏司里。伯氏，宋大夫。司里，里宰。火所未至徹小屋，塗大屋。大屋難徹，就塗之。陳畚挶，具綆缶。畚，簣籠。挶，土轝。綆，汲索。缶，汲器。○〔畚〕音本，草器也。〔挶〕九錄反。〔綆〕古杏反。〔缶〕方九反。〔簣〕其位反。〔籠〕力東反。〔轝〕音預。備水器。盆罌之屬。○〔罌〕戶暫反。量輕重。計人力所任。○〔任〕音壬。蓄水潦，積土塗，巡丈城，繕守備。巡，行也。丈，度也。繕，治也。行度守備之處，恐因災有亂。○〔行〕下孟反。〔度〕待洛反。表火道。火起則從其所趣摽表之。使華臣具正徒。華臣華元子。爲司徒。正徒役徒也。司徒之所主也。令隧正納郊保奔火所。隧正官名也。五縣爲隧。納聚郊野保守之民。使隨火所起往救之。使華閱討右官。官庀其司。華閱亦華元子。代元爲右師。討治也。庀具也。使具其官屬。○〔庀〕芳婢反。向戌討左。亦如之。向戌左師。使樂遄庀刑器。亦如之。樂遄司寇。刑器刑書。○〔遄〕市專反。使皇鄖命校正出馬。工正出車。備甲兵。庀武守。皇鄖皇父充石之後。校正主馬。工正主車。使各備其官。○〔鄖〕音云。〔校〕戶教反。〔出〕如字。又尺遂反。使西鉏吾庀府守。鉏吾大宰也。府六官之典。○〔吾〕音魚。令司宮巷伯儆宮。司宮奄臣。巷伯寺人。皆掌宮內之事。二師令四鄉正敬享。二師左右師也。鄉正鄉大夫。享祀也。祝宗用馬于四墉。祀盤庚于西門之外。祝大祝。宗宗人。墉城也。用馬祭于四城以禳火。盤庚殷王宋之遠祖。城積陰之氣。故祀之。凡天災。有幣無牲。用馬。祀盤庚。皆非禮。晉侯問於士弱。弱。士渥濁之子。莊子。曰。吾聞之宋災。於是乎知有天道。何故。問宋何故自知天道。將災。對曰。古之火正。或食於心。或食於咮。以出內火。是故咮爲鶉火。心爲大火。謂火正之官。配食於火星。建辰之月。鶉火星昏在南方。則令民放火。建戌之月。大火星伏在日下。夜不得見。則令民內火。禁放火。○[咮]竹又反。又丁遘反。[出]如字。又尺遂反。[內]如字。又音納。[鶉]音純。陶唐氏之火正閼伯。居商丘。陶唐堯有天下號。閼伯。高辛氏之子。傳曰。遷閼伯于商丘。主辰。辰大火也。今爲宋星。然則商丘在宋地。○[閼]於葛反。祀大火。而火紀時焉。謂出內火時。相土因之。故商主大火。相土。契孫。商之祖也。始代閼伯之後。居商丘。祀大火。○[相]息亮反。商人閱其禍敗之釁。必始於火。是以日知其有天道也。閱猶數也。商人數所更歷。恒多火災。

宋是殷商之後故知天道之災必火公曰可必乎對曰在道國亂無象不可知也言國無道則災變亦殊故不可必知夏季武子如晉報宣子之聘也宣子聘在八年穆姜薨於東宮太子宮也穆姜淫僑如欲廢成公故徙居東宮事在成十六年始往而筮之遇艮之八䷳艮下艮上周禮大卜掌三易然則雜用連山歸藏周易二易皆以七八為占故言遇艮之八史曰是謂艮之隨䷐震下兌上隨史疑占易遇八為不利故更以周易占變爻得隨卦而論之隨其出也史謂隨非閉固之卦君必速出姜曰亡亡猶無也如字或音無○〔亡〕是於周易曰隨元亨利貞無咎易筮皆以變者占遇一爻變義異則論象故姜亦以象為占也史據周易故指言周易以折之元體之長也亨嘉之會也利義之和也貞事之幹也體仁足以長人嘉德足以合禮利

物足以和義。貞固足以幹事。然故不可誣也。是以雖隨無咎。言不誣四德。乃遇隨无咎。明無四德者。則爲淫而相隨。非吉事。今我婦人而與於亂。固在下位。婦人卑於丈夫。○〔與〕音預。而有不仁。不可謂元。不靖國家。不可謂亨。作而害身。不可謂利。弃位而姣。姣。淫之別名。○〔姣〕戶交反。又如字。又音效。不可謂貞。有四德者。隨而無咎。我皆無之。豈隨也哉。我則取惡。能無咎乎。必死於此。弗得出矣。傳言穆姜辯而不德。秦景公使士雃乞師于楚。將以伐晉。楚子許之。子囊曰。不可。當今吾不能與晉爭。晉君類能而使之。隨所能。○〔雃〕苦田反。舉不失選。得所選。○〔選〕息戀反。官不易方。方猶宜也。其卿讓於善。讓勝己者。其大夫不失守。各任其職。其士競於教（奉上命.）其庶人力於農穡（種曰農.收曰穡.）商工皁隸不知遷業（四民不雜.）韓厥老矣知罃稟焉以爲政（代將中軍.）范匄少於中行偃而上之使佐中軍（使匄佐中軍.偃將上軍.○〔少〕詩照反.中〔行〕戶郎反.）韓起少於欒黶而欒黶士魴上之使佐上軍（黶魴讓起.起佐上軍.黶將下軍.魴佐之.○〔黶〕於斬反.）魏絳多功以趙武爲賢而爲之佐（武新軍將.）君明臣忠上讓下競（尊官相讓.勞職力競.）當是時也晉不可敵事之而後可君其圖之王曰吾既許之矣雖不及晉必將出師秋楚子師于武城以爲秦援秦人侵晉晉饑弗能報也（爲十年晉伐秦傳.）冬十月諸侯伐鄭（鄭從楚也.）庚午季武子齊崔杼宋皇鄖從荀罃士匄門

于鄟門。鄭城門也。三國從中軍。衞北宮括曹人邾人從荀偃韓起門于師之梁。師之梁亦鄭城門。三國從上軍。滕人薛人從欒黶士魴門于北門。二國從下軍。杞人郳人從趙武魏絳斬行栗。二國從新軍。行栗表道樹。○[行]如字。道也。甲戌師于氾。衆軍還聚氾。氾鄭地。東氾。○[氾]音凡。令於諸侯曰脩器備。兵器戰備。盛餱糧。餱乾食。○[盛]音成。[餱]音侯。歸老幼。示將久師。居疾于虎牢。諸侯已取鄭虎牢。故使諸軍疾病息其中。肆眚圍鄭。肆緩也。眚過也。不書圍鄭。逆服不成圍。○[眚]生領反。又所幸反。鄭人恐乃行成。與晉成也。中行獻子曰遂圍之以待楚人之救也而與之戰不然無成。獻子荀偃也。恐楚救鄭。鄭復屬之。知武子曰許之盟而還師。以敝楚人。敝罷也。吾三分四軍。分四軍爲三部。與諸侯之銳以逆來者。來者楚也。於我未病楚不能矣。晉各一動而楚三來故曰不能。猶愈於戰。勝聚戰。暴骨以逞不可以爭。言爭當以謀不可以暴骨。○[暴]蒲卜反。大勞未艾君子勞心小人勞力先王之制也。艾息也言當從勞心之勞。○[艾]魚廢反又五蓋反。諸侯皆不欲戰乃許鄭成十一月己亥同盟于戲鄭服也。鄭服故言同盟。將盟鄭六卿公子騑子駟。公子發子國。公子嘉子孔。公孫輒子耳。公孫蠆子蟜。○[蠆]勑邁反。公孫舍之子展。及其大夫門子皆從鄭伯門子卿之適子。○[從]才用反。晉士莊子爲載書莊子士弱。載書盟書。曰自今日既盟之後鄭國而不唯晉命是聽而或有異志者有如此盟如違盟之罰。公子騑趨進曰天禍鄭國使介居二大國之閑。（介猶閒也。）大國不加德音而亂以要之。（謂以兵亂之力強要鄭。○〔要〕一遙反。〔強〕其丈反。）使其鬼神不獲歆其禋祀其民人不獲享其土利夫婦辛苦墊隘無所底告。（墊隘。猶委頓。底。至也。○〔墊〕丁念反。）自今日既盟之後鄭國而不唯有禮與彊可以庇民者是從而敢有異志者亦如之。（亦如此盟。）荀偃曰改載書。（子駟亦以所言載於策。故欲改之。）公孫舍之曰昭大神要言焉。（要誓以告神。）若可改也大國亦可叛也知武子謂獻子曰我實不德而要人以盟豈禮也哉非禮何以主盟姑盟而退脩德息師而來終必獲鄭何必今日我之不德民將棄我豈唯鄭若能休和遠人將至何恃於鄭乃盟而還。遂兩用載書。晉人不得志於鄭以諸侯復伐之十二月癸亥門其三門三門鄟門師之梁北門也癸亥月五日晉果三分其軍各攻一門閏月戊寅濟于陰阪侵鄭以長曆參校上下此年不得有閏月戊寅戊寅是十二月二十日疑閏月當爲門五日五字上與門合爲閏則後學者自然轉日爲月晉人三番四軍更攻鄭門門各五日晉各一攻鄭三受敵欲以苦之癸亥去戊寅十六日以癸亥始攻攻輒五日凡十五日鄭故不服而去明日戊寅濟于陰阪復侵鄭外邑陰阪洧津○〔閏月〕依注讀爲門五日〔阪〕音反又扶板反〔番〕芳元反〔更〕音庚次于陰口而還陰口鄭地名子孔曰晉師可擊也師老而勞且有歸志必大克之子展曰不可傳言子展能守信公送晉侯晉侯以公宴于河上問公年季武子對曰會于沙隨之歲寡君以生沙隨在成十六年晉侯曰十二年矣。是謂一終。一星終也。歲星十二歲而一星周天。國君十五而生子。冠而生子。禮也。冠成人之服。故必冠而後生子。○冠古亂反。下同。君可以冠矣。大夫盍爲冠具。武子對曰。君冠必以祼享之禮行之。祼謂灌鬯酒也。享祭先君也。○祼古亂反。以金石之樂節之。以鍾磬爲舉動之節。以先君之祧處之。諸侯以始祖之廟爲祧。○祧他彫反。今寡君在行。未可具也。請及兄弟之國而假備焉。晉侯曰諾。公還及衞。冠于成公之廟。成公今衞獻公之曾祖。從衞所處。假鐘磬焉。禮也。楚子伐鄭。鄭與晉成故。子駟將及楚平。子孔子蟜曰。與大國盟。口血未乾而背之。可乎。子駟子展曰。吾盟固云唯彊是從。今楚師至。晉不我救。則楚彊矣。盟誓之言豈敢背之且要盟無質神弗臨也。質，主也。所臨唯信。信者言之瑞也。瑞，符也。善之主也。是故臨之。神臨之。明神不蠲要盟。蠲，潔也。背之可也。乃及楚平。公子罷戎入盟，同盟于中分。中分，鄭城中里名。罷戎，楚大夫。○罷音皮，又音被。楚莊夫人卒。共王母。王未能定鄭而歸。晉侯歸，謀所以息民。魏絳請施舍。施恩惠，舍勞役。輸積聚以貸。輸，盡也。○積子賜反，下同。貸他代反。自公以下，苟有積者，盡出之。國無滯積。散在民。亦無困人。不匱乏。公無禁利。與民共。亦無貪民。禮讓行。祈以幣更。不用牲。賓以特牲。務崇省。器用不作。因仍舊。車服從給。足給事也。行之期年，國乃有節。三駕而楚不能與爭。三駕，三興師，謂十年師於牛首，十一年師於向。

其秋觀兵於鄭東門自是鄭遂服。○〔期〕音基。

春秋經傳集解襄公一第十四

春秋經傳集解襄公二第十五

杜氏註　盡十五年

經。十年。春。公會晉侯。宋公。衛侯。曹伯。莒子。邾子。滕子。薛伯。杞伯。小邾子。齊世子光。會吳于柤。吳子在柤。晉以諸侯往會之。故曰會吳。吳不稱子。從所稱也。柤。楚地。○[柤]莊加反。夏。五月。甲午。遂滅偪陽。偪陽。妘姓國。今彭城傅陽縣也。因柤會而滅之。故曰遂。○[偪]甫目反。又彼力反。[妘]音云。公至自會。無傳。楚公子貞。鄭公孫輒帥師伐宋。晉師伐秦。荀罃不書。不親兵也。秋。莒人伐我東鄙。公會晉侯。宋公。衛侯。曹伯。莒子。邾子。齊世子光。滕子。薛伯。杞伯。小邾子伐鄭。齊世子光先至於師。爲盟主所尊。故在滕上。冬。盜殺鄭公子騑。公子發。公孫輒。

非國討當兩稱名氏殺者非卿故稱盜以盜爲文故不得言其大夫戍鄭虎牢伐鄭諸侯各受晉命戍虎牢不復爲告命故獨書魯戍而不敘諸侯楚公子貞帥師救鄭公至自伐鄭無傳

傳十年春會于相會吳子壽夢也壽夢吳子乘○[夢]莫公反三月癸丑齊高厚相大子光以先會諸侯于鍾離不敬吳子未至光從東道與東諸侯會遇非本期地故不書會高厚高固子也癸丑月二十六日○[相]息亮反下同士莊子曰高子相大子以會諸侯將社稷是衛而皆不敬厚與光俱不敬弃社稷也其將不免乎爲十九年齊殺高厚二十五年弒其君光傳夏四月戊午會于相經書春書始行也戊午月一日晉荀偃士匄請伐偪陽而封宋向戌焉以宋常事晉而向戌有賢行故欲封之爲

附庸荀罃曰城小而固勝之不武弗勝為笑固請丙寅
圍之弗克丙寅四月九日孟氏之臣秦堇父輦重如役堇父孟獻
子家臣步挽重車以從師○[堇]音謹[挽]音晚偪陽人啓門諸侯之士門焉
見門開故攻之縣門發郰人紇抉之以出門者門者諸侯之士在門內者
也紇郰邑大夫仲尼父叔梁紇也郰邑魯縣東南莝城是也言紇多力抉舉縣門出在內者○[縣]音懸下
同[郰]側留反[紇]恨發反[抉]烏穴反又古穴反[出]如字一尺遂反狄虒彌建大車之輪
而蒙之以甲以為櫓狄虒彌魯人也蒙覆也櫓大楯○[虒]音斯[櫓]音魯[楯]常尹反又
音尹左執之右拔戟以成一隊百人為隊孟獻子曰詩所謂
有力如虎者也詩邶風也○[邶]音佩主人縣布堇父登之及堞
而絕之偪陽人縣布以試外勇者○[堞]音牒隊則又縣之蘇而復上者

三主人辭焉。乃退。主人嘉其勇。故辭謝不復縣布。○〔隊〕直類反。〔復〕扶又反。〔三〕息暫反。又如字。帶其斷以徇於軍三日。帶其斷布以示勇。○〔斷〕徒亂反。諸侯之師久於偪陽。荀偃士匄請於荀罃曰。水潦將降。懼不能歸。向夏恐有久雨。從丙寅至庚寅二十五日。故曰久。請班師。班還也。知伯怒。知伯荀罃。○〔知〕音智。投之以机。出於其閒。出偃匄之閒。○〔机〕本作几。曰。女成二事。而後告余。二事。伐偪陽。封向戌。○〔女〕音汝。下同。余恐亂命。以不女違。既成改之。爲亂命。女既勤君而興諸侯。牽帥老夫以至于此。既無武守。無武功可執守。而又欲易余罪。曰是實班師。不然克矣。謂偃匄將言爾。余羸老也。可重任乎。不任受女此責。○〔羸〕劣危反。〔任〕音壬。注同。七日不克。必爾乎取之。言當取女以謝不克之罪。五月庚寅。月四日。荀偃士匄帥卒攻偪陽親受矢石。躬在矢石閒。甲午滅之。月八日。書曰遂滅偪陽言自會也。言其因會以滅國非之也。以與向戌向戌辭曰君若猶辱鎮撫宋國而以偪陽光啓寡君羣臣安矣其何貺如之。言見賜之厚無過此。若專賜臣是臣興諸侯以自封也其何罪大焉敢以死請乃予宋公宋公享晉侯於楚丘請以桑林。桑林。殷天子之樂名。荀罃辭。辭讓之。荀偃士匄曰諸侯宋魯於是觀禮。宋。王者後。魯以周公故。皆用天子禮樂。故可觀。魯有禘樂賓祭用之。禘。三年大祭。則作四代之樂。別祭羣公。則用諸侯樂。宋以桑林享君不亦可乎。言俱天子樂也。舞師題以旌夏。師。樂師也。旌夏。大旌也。題。識也。以大旌表識其行列。○〔夏〕戶雅反〔識〕申志反。又如字。晉侯懼而退入于房。旌夏非常，卒見之，人心偶有所畏。○卒，寸忽反。去旌，卒享而還。及著雍，疾。晉侯疾也。著雍，晉地。○著，都慮反，一除慮反。雍，於用反。去，起呂反。卜，桑林見。祟見於卜兆。○見，賢遍反。祟，息遂反。荀偃、士匄欲奔請禱焉。奔走還宋禱謝。荀罃不可，曰：「我辭禮矣，彼則以之。以，用也。猶有鬼神，於彼加之。」言自當加罪於宋。晉侯有閒。閒，疾差也。○差，初賣反。以偪陽子歸，獻于武宮，謂之夷俘。諱俘中國，故謂之夷。偪陽，妘姓也。使周內史選其族嗣，納諸霍人，禮也。霍人，晉邑。內史，掌爵祿廢置者。使選偪陽宗族賢者，令居霍，奉妘姓之祀，善不滅姓，故曰禮也。使周史者，示有王命。師歸，孟獻子以秦堇父爲右。嘉其勇力。生秦丕茲，事仲尼。言二父以力相尚，子事仲尼以德相高。六月，楚子囊、鄭子耳伐宋，師于訾毋。宋地。○訾，子斯反。

庚午。圍宋門于桐門。不成圍而攻其城門。晉荀罃伐秦。報其侵也。侵在九年。衞侯救宋。師于襄牛。鄭子展曰。必伐衞。不然。是不與楚也。得罪於晉。又得罪於楚。國將若之何。子駟曰。國病矣。師數出。疲病也。子展曰。得罪於二大國。必亡。病不猶愈於亡乎。諸大夫皆以爲然。故鄭皇耳帥師侵衞。楚令也。亦兼受楚之勑命也。皇耳。皇戌子。孫文子卜追之。獻兆於定姜。姜氏問繇。繇。兆辭。○〔繇〕直救反。曰。兆如山陵。有夫出征而喪其雄。姜氏曰。征者喪雄。禦寇之利也。大夫圖之。衞人追之。孫蒯獲鄭皇耳于犬丘。蒯。孫林父子。○〔喪〕息浪反。〔蒯〕苦怪反。秋。七月。楚子囊鄭子耳侵我西鄙。於魯無所恥諱而不書。其義未聞。還。

圍蕭。八月丙寅克之。蕭宋邑 九月子耳侵宋北鄙孟獻
子曰鄭其有災乎師競已甚 競競爭也 周猶不堪競況鄭
乎。周謂天王 有災其執政之三士乎。鄭簡公幼少子駟子國子耳秉政故知三
士任其禍也爲下盜殺三大夫傳。○任音壬 莒人閒諸侯之有事也故伐
我東鄙。諸侯有討鄭之事 諸侯伐鄭。齊崔杼使大子光先至
于師故長於滕 大子宜賓之以上卿而今晉悼以一時之宜令在滕侯上故傳從而釋之
○〔長〕丁丈反 己酉師于牛首 鄭地 初子駟與尉止有爭將禦
諸侯之師而黜其車 禦牛首師也黜減損 尉止獲又與之爭 獲囚
俘 子駟抑尉止曰爾車非禮也 言女車猶多過制 遂弗使獻
不使獻所獲 初子駟爲田洫司氏堵氏侯氏子師氏皆喪

田焉。洫，田畔溝也。子駟爲田洫，以正封疆，而侵四族田。○〔洫〕況域反。〔堵〕音者，或丁古反。〔喪〕息浪反。故五族聚羣不逞之人，因公子之徒以作亂。八年子駟所殺公子嬰等之黨。○〔嬰〕許其反，本作熙。於是子駟當國，攝君事也。子國爲司馬，子耳爲司空，子孔爲司徒。冬十月戊辰，尉止、司臣、侯晉、堵女父、子師僕帥賊以入，晨攻執政于西宮之朝，公宮。殺子駟、子國、子耳，劫鄭伯以如北宮。子孔知之，故不死。子孔，公子嘉也。知難不告，利得其處也。爲十九年殺公子嘉傳。○〔難〕乃旦反。書曰盜，言無大夫焉。尉止等五人皆士也。大夫，謂卿。子西聞盜，不儆而出，子西，公孫夏，子駟子。尸而追盜。先臨尸，而追盜。盜入於北宮，乃歸授甲。臣妾多逃，器用多喪。子產聞盜，子產，子國子。爲門者，置守門。庀羣

司具衆官。○〔庀〕匹婢反。閉府庫慎閉藏完守備成列而後出兵
車十七乘千二百七十五人。○〔藏〕才浪反。又如字。〔守〕手又反。尸而攻盜於北
宮子蟜帥國人助之殺尉止子師僕盜衆盡死侯晉
奔晉堵女父司臣尉翩司齊奔宋尉翩。尉止子。司齊司臣子。○〔翩〕音篇。
子孔當國代子駟。爲載書以位序聽政辟自羣卿諸司各守其職位
以受執政之法。不得與朝政。○〔辟〕音闢。〔與〕音預。大夫諸司門子弗順將誅之
子孔欲誅不順者。子產止之請爲之焚書既止子孔。又勸令燒除載書。○〔爲〕于
僞反。子孔不可曰爲書以定國衆怒而焚之是衆爲政
也國不亦難乎難以至治。子產曰衆怒難犯專欲難成合
二難以安國危之道也不如焚書以安衆子得所欲

（欲為政也。）衆亦得安。不亦可乎。專欲無成。犯衆興禍。子必從之。乃焚書於倉門之外。衆而後定。（不於朝內燒。欲使遠近見所燒。）

諸侯之師城虎牢而戍之。晉師城梧及制。（欲以偪鄭也。不書城。魯不與也。梧。制。皆鄭舊地。）士魴魏絳戍之。書曰戍鄭虎牢。非鄭地也。言將歸焉。（二年晉城虎牢而居之。今鄭復叛。故脩其城而置戍。鄭服則欲以還鄭。故夫子追書。繫之于鄭。以見晉志。）鄭及晉平。楚子囊救鄭。十一月。諸侯之師還鄭而南至於陽陵。（還。繞也。陽陵。鄭地。〔還還〕戶關反。又音患。）

○楚師不退。知武子欲退。曰。今我逃楚。楚必驕。驕則可與戰矣。（武子。荀罃。）欒黶曰。逃楚。晉之恥也。合諸侯以益恥。不如死。我將獨進。師遂進。己亥。與楚師夾潁而軍。（潁水出城陽。至下蔡）

入淮子蟜曰諸侯既有成行必不戰矣言有成去之志從之將
退不從亦退從猶服也退楚必圍我猶將退也不如從楚
亦以退之以退楚宵涉潁與楚人盟夜渡畏晉知之欒黶欲伐
鄭師伐涉潁者荀罃不可曰我實不能禦楚又不能庇鄭
鄭何罪不如致怨焉而還致怨爲後伐之資今伐其師楚必
救之戰而不克爲諸侯笑克不可命勝負難要不可命以必克○(要)
一遙反不如還也丁未諸侯之師還侵鄭北鄙而歸欲以
致怨楚人亦還鄭服故也王叔陳生與伯輿爭政二子王卿士王
右伯輿右助也王叔陳生怒而出奔及河王復之欲奔晉
殺史狡以說焉說王叔也○(狡)古卯反(說)音悅又如字不入遂處之處叔

上河晉侯使士匄平王室王叔與伯輿訟焉爭曲直王叔之宰宰家臣與伯輿之大夫瑕禽瑕禽伯輿屬大夫坐獄於王庭獄訟也周禮命夫命婦不躬坐獄訟故使宰與屬大夫對爭曲直士匄聽之王叔之宰曰篳門閨竇之人而皆陵其上其難爲上矣篳門柴門閨竇小戶穿壁爲戶上銳下方狀如圭也言伯輿微賤之家○〔竇〕音豆瑕禽曰昔平王東遷吾七姓從王牲用備具王賴之而賜之騂旄之盟平王徙時大臣從者有七姓伯輿之祖皆在其中主爲王備犧牲共祭祀王特其用故與之盟使世守其職騂旄赤牛也舉騂旄者言得重盟不以犬雞○〔從〕才用反又如字〔騂〕息營反曰世世無失職若篳門閨竇其能來東底乎且王何賴焉言我若貧賤何能來東使王特其用而與之盟邪底至也○〔底〕音旨今自王叔之相也政

以賄成。（隨財制政）而刑放於寵。（寵臣專刑不任法）官之師旅不勝其富。（師旅之長皆受賂。○〔勝〕音升）吾能無篳門閨竇乎。（言王叔之屬富故使吾貧）唯大國圖之。（圖猶議也）下而無直則何謂正矣。（正者不失下之直）范宣子曰天子所右寡君亦右之所左亦左之。（宣子知伯輿直不欲自專故推之於王。○〔右〕音又〔左〕音佐下同亦竝如字）使王叔氏與伯輿合要。（合要辭）王叔氏不能舉其契。（要契之辭。○〔契〕苦計反）王叔奔晉不書不告也單靖公爲卿士以相王室。（代王叔）

經十有一年春王正月作三軍。（增立中軍萬二千五百人爲軍）夏四月四卜郊不從乃不郊。（無傳）鄭公孫舍之帥師侵宋公會晉侯宋公衞侯曹伯齊世子光莒子邾子滕子薛伯杞伯小邾子伐鄭世子光至復在莒子之先故晉悼亦進之秋七月己未同盟于亳城北亳城鄭地伐鄭而書同盟鄭與盟可知○(亳)蒲洛反(與)音預公至自伐鄭無傳楚子鄭伯伐宋公會晉侯宋公衛侯曹伯齊世子光莒子邾子滕子薛伯杞伯小邾子伐鄭晉遂尊光會于蕭魚鄭服而諸侯會蕭魚鄭地公至自會無傳以會至者觀兵而不果侵伐楚人執鄭行人良霄良霄公孫輒子伯有也冬秦人伐晉

傳十一年春季武子將作三軍魯本無中軍唯上下二軍皆屬於公有事三卿更帥以征伐季氏欲專其民人故假立中軍因以改作○(更)音庚告叔孫穆子曰請爲三軍各征其軍征賦稅也三家各征其軍之家屬穆子曰政將及子子必不能政者霸國之政令禮大國三軍魯次國而爲大國之制貢賦必重故憂不

能堪。武子固請之。穆子曰。然則盟諸。穆子知季氏將復變易。故盟之。乃盟諸僖閎。僖宮之門。詛諸五父之衢。五父衢。道名。在魯國東南。詛以禍福之言。相要。正月。作三軍。三分公室而各有其一。三分國民衆。三子各毀其乘。壞其軍乘。分以足成三軍。○〔乘〕繩證反。〔壞〕音怪。〔足〕將住反。亦如字。季氏使其乘之人。以其役邑入者無征。使軍乘之人。率其邑役入季氏者。無公征。不入者倍征。不入季氏者。則使公家倍征之。設利病。欲驅使入己。故昭五年傳曰。季氏盡征之。民辟倍征。故盡屬季氏。孟氏使半爲臣。若子若弟。取其子弟之半也。四分其乘之人。以三歸公。而取其一。叔孫氏使盡爲臣。盡取子弟。以其父兄歸公。不然不舍。制軍分民。不如是。則三家不舍其故而改作也。此蓋三家盟詛之本言。○〔舍〕音捨。鄭人患晉楚之故。諸大夫曰。不從晉。國幾亡。幾。近也。○〔幾〕音機。徐音畿。

楚弱於晉。晉不吾疾也。疾，急也。晉疾。楚將辟之。何爲而使晉師致死於我。言當作何計。楚弗敢敵而後可固與也。固與晉也。子展曰。與宋爲惡。諸侯必至。吾從之盟。楚師至。吾又從之。則晉怒甚矣。晉能驟來。楚將不能。吾乃固與晉。大夫說之。使疆場之司惡於宋。使守疆場之吏侵犯宋。○〔說〕音悅。〔場〕音亦。宋向戌侵鄭。大獲。子展曰。師而伐宋可矣。若我伐宋。諸侯之伐我必疾。吾乃聽命焉。且告於楚。楚師至。吾又與之盟。而重賂晉師。乃免矣。言如此。乃免於晉楚之難。夏。鄭子展侵宋。欲以致諸侯。四月。諸侯伐鄭。己亥。齊大子光宋向戌先至于鄭。門于東門。傳釋齊大子光所以序莒上也。向戌不書。宋公在會故。其莫晉荀罃至于西郊東侵舊許許之舊國鄭新邑○莫音暮。衛孫林父侵其北鄙六月諸侯會于北林師于向向地在潁川長社縣東北○向音餉右還次于瑣北行而西爲右還熒陽宛陵縣西有瑣侯亭○宛於阮反又於元反圍鄭觀兵于南門觀示也西濟于濟隧濟隧水名○濟子禮反鄭人懼乃行成秋七月同盟于亳范宣子曰不愼必失諸侯愼敬威儀謹辭令諸侯道敝而無成能無貳乎數伐鄭皆罷於道路○數所角反罷音皮乃盟載書曰凡我同盟毋蘊年蘊積年穀而不分災○蘊紆粉反毋壅利專山川之利○壅於勇反毋保姦藏罪人毋留慝速去惡○慝他得反救災患恤禍亂同好惡獎王室獎助也○好惡並如字或上呼報反下烏路反或閒茲命司愼司盟名山名川。二司，天神。羣神羣祀。羣祀，在祀典者。先王先公。先王，諸侯之大祖，宋祖帝乙、鄭祖厲王之比也。先公，始封君。○[大]音泰。七姓十二國之祖。七姓，晉、魯、衛、鄭、曹、滕，姬姓。邾、小邾，曹姓。宋，子姓。齊，姜姓。莒，己姓。杞，姒姓。薛，任姓。實十三國，言十二，誤也。○[己]音紀，或音祀。[任]音壬。明神殛之。殛，誅也。俾失其民，隊命亡氏，踣其國家。踣，斃也。○[隊]直類反。[踣]蒲北反，又敷豆反。楚子囊乞旅于秦。乞師旅於秦。秦右大夫詹帥師從楚子，將以伐鄭。鄭伯逆之。丙子，伐宋。鄭逆服，故更伐宋也。秦師不書，不與伐宋而還。○[與]音預。九月，諸侯悉師以復伐鄭。此夏諸侯皆復來，故曰悉師。○[復]扶又反。鄭人使良霄、大宰石㚟如楚，告將服于晉。曰：孤以社稷之故，不能懷君。君若能以玉帛綏晉，不然則武震以攝威之，孤之願也。楚人執之。

書曰行人言使人也。書行人言非使人之罪。古者兵交使在其閒所以通命示整或執殺之皆以爲譏也。既成而後告故書在蕭魚下。石㚖爲介故不書。○[㚖]勑略反[攝]如字又之涉反。諸侯之師觀兵于鄭東門。鄭人使王子伯駢行成。甲戌晉趙武入盟鄭伯。冬十月丁亥鄭子展出盟晉侯。二盟不書不告。十二月戊寅會于蕭魚。經書秋史失之。庚辰赦鄭囚皆禮而歸之。納斥候。不相備也。○[斥]音尺一昌夜反。禁侵掠。晉侯使叔肸告于諸侯。叔肸叔向也。告諸侯亦使赦鄭囚。○[掠]音亮[肸]許乙反[向]許丈反。公使臧孫紇對曰。凡我同盟小國有罪大國致討。苟有以藉手鮮不赦宥。寡君聞命矣。言晉討小國有藉手之功則赦其罪人德義如是不敢不承命。○[藉]在夜反。鄭人賂晉侯以師悝師觸師蠲。悝觸蠲皆樂師名。○〔悝〕苦回反。〔蠲〕古懸反。又音圭。廣車。軘車。淳十五乘。甲兵備。廣車。軘車。皆兵車名。淳。耦也。○〔廣〕古曠反。〔軘〕徒溫反。〔淳〕述倫反。又之倫反。凡兵車百乘。他兵車及廣軘共百乘。歌鍾二肆。肆。列也。縣鍾十六爲一肆。二肆三十二枚。及其鎛磬。鎛磬皆樂器。○〔鎛〕音博。女樂二八。十六人。晉侯以樂之半賜魏絳曰。子教寡人和諸戎狄以正諸華。在四年。八年之中九合諸侯。如樂之和。無所不諧。諧亦和也。○九合諸侯。謂五年會戚。又會城棣救陳。七年會鄬。八年會邢丘。九年盟于戲。十年會柤。又伐鄭。戍虎牢。十一年同盟亳城北。又會蕭魚。請與子樂之。共此樂。○〔樂〕音洛。一音岳。辭曰。夫和戎狄。國之福也。八年之中九合諸侯。諸侯無慝。君之靈也。二三子之勞也。臣何力之有焉。抑臣願君安其樂而思其終也。詩曰。

樂旨君子殿天子之邦。詩小雅也。謂諸侯有樂美之德可以鎮撫天子之邦。殿鎮
也。○殿都遍反。樂旨君子福祿攸同。攸所也。便蕃左右亦是帥
從。便蕃數也。言遠人相帥來服從便蕃然在左右。○蕃音煩。夫樂以安德。和其心也。義
以處之。處位以義。禮以行之。行教令。信以守之。守所行。仁以厲
之。厲風俗。而後可以殿邦國同福祿來遠人所謂樂也。
言五德皆備乃為樂非但金石。書曰居安思危。逸書。思則有備有備無
患敢以此規。規正公。公曰子之教敢不承命抑微子寡
人無以待戎。待遇接納。不能濟河。渡河南服鄭。夫賞國之典也。
藏在盟府。司盟之府有賞功之制。不可廢也子其受之魏絳於
是乎始有金石之樂禮也。禮大夫有功則賜樂。秦庶長鮑庶長

武帥師伐晉以救鄭庶長秦爵也不書救鄭已屬晉無所救○[長]丁丈反[鮑]步卯反鮑先入晉地士魴御之少秦師而弗設備壬午武濟自輔氏從輔氏渡河○[御]魚呂反後放此與鮑交伐晉師己丑秦晉戰于櫟晉師敗績易秦故也不書敗績晉恥易秦而敗故不告也櫟晉地○[櫟]力的反又失灼反[易]以豉反

經十有二年春王三月莒人伐我東鄙圍台琅邪費縣南有台亭○[台]勑才反又音臺一翼之反季孫宿帥師救台遂入鄆鄆莒邑○[鄆]音運夏晉侯使士魴來聘秋九月吳子乘卒五年會於戚公不與盟而赴以名冬楚公子貞帥師侵宋公如晉

傳十二年春莒人伐我東鄙圍台季武子救台遂入

鄆。乘勝入鄆。報見伐。取其鐘以爲公盤。夏。晉士魴來聘。且拜師。謝前年伐鄭師。秋。吳子壽夢卒。壽夢。吳子之號。臨於周廟。禮也。周廟。文王廟也。周公出文王。故魯立其廟。吳始通。故曰禮。○[臨]力蔭反。下同。凡諸侯之喪。異姓臨於外。於城外向其國。同姓於宗廟。所出王之廟。同宗於祖廟。始封君之廟。同族於禰廟。父廟也。同族謂高祖以下。是故魯爲諸姬臨於周廟。諸姬同姓國。爲邢凡蔣茅胙祭臨於周公之廟。卽祖廟也。六國皆周公之支子。別封爲國。共祖周公。○[胙]才故反。[祭]側界反。又如字。冬。楚子囊秦庶長無地伐宋。師于楊梁。以報晉之取鄭也。取鄭在前年。梁國睢陽縣東有地名楊梁。靈王求后于齊。齊侯問對於晏桓子。桓子對曰。先王之禮辭有之。天子求后於諸侯。諸侯對

曰、夫婦所生若而人。不敢譽。亦不敢毀。故曰若如人。○〔譽〕音餘。妾婦之子

若而人。言非適也。無女而有姊妹及姑姊妹、則曰先守某

公之遺女若而人、齊侯許昏。王使陰里結之。陰里、周大夫。結、

成也。爲十五年劉夏逆王后傳。○〔守〕手又反。公如晉朝、且拜士魴之辱、禮

也。士魴聘在此年夏。嫌君臣不敵。故曰禮。秦嬴歸于楚。秦景公妹。爲楚共王夫人。楚

司馬子庚聘于秦、爲夫人寧、禮也。子庚、莊王子午也。諸侯夫人父母既

沒、歸寧使卿。故曰禮。

經十有三年春、公至自晉。夏、取邿。邿、小國也。任城亢父縣有邿亭。傳例

曰、書取、言易也。○〔邿〕音詩。〔任〕音壬。〔亢〕苦浪反。又音剛。秋九月庚辰、楚子審卒。共王

也。成二年、大夫盟于蜀。冬、城防。

傳。十三年。春。公至自晉。孟獻子書勞于廟。禮也。書勳勞於策也。桓二年傳曰。公至自唐。告於廟也。凡公行告於宗廟。反行飲至。舍爵策勳焉。禮也。桓十六年傳又曰。公至自伐鄭。以飲至之禮也。然則還告廟及飲至及書勞三事。偏行一禮則亦書至。悉闕乃不書至。傳因獻子之事以發明凡例。釋例詳之。夏。邿亂。分爲三。國分爲三部。志力各異。師救邿。遂取之。魯師也。經不稱師。不滿二千五百人。傳通言之。凡書取。言易也。不用師徒。及用師徒而不勞。雖國亦曰取。用大師焉曰滅。敵人距戰。斬獲俘馘。用力難重。雖邑亦曰滅。弗地曰入。謂勝其國邑。不有其地。荀罃。士魴。卒。晉侯蒐于緜上以治兵。爲將命軍帥也。必蒐而命之。所以與衆共。使士匄將中軍。辭曰。伯游長。伯游。荀偃。○長上聲。昔臣習於知伯。是以佐之。非能賢也。七年。韓厥老。知罃代將中軍。士匄佐之。匄今將讓。故謂爾時之舉。不以己賢。事見九年。請從伯游荀偃將中軍。代荀罃。士匄佐之。位如故。使韓起將上軍。辭以趙武。又使欒黶。以武位卑故不聽。更命黶。辭曰臣不如韓起。韓起願上趙武。君其聽之。使趙武將上軍。武自新軍超四等。代荀偃。韓起佐之。位如故。欒黶將下軍。魏絳佐之。黶亦如故。絳自新軍佐超一等。代士魴。新軍無帥。將佐皆遷。晉侯難其人。使其什吏。率其卒乘官屬。以從於下軍。禮也。得慎舉之禮。○〔難〕乃旦反。或如字。晉國之民。是以大和。諸侯遂睦。君子曰。讓。禮之主也。范宣子讓。其下皆讓。欒黶爲汰。弗敢違也。晉國以平。數世賴之。刑善也夫。刑法也。○〔汰〕音泰。〔數〕所主反。一人刑善。百姓休和。可不務乎。書曰。一人有慶。兆民賴之。其寧惟永其是之謂乎。周書，呂刑也。一人，天子也。寧，安也。永，長也。義取上有好善之慶，則下賴其福。周之興也。其詩曰，儀刑文王，萬邦作孚。詩大雅，言文王善用法，故能為萬國所信。孚，信也。言刑善也。及其衰也。其詩曰，大夫不均，我從事獨賢。詩小雅，刺幽王役使不均，故從事者怨恨，稱己之勞，以為獨賢，無讓心。言不讓也。世之治也。君子尚能而讓其下。能者在下位，則貴尚而讓之。小人農力以事其上。是以上下有禮，而讒慝黜遠，由不爭也。謂之懿德。及其亂也。君子稱其功以加小人。加，陵也。君子，在位者。○〔遠〕于萬反，又如字。小人伐其技以馮君子。馮亦陵也。自稱其能為伐。○〔技〕其綺反。〔馮〕音憑。是以上下無禮，亂虐並生，由爭善也。爭自善也。謂之昏德。國家之敝，恒必由之。傳言晉之所以興。

楚子疾。告大夫曰。不穀不德。少主社稷。生十年而喪先君。未及習師保之教訓。而應受多福。多福。謂爲君。是以不德。而亡師于鄢。鄢在成十六年。○〔鄢〕音偃。以辱社稷。爲大夫憂。其弘多矣。弘。大也。若以大夫之靈。獲保首領以沒於地。唯是春秋窀穸之事。窀。厚也。穸。夜也。厚夜猶長夜。春秋謂祭祀。長夜。謂葬埋。○〔窀〕張倫反。一徒門反。〔穸〕音夕。所以從先君於禰廟者。從先君代爲禰廟。請爲靈若厲。欲受惡謚以歸先君也。亂而不損曰靈。戮殺不辜曰厲。大夫擇焉。莫對。及五命乃許。秋。楚共王卒。子囊謀謚。大夫曰。君有命矣。子囊曰。君命以共。若之何毀之。赫赫楚國。而君臨之。撫有蠻夷。奄征南海。以屬諸夏。而知其過。可不謂共乎。請謚之共。大夫從之。傳言子囊之善。○〔共〕音恭。吳侵楚。養由基奔命。子庚以師繼之。子庚。楚司馬。養叔曰。吳乘我喪。謂我不能師也。養叔。養由基也。必易我而不戒。戒。備也。○〔易〕以豉反。子為三覆以待我。覆。伏兵。○〔覆〕扶又反。我請誘之。子庚從之。戰于庸浦。庸浦。楚地。大敗吳師。獲公子黨。君子以吳為不弔。不弔。不用天道相弔恤。詩曰。不弔昊天。亂靡有定。言不為昊天所恤。則致罪也。為明年會向傳。冬。城防。書事時也。土功雖有常節。通以事閒為時。○〔閒〕音閑。於是將早城。臧武仲請俟畢農事。禮也。鄭良霄大宰石㚟猶在楚。十一年。楚人執之至今。○〔㚟〕勑略反。石㚟言於子囊曰。先王卜征五年。先征五年而卜吉凶也。征謂巡守征行。○〔先〕征。悉薦反。而歲習其祥。祥習則行五年五卜皆同吉乃巡狩不習則增脩德而改卜不習謂卜不吉○不習則增絕句今楚實不競行人何罪不能脩德與晉競止鄭一卿以除其偪一卿謂良霄使睦而疾楚以固於晉焉用之位不偪則大臣睦怨疾楚則事晉固使歸而廢其使行而見執於楚鄭又遂堅事晉是鄭廢本見使之意○其(使)所吏反下同怨其君以疾其大夫而相牽引也不猶愈乎楚人歸之

經十有四年春王正月季孫宿叔老會晉士匄齊人宋人衛人鄭公孫蠆曹人莒人邾人滕人薛人杞人小邾人會吳于向叔老聲伯子也魯使二卿會晉敬事霸國晉人自是輕魯幣而益敬其使故叔老雖介亦列於會也齊崔杼宋華閱衛北宮括在會惰慢不攝故貶稱人蓋欲以督率諸侯奨

成霸功也吳來在向諸侯會之故曰會吳向鄭地二月乙未朔日有食之無傳

夏四月叔孫豹會晉荀偃齊人宋人衛北宮括鄭公孫蠆曹人莒人邾人滕人薛人杞人小邾人伐秦齊宋大夫不書義與向同己未衛侯出奔齊諸侯之策書孫甯逐衛侯春秋以其自取奔亡之禍故諸侯失國者皆不書逐君之賊也不書名從告莒人侵我東鄙無傳報入鄆

秋楚公子貞帥師伐吳冬季孫宿會晉士匄宋華閱衛孫林父鄭公孫蠆莒人邾人于戚

傳十四年春吳告敗于晉前年爲楚所敗會于向爲吳謀楚故也謀爲吳伐楚○〔爲〕于僞反范宣子數吳之不德也以退吳人吳伐楚喪故以爲不德數而遣之卒不爲伐楚執莒公子務婁在會不書非卿○〔務〕莫侯

反。又如字。〔婁〕力侯反。或力俱反。以其通楚使也。莒貳於楚。故比年伐魯。將執戎子駒支。駒支。戎子名。范宣子親數諸朝。行之所在。亦設朝位。曰來姜戎氏。昔秦人迫逐乃祖吾離于瓜州。四嶽之後皆姜姓。又別爲允姓。瓜州地在今燉煌。○〔燉〕徒門反。乃祖吾離被苫蓋。蓋。苫之別名。○〔被〕普皮反。〔苫〕式占反。〔蓋〕戶臘反。爾雅曰。白蓋謂之苫。蒙荆棘以來歸我先君。蒙。冒也。我先君惠公有不腆之田。腆。厚也。○〔腆〕他典反。與女剖分而食之。中分爲剖。○〔女〕音汝。下同。〔中〕丁仲反。又如字。今諸侯之事我寡君不如昔者。蓋言語漏洩。則職女之由。職。主也。詰朝之事爾無與焉。詰朝明旦。不使復得與會事。○〔詰〕起吉反。〔與〕音預。下同。與將執女。對曰。昔秦人負恃其衆。貪于土地。逐我諸戎。惠公蠲其大德。蠲。明也。謂

我諸戎是四嶽之裔胄也。四嶽堯時方伯姜姓也。裔遠。胄後也。○[裔]以制反

毋是翦弃。翦削也。賜我南鄙之田狐狸所居豺狼所嘷。

我諸戎除翦其荊棘驅其狐狸豺狼以爲先君不侵

不叛之臣至于今不貳。不內侵亦不外叛。○[嘷]戶羔反 昔文公與秦

伐鄭秦人竊與鄭盟而舍戍焉。在僖三十年。於是乎有殽

之師。在僖三十三年。晉禦其上戎亢其下。亢猶當也。○[亢]苦浪反 秦師

不復我諸戎實然譬如捕鹿晉人角之諸戎掎之。掎其

足也。○[掎]居綺反。與晉踣之。踣僵也。○[踣]蒲北反。戎何以不免自是以

來晉之百役與我諸戎相繼于時。言給晉役不曠時。以從執

政猶殽志也。意常如殽無中二也。豈敢離逿今官之師旅無乃

實有所闕。以攜諸侯。而罪我諸戎。我諸戎飲食衣服。不與華同。贄幣不通。言語不達。何惡之能爲。不與於會。亦無瞢焉。瞢，悶也。○〔逷〕他歷反。不〔與〕音預。〔瞢〕莫贈反。又武登反。一武忠反。賦青蠅而退。青蠅，詩小雅。取其愷悌君子，無信讒言。○〔蠅〕以登反。宣子辭焉。辭，謝。使即事於會。成愷悌也。成愷悌，不信讒也。不書者，戎爲晉屬，不得特達。於是子叔齊子爲季武子介以會。自是晉人輕魯幣而益敬其使。齊子，叔老字也。言晉敬魯使，經所以並書二卿。吳子諸樊既除喪。諸樊，吳子乘之長子也。乘卒至此春十七月，既葬而除喪。將立季札。札，諸樊少弟。○〔札〕側八反。季札辭曰。曹宣公之卒也。諸侯與曹人不義曹君。曹君，公子負芻也。殺大子而自立。事在成十三年。將立子臧。子臧去之。遂弗爲也。以成曹君君子曰能守節君義嗣也諸樊適子故曰義嗣誰敢奸君有國非吾節也札雖不才願附於子臧以無失節固立之弃其室而耕乃舍之傳言季札之讓且明吳兄弟相傳夏諸侯之大夫從晉侯伐秦以報櫟之役也櫟役在十一年晉侯待于竟使六卿帥諸侯之師以進言經所以不稱晉侯及涇不濟諸侯之師不肯渡也涇水出安定朝那縣至京兆高陸縣入渭○[朝]如字[那]乃多反叔向見叔孫穆子穆子賦匏有苦葉詩邶風也義取於深則厲淺則揭言己志在於必濟叔向退而具舟魯人莒人先濟鄭子蟜見衛北宮懿子曰與人而不固取惡莫甚焉若社稷何懿子說二子見諸侯之師而勸之濟濟涇而次傳言北宮括所以書於伐秦○[說]音

悅。秦人毒涇上流師人多死飲毒水故。鄭司馬子蟜帥鄭師以進師皆從之至于棫林棫林秦地。〔棫〕位逼反。○不獲成焉秦不服。荀偃令曰雞鳴而駕塞井夷竈尒反。不唯余馬首是瞻言進退從己。欒黶曰晉國之命未是有也余馬首欲東乃歸欒黶惡偃自專。故弃之歸。下軍從之左史謂魏莊子曰不待中行伯乎中行伯荀偃也。莊子魏絳也。左史晉大史。莊子曰夫子命從帥夫子謂荀偃。欒伯吾帥也吾將從之從帥所以待夫子也以從命爲待也。欒黶下軍帥。莊子爲佐。故曰吾帥。伯游曰吾令實過悔之何及多遺秦禽軍帥不和。恐多爲秦所禽獲。○〔遺〕唯季反。乃命大還晉人謂之遷延之役遷延。却退。欒鍼曰此役也報欒之敗也役又無功晉之恥也吾有二位於戎路（欒鍼，欒黶弟也。二位，謂黶將下軍，鍼爲戎右。）敢不恥乎與士鞅馳秦師死焉士鞅反（鞅，士匄子。）欒黶謂士匄曰余弟不欲往而子召之余弟死而子來是而子殺余之弟也弗逐余亦將殺之士鞅奔秦（欒黶汰，後誣逐士鞅也。而，女也。）於是齊崔杼宋華閱仲江會伐秦不書惰也（臨事惰慢，不脩也。仲江，宋公孫師之子。）向之會亦如之衛北宮括不書於向（亦惰。）書於伐秦攝也（能自攝整，從鄭子蟜俱濟涇。）秦伯問於士鞅曰晉大夫其誰先亡對曰其欒氏乎秦伯曰以其汰乎對曰然欒黶汰虐已甚猶可以免其在盈乎（盈，黶之子。）秦伯曰何故對曰武子之德在民如周人之思召公焉。愛其甘棠。況其子乎。武子。欒書。黶之父也。召公奭聽訟於甘棠之下。周人思之。不害其樹。而作勿伐之詩。在召南。欒黶死。盈之善未能及人。武子所施沒矣。而黶之怨實章。將於是乎在。秦伯以爲知言。爲之請於晉而復之。爲傳二十一年晉滅欒氏張本。○〔施〕如字。又始豉反。衛獻公戒孫文子甯惠子食。勑戒二子欲共宴食。皆服而朝。服朝服待命於朝。日旰不召。旰。晏也。○〔旰〕古旦反。而射鴻於囿。二子從之。從公於囿。〔射〕食亦反。○不釋皮冠而與之言。皮冠。田獵之冠也。既不釋冠。又不與食。二子怒。孫文子如戚。戚。孫文子邑。孫蒯入使。孫蒯。孫文子之子。○〔使〕所吏反。又如字。公飲之酒。使大師歌巧言之卒章。巧言詩小雅。其卒章曰。彼何人斯。居河之麋。無拳無勇。職爲亂階。戚。衛河上邑。公欲以喻文子居河上而爲亂。

大師掌樂大夫。○[歛]於鴆反[欒]士悲反[拳]音權。大師辭。師曹請爲之。辭以爲不可。師曹樂人。初公有嬖妾。使師曹誨之琴。誨教也。師曹鞭之。公怒。鞭師曹三百。故師曹欲歌之。以怒孫子以報公。公使歌之。遂誦之。恐孫蒯不解故。蒯懼。告文子。文子曰。君忌我矣。弗先必死。欲先公作亂。○欲[先]息薦反。并帑於戚。帑子也。○[并]必政反[帑]音奴。而入見蘧伯玉。曰。君之暴虐。子所知也。大懼社稷之傾覆。將若之何。伯玉蘧瑗。對曰。君制其國。臣敢奸之。奸猶犯也。雖奸之。庸知愈乎。言逐君更立。未知當差否。遂行。從近關出。懼難作。欲速出竟。公使子蟜子伯子皮與孫子盟于丘宮。孫子皆殺之。三子衞羣公子。疑孫子故盟之。丘宮近戚地。○[蟜]居表反。四月己未。子展奔齊。子展。衞獻公弟。公如鄄。鄄。衞地。(鄄)音絹。○使子行於孫子。孫子又殺之。使往請和也。子行。羣公子。公出奔齊。孫氏追之。敗公徒于阿澤。濟北東阿縣西南有大澤。鄄人執之。公徒因敗散還。故爲公執之。○(爲)于僞反。初尹公佗學射於庾公差。庾公差學射於公孫丁。二子追公。二子。佗與差。爲孫氏逐公。○(佗)徒河反。(差)初佳反。又初宜反。公孫丁御公。爲公御也。子魚曰。射爲背師。不射爲戮。射爲禮乎。子魚。庾公差。禮射不求中。○(射)食亦反。下除禮射皆同。(背)音佩。射兩軥而還。軥。車軛卷者。○(軥)其俱反。又古豆反。(軛)於革反。尹公佗曰。子爲師。我則遠矣。乃反之。佗不從丁學。故言遠。始與公差俱退。悔而獨還射丁。公孫丁授公轡而射之。貫臂。貫佗臂。○(貫)古亂反。一音官。子鮮從公。子鮮。公母弟。○(鮮)音僊。及竟。公使祝宗告亡且告無罪。告宗廟也。定姜曰無神何告若有不可誣也。誣欺也。定姜公適母。有罪若何告無舍大臣而與小臣謀一罪也。先君有冢卿以爲師保而蔑之二罪也。謂不釋皮冠之比。○〔舍〕音捨。〔比〕必里反。余以巾櫛事先君而暴妾使余三罪也告亡而已無告無罪。時姜在國故不使得告無罪。○〔櫛〕側乙反。公使厚成叔弔于衛曰寡君使瘠聞君不撫社稷而越在他竟。越遠也。瘠厚成叔名。○〔瘠〕在亦反。若之何不弔以同盟之故使瘠敢私於執事。執事衛諸大夫。曰有君不弔。弔恤也。有臣不敏。敏達也。君不赦宥臣亦不帥職增淫發洩其若之何衛人使大叔儀對。大叔儀衛大夫。○〔洩〕息列反。曰羣臣不佞得罪於寡君寡君不以卽刑而悼弃之以爲君憂君不忘先君之好辱弔羣臣又重恤之重恤謂愍其不達也敢拜君命之辱重拜大貺謝重恤之賜厚孫歸復命語臧武仲曰衛君其必歸乎有大叔儀以守守於國○語魚據反守手又反有母弟鱄以出或撫其內或營其外能無歸乎齊人以郲寄衛侯郲齊所滅郲國○鱄市轉反又音專郲音來及其復也以郲糧歸言其貪右宰穀從而逃歸衛人將殺之穀衛大夫也以其從君故欲殺之○從才用反又如字辭曰余不說初矣言初從君非說之不獲已耳○說音悅注及下同余狐裘而羔袖言一身盡善唯少有惡喻己雖從君出其罪不多乃赦之衛人立公孫剽剽穆公孫○剽匹妙反一甫遙反孫林父甯殖相之以聽命於諸

侯。聽盟會之命。○[相]息亮反。衛侯在郲。臧紇如齊。唁衛侯。衛侯與之言。虐退而告其人曰。衛侯其不得入矣。其言糞土也。亡而不變。何以復國。武仲不書。未爲卿。○[唁]魚變反。弔失國曰唁。子展子鮮聞之。見臧紇。與之言道。順道理。臧孫說。謂其人曰。衛君必入。夫二子者。或輓之。或推之。欲無入。得乎。爲二十六年。衛侯歸傳。○[輓]音晚。[推]如字。又他回反。師歸自伐秦。晉侯舍新軍。禮也。成國不過半天子之軍。成國。大國。○[舍]音捨。周爲六軍。諸侯之大者。三軍可也。於是知朔生盈而死。朔。知罃之長子。盈。朔弟也。盈生而朔死。○[知]音智。盈生六年而武子卒。彘裘亦幼。皆未可立也。新軍無帥。故舍之。裘。士魴子也。十三年。荀罃。士魴卒。其子皆幼。未任爲卿。故新軍無帥。遂舍之。〔彘〕直例反。〔任〕音壬。○師曠侍於晉侯。師曠，晉樂大師子野。晉侯曰：衛人出其君，不亦甚乎？對曰：或者其君實甚。良君將賞善而刑淫，養民如子，蓋之如天，容之如地；民奉其君，愛之如父母，仰之如日月，敬之如神明，畏之如雷霆，其可出乎？夫君，神之主而民之望也。若困民之主，匱神乏祀，百姓絕望，社稷無主，將安用之？弗去何為？天生民而立之君，使司牧之，勿使失性。有君而為之貳，貳，卿佐。〔去〕起呂反。○使師保之，勿使過度。是故天子有公，諸侯有卿，卿置側室，側室，支子之官。大夫有貳宗，貳宗，宗子之副貳者。士有朋友，庶人工商皁隸牧圉皆有親暱，以相輔佐也。善則賞之。賞謂宣揚。〔暱〕女乙反。○過則匡之。匡正也。患則救之救其難也。失則革之。革更也。自王以下各有父兄子弟以補察其政。補其愆過。察其得失。史為書。謂大史。君舉則書。瞽為詩。瞽盲者。為詩以風刺。芳鳳反。○〔風〕工誦箴諫。工樂人也。誦箴諫之辭。大夫規誨。規正諫誨其君。士傳言。士卑不得徑達。聞君過失。傳告大夫。庶人謗。庶人不與政。聞君過則誹謗。商旅于市。旅陳也。陳其貨物以示時所貴尚。百工獻藝。獻其技藝。以喻政事。故夏書曰。遒人以木鐸徇于路。逸書。遒人行人之官也。木鐸木舌金鈴。徇於路求歌謠之言。〔遒〕在由反。○官師相規。官師大夫自相規正。工執藝事以諫。所謂獻藝。正月孟春。於是乎有之。諫失常也。有遒人徇路之事。天之愛民甚矣。豈其使一人肆於民上。肆放也。以從其淫而棄天地之性。必不然矣。傳善師曠能因問盡言。○〔從〕子用反。秋。楚子爲庸浦之役故。在前年。○〔爲〕于僞反。子囊師于棠以伐吳。吳不出而還。子囊殿。殿軍後。○〔殿〕多練反。以吳爲不能而弗儆。吳人自皐舟之隘要而擊之。皐舟、吳險阨之道。○〔要〕一遙反。〔阨〕於賣反。楚人不能相救。吳人敗之。獲楚公子宜穀。傳言不備不可以師。王使劉定公賜齊侯命。將昏於齊故也。定公、劉夏。位賤以能而使之。傳稱謚舉其終。曰。昔伯舅大公右我先王。股肱周室。師保萬民。世胙大師。以表東海。胙、報也。表、顯也。謂顯封東海以報大師之功。王室之不壞。繄伯舅是賴。繄、發聲。今余命女環。環、齊靈公名。○〔女〕音汝。茲率舅氏之典。纂乃祖考。無忝乃舊。敬之哉。無廢朕命。纂、繼也。因昏而加褒顯。傳言王

室不能命有功晉侯問衛故於中行獻子問衛逐君當討否獻子荀偃對
曰不如因而定之衛有君矣謂剽已立伐之未可以得志
而勤諸侯史佚有言曰因重而撫之重不可移就撫安之仲虺
有言曰亡者侮之亂者取之推亡固存國之道也仲虺
湯左相君其定衛以待時乎待其昏亂之時乃伐之冬會于戚謀
定衛也定立剽范宣子假羽毛於齊而弗歸齊人始貳
析羽爲旌王者游車之所建齊私有之因謂之羽毛宣子聞而借觀之楚子囊還自伐
吳卒將死遺言謂子庚必城郢楚徙都郢未有城郭公子燮公子儀因築
城爲亂事未得訖子囊欲訖而未暇故遺言見意君子謂子囊忠君薨不忘
增其名謂前年謚君爲共將死不忘衛社稷可不謂忠乎忠

民之望也。詩曰。行歸于周。萬民所望。忠也。詩小雅。忠信爲周。言德行歸於忠信。卽爲萬民所瞻望。○〔行〕下孟反。

經十有五年春。宋公使向戌來聘。二月己亥。及向戌盟于劉。劉夏逆王后于齊。劉采地。夏名也。天子卿書字。劉夏非卿。故書名。天子無外。所命則成。故不言逆女。夏。齊侯伐我北鄙。圍成。公救成。至遇。無傳。遇魯地。書至遇。公畏齊。不敢至成。季孫宿。叔孫豹。帥師城成郛。備齊故。夏城非例所譏。秋八月丁巳。日有食之。無傳。八月無丁巳。丁巳七月一日也。日月必有誤。邾人伐我南鄙。冬十有一月癸亥。晉侯周卒。四同盟。

傳十有五年春。宋向戌來聘。且尋盟。報豹之聘。尋十一年亳之盟。見孟獻子尤其室。尤責過也。曰子有令聞而美其室非所望也。對曰我在晉吾兄爲之毀之重勞且不敢閒。傳言獻子友于兄且不隱其實。○〔聞〕音問〔閒〕去聲。官師從單靖公逆王后于齊。卿不行非禮也。官師劉夏也天子官師非卿也劉夏獨過魯告昏故不書單靖公天子不親昏使上卿逆而公監之故曰卿不行非禮○〔過〕古禾反。楚公子午爲令尹代子囊。公子罷戎爲右尹。蔿子馮爲大司馬。子馮叔敖從子。○〔罷〕音皮。公子橐師爲右司馬。公子成爲左司馬。屈到爲莫敖。屈到屈蕩子。○〔屈〕居勿反。公子追舒爲箴尹。追舒莊王子子南。屈蕩爲連尹。養由基爲宮廄尹。以靖國人。君子謂楚於是乎能官人。官人國之急也。能官人則民無覦心。無覬覦以求幸。○〔廄〕

音救詩云嗟我懷人寘彼周行能官人也詩周南也寘置也行列也周徧也詩人嗟歎言我思得賢人置之徧於列位是后妃之志以官人爲急○[行]戶郎反下同王及公侯伯子男甸采衛大夫各居其列所謂周行也言自王以下諸侯大夫各任其職則是詩人周行之志也甸采衛五服之名也天子所居千里曰圻其外曰侯服次曰甸服次曰男服次曰采服次曰衛服五百里爲一服不言侯男略舉也○[任]音壬鄭尉氏司氏之亂其餘盜在宋亂在十年鄭人以子西伯有子產之故納賂于宋三子之父皆爲尉氏所殺故以馬四十乘百六十匹與師茷師慧樂師也茷慧其名[茷]扶廢反徐音伐○三月公孫黑爲質焉公孫黑子皙○[質]音致司城子罕以堵女父尉翩司齊與之良司臣而逸之賢而放之○[女]音汝託諸季武子武子寘諸卞子罕

以司臣託季氏。鄭人醢之三人也。三人，堵女父、尉翩、司齊。師慧過宋朝，將私焉。私，小便。其相曰：朝也。相，師者。○〔相〕息亮反。慧曰：無人焉。相曰：朝也，何故無人？慧曰：必無人焉。若猶有人，豈其以千乘之相易淫樂之矇？必無人焉故也。千乘相，謂子產等也。言不爲子產殺三盜，得賂而歸之，是重淫樂而輕相國。○〔易〕以豉反，輕也。子罕聞之，固請而歸之。言子罕能改過。夏，齊侯圍成，貳於晉故也。不畏霸主，故敢伐魯。於是乎城成郛。郛，郭也。秋，邾人伐我南鄙。亦貳於晉故。使告于晉。晉將爲會以討邾、莒。十二年、十四年，莒人伐魯，未之討也。晉侯有疾，乃止。冬，晉悼公卒，遂不克會。爲明年會溴梁傳。○〔溴〕古歷反。鄭公孫夏如晉奔喪，子蟜送葬。夏，子西也。言諸侯畏晉，故卿共葬。○〔共〕音恭。宋人或得玉。獻諸子罕。子罕弗受。獻玉者曰。以示玉人。玉人。能治玉者。玉人以爲寶也。故敢獻之。子罕曰。我以不貪爲寶。爾以玉爲寶。若以與我。皆喪寶也。不若人有其寶。稽首而告曰。小人懷璧。不可以越鄉。言必爲盜所害。○〔喪〕息浪反。納此以請死也。請免死。子罕寘諸其里。使玉人爲之攻之。攻。治之也。富而後使復其所。賣玉得富。十二月。鄭人奪堵狗之妻。而歸諸范氏。堵狗。堵女父之族。狗娶於晉范氏。鄭人旣誅女父。畏狗因范氏而作亂。故奪其妻歸范氏。先絕之。傳言鄭之有謀。○〔堵〕音者。

春秋經傳集解襄公二第十五

春秋經傳集解襄公三第十六

杜氏註　盡二十年

經十有六年春王正月葬晉悼公（踰月而葬速也）三月公會晉侯宋公衛侯鄭伯曹伯莒子邾子薛伯杞伯小邾子于溴梁（不書高厚逃歸故也溴水出河內軹縣東南至溫入河○[溴]古闃反[軹]之氏反）戊寅大夫盟（諸大夫本欲盟高厚高厚逃歸故遂自共盟雞澤會重序諸侯今此閒無異事卽上諸侯大夫可知○[重]直用反）晉人執莒子邾子以歸（邾莒二國數侵魯又無道於其民故稱人以執不以歸京師非禮也）齊侯伐我北鄙（無傳齊貳晉故）夏公至自會（無傳）五月甲子地震（無傳）叔老會鄭伯晉荀偃衛甯殖宋人伐許（荀偃主兵當序鄭上方示叔老可以會鄭伯故荀偃在下）秋齊侯伐

我北鄙。圍成。大雩。無傳。書過。冬。叔孫豹如晉。

傳。十六年。春。葬晉悼公。平公即位。平公，悼公子彪。○[彪]彼虯反。羊舌肸爲傅。肸，叔向也。代士渥濁。○[肸]許乙反。張君臣爲中軍司馬。張老子，代其父。祁奚、韓襄、欒盈、士鞅爲公族大夫。祁奚去中軍尉爲公族大夫，去劇職，就閑官。韓襄，無忌子也。虞丘書爲乘馬御。代程鄭。○[乘]繩證反。改服脩官。烝于曲沃。既葬，改喪服，脩官，選賢能。曲沃，晉祖廟。烝，冬祭也。諸侯五月而葬，既葬，卒哭作主，然後烝嘗於廟。今晉踰月葬，作主而烝祭，傳言晉將有溴梁之會，故速葬。警守而下。會于溴梁。順河東行，故曰下。命歸侵田。諸侯相侵取之田。以我故執邾宣公、莒犂比公。犂比，莒子號也。十二年、十四年，莒人侵魯。前年，邾人伐魯。晉將爲魯討之。悼公卒，不克會，故平公終其事。○[犂]力私反。一力兮反。[比]音毗。注同。且曰：通齊楚之使。邾莒在齊楚往來道中。故并以此責之。經書執在大夫盟下。既盟而後告。晉侯與諸侯宴于溫。使諸大夫舞。曰。歌詩必類。歌古詩。當使各從義類。齊高厚之詩不類。齊有二心故。荀偃怒。且曰。諸侯有異志矣。使諸大夫盟高厚。高厚逃歸。齊爲大國。高厚若此。知小國必當有從者。於是叔孫豹晉荀偃宋向戌衞甯殖鄭公孫蠆小邾之大夫盟。曰。同討不庭。自曹以下大夫不書。故傳舉小邾以包之。○〔向〕舒亮反。〔戌〕音恤。〔蠆〕勑邁反。許男請遷于晉。許欲叛楚。諸侯遂遷許。許大夫不可。晉人歸諸侯。唯以其師討許之不肯遷。鄭子蟜聞將伐許。遂相鄭伯以從諸侯之師。鄭與許有宿怨。故其君親行。○〔蟜〕居表反。穆叔從公。從公歸。○〔從〕才用反。又如字。齊子帥師會晉荀偃。書曰。會鄭伯。爲夷故也。夷平也。春秋於魯事所記。不與外事同者。客主之言。所以為文。固當異也。魯鄭每會公侯。春秋無譏。故於此示例。不先書主兵之荀偃。而書後至之鄭伯。時皆諸侯大夫。義取皆平。故得會鄭伯。夏六月。次于棫林。庚寅。伐許。次于函氏。棫林。函氏。皆許地。○〔棫〕為逼反。又于目反。晉荀偃欒黶帥師伐楚。以報宋揚梁之役。晉師獨進揚梁之役在十二年。○〔黶〕於斬反。楚公子格帥師及晉師戰于湛阪。襄城昆陽縣北有湛水。東入汝。○〔湛〕市林反。一直斬反。〔阪〕音反。又扶板反。楚師敗績。晉師遂侵方城之外。不書不告。復伐許而還。許未還故。〔復〕扶又反。○秋。齊侯圍郕。郕魯孟氏邑。貳晉故伐魯。孟孺子速徼之。孟獻子之子莊子速也。徼要也。○〔徼〕古堯反。齊侯曰。是好勇。去之以為之名。速遂塞海陘而還。海陘魯隘道。○〔陘〕音刑。冬。穆叔如晉聘。且言齊故。言齊再伐魯。晉人曰。以寡君之未禘祀。禘祀。三年喪畢之吉祭。與民之未息。新伐許及楚。不然不敢忘穆叔曰以齊人之朝夕釋憾於敝邑之地是以大請敝邑之急朝不及夕引領西望曰庶幾乎。庶幾來救。晉比執事之閒恐無及也見中行獻子賦圻父。圻父。詩小雅。周司馬掌封畿之兵甲。故謂之圻父。詩人責圻父爲王爪牙。不脩其職。使百姓受困苦之憂。而無所止居。○〔比〕必利反。〔閒〕音閑。〔行〕戸郎反。〔圻〕其依反。獻子曰偃知罪矣敢不從執事以同恤社稷而使魯及此。及此憂。見范宣子。賦鴻鴈之卒章。鴻鴈。詩小雅。卒章曰。鴻鴈于飛。哀鳴嗸嗸。唯此哲人。謂我劬勞。言魯憂困嗸嗸然。若鴻鴈之失所。大曰鴻。小曰鴈。宣子曰匄在此敢使魯無鳩乎。鳩。集也。○〔匄〕古害反。〔鳩〕居牛反。

經十有七年春王二月庚午邾子牼卒（無傳宣公也四同盟○〔牼〕苦耕反）宋人伐陳夏衛石買帥師伐曹（買石稷子）秋齊侯伐我北鄙圍桃高厚帥師伐我北鄙圍防（弁縣東南有桃虛○〔虛〕起居反）九月大雩（無傳書過）宋華臣出奔陳（暴亂宗室懼而出奔實以冬出書秋者以始作亂時來告○〔華〕戶化反）冬邾人伐我南鄙

傳十七年春宋莊朝伐陳獲司徒卬卑宋也（司徒卬陳大夫卑宋不設備○〔朝〕如字凡人名字皆放此〔卬〕五郎反）衛孫蒯田于曹隧（越竟而獵孫蒯林父之子○〔蒯〕苦怪反）飲馬于重丘（重丘曹邑○〔飲〕於鴆反〔重〕直龍反）毀其瓶重丘人閉門而詢之（詢罵也○〔詢〕呼豆反〔罵〕馬嫁反）曰親逐而君爾父為厲（厲惡鬼林父逐君在十四年）是之不憂而何以田為夏衛

石買孫蒯伐曹取重丘 孫蒯不書非卿 曹人愬于晉 爲明年晉人執石買傳○〔愬〕悉路反 齊人以其未得志于我故 前年圍成辟孟孺子 秋齊侯伐我北鄙圍桃高厚圍臧紇于防 防臧紇邑〔紇〕恨發反 ○師自陽關逆臧孫至于旅松 陽關在泰山鉅平縣東旅松近防地也魯師畏齊不敢至防 鄹叔紇臧疇臧賈帥甲三百宵犯齊師送之而復 鄹叔紇叔梁紇臧疇臧賈臧紇之昆弟也三子與臧紇共在防故夜送臧紇於旅松而復還守防○〔鄹〕側留反 齊師去之 失臧紇故 齊人獲臧堅 堅臧紇之族 齊侯使夙沙衛唁之且曰無死 使無自殺 堅稽首曰拜命之辱抑君賜不終姑又使其刑臣禮於士以杙抉其傷而死 言使賤人來唁己是惠賜不終也夙沙衛奄人故謂之刑臣○〔杙〕音弋〔抉〕烏穴反又音決 冬邾人伐

我南鄙爲齊故也（齊未得志於魯故鄭助之○〔爲〕于僞反）宋華閱卒華臣弱皐比之室（臣閱之弟皐比閱之子弱侵易之○〔比〕音毗〔易〕以豉反）使賊殺其宰華吳賊六人以鈹殺諸盧門合左師之後（盧門宋城門合向戌邑後屋後○〔鈹〕普皮反）左師懼曰老夫無罪賊曰皐比私有討於吳遂幽其妻（幽吳妻也）曰畀余而大璧（畀與也）宋公聞之曰臣也不唯其宗室是暴大亂宋國之政必逐之左師曰臣也亦卿也大臣不順國之恥也不如蓋之乃舍之左師爲己短策苟過華臣之門必騁（惡之○〔騁〕勑領反〔惡〕烏路反）十一月甲午國人逐瘈狗瘈狗入於華臣氏國人從之華臣懼遂奔陳（華臣心不自安見逐狗而驚走○〔瘈〕居世反）

音制宋皇國父爲大宰爲平公築臺妨於農收周十一月今九月收斂時子罕請俟農功之畢公弗許築者謳曰澤門之晳實興我役澤門宋東城南門也皇國父白晳而居近澤門○〔晳〕星礫反邑中之黔實慰我心子罕黑色而居邑中○〔黔〕音琴一其廉反子罕聞之親執扑扑杖○〔扑〕普卜反以行築者而抶其不勉者曰吾儕小人皆有闔廬以辟燥溼寒暑闔謂門戶閉塞○〔行〕下孟反〔抶〕恥乙反今君爲一臺而不速成何以爲役役事也謳者乃止或問其故子罕曰宋國區區而有詛有祝禍之本也傳善子罕分謗○〔詛〕莊慮反〔祝〕之又反

齊晏桓子卒晏嬰父也晏嬰麤縗斬斬不緝之也縗在胷前麤三升布○〔麤〕本作麄〔縗〕七雷反苴絰帶杖菅屨苴麻之有子者取其麤也杖竹杖菅

屨草屨。○〔苴〕七徐反〔菅〕古顔反。食鬻居倚廬寢苫枕草此禮與士喪禮略同其異唯枕草耳然枕由亦非喪服正文。○〔鬻〕之六反謂一朝一溢米暮一溢米〔苫〕傷廉反〔枕〕之鴆反〔甶〕苦對反一苦怪反其老曰非大夫之禮也時之所行士及大夫縗服各有不同晏子爲大夫而行士禮其家臣不解故譏之曰唯卿爲大夫晏子惡直己以斥時失禮故孫辭略答家老

經十有八年春白狄來不言朝不能行朝禮夏晉人執衛行人石買石買卽是伐曹者宜卽懲治本罪而晉因其爲行人之使執之故書行人以罪晉秋齊師伐我北鄙不書齊侯齊侯不入竟冬十月公會晉侯宋公衛侯鄭伯曹伯莒子邾子滕子薛伯杞伯小邾子同圍齊齊數行不義諸侯同心俱圍之曹伯負芻卒于師無傳禮當與許男同三同盟

楚公子午帥師伐鄭。

傳十八年。春。白狄始來。白狄。狄之別名。未嘗與魯接。故曰始。夏。晉人執衛行人石買于長子。執孫蒯于純留。長子。純留。二縣。今皆屬上黨郡。孫蒯不書。父在位。蒯非卿。○〔長〕丁丈反。或如字。〔純〕徒温反。或如字。爲曹故也。前年衛伐曹。

秋。齊侯伐我北鄙。中行獻子將伐齊。夢與厲公訟。弗勝。厲公。獻子所弑者。公以戈擊之。首隊於前。跪而戴之。奉之以走。見梗陽之巫皋。梗陽。晉邑。在太原晉陽縣南。皋。巫名也。夢并見之。○〔隊〕直位反。〔跪〕其委反。〔奉〕芳勇反。他日見諸道。與之言同。巫亦夢見獻子與厲公訟。巫曰。今茲主必死。若有事於東方。則可以逞。巫知獻子有死徵。故勸使快意伐齊。獻子許諾。晉侯伐齊。將濟河。獻子以朱絲係玉二瑴。雙玉曰瑴。[瑴]古學反。○而禱曰。齊環怙恃其險。負其衆庶。環。齊靈公名。負。依也。弃好背盟。陵虐神主。神主。民也。謂伐魯。殘民人。曾臣彪將率諸侯以討焉。彪。晉平公名。稱臣者。明上天子。以謙告神。曾臣猶末臣。其官臣偃實先後之。守官之臣。偃。獻子名。[先]悉薦反。[後]戶豆反。○苟捷有功。無作神羞。羞。恥也。官臣偃無敢復濟。偃信巫言。故以死自誓。○[復]扶又反。唯爾有神裁之。沈玉而濟。冬十月。會于魯濟。尋湨梁之言。同伐齊。湨梁在十六年。盟曰同討不庭。○[沈]音鴆。或如字。齊侯禦諸平陰。塹防門而守之廣里。平陰城在濟北盧縣東北。其城南有防。防有門。於門外作塹。橫行廣一里。故經書圍。○[廣]古曠反。夙沙衛曰。不能戰。莫如守險。謂防門不足為險。弗聽。諸侯之士門焉。齊人多死。范宣子告析文子。析文子，齊大夫子家。○〔析〕星歷反。曰。吾知子。敢匿情乎。魯人莒人皆請以車千乘自其鄉入。既許之矣。若入。君必失國。子盍圖之。子家以告公。公恐。晏嬰聞之曰。君固無勇。而又聞是。弗能久矣。不能久敵晉。齊侯登巫山以望晉師。巫山在盧縣東北。晉人使司馬斥山澤之險。雖所不至。必旆而疏陳之。斥，候也。疏建旌旗以為陳。示眾也。○〔斥〕音尺。〔陳〕直覲反。使乘車者左實右僞。以旆先。僞以衣服為人形也。建旆以先驅。輿曳柴而從之。以揚塵。齊侯見之。畏其眾也。乃脫歸。脫不張旗幟。丙寅晦。齊師夜遁。師曠告晉侯曰。烏烏之聲樂。齊師其遁。烏得空營，故樂也。邢伯告中行伯曰。邢伯，晉大夫邢侯也。中行伯，獻子。曰。有班馬之聲(夜遁馬不相見故鳴班別也○[別]彼列反)齊師其遁叔向告晉侯曰城上有烏齊師其遁十一月丁卯朔入平陰遂從齊師夙沙衛連大車以塞隧而殿(此衛所欲守險○[殿]都練反)殖綽郭最曰子殿國師齊之辱也(奄人殿師故以爲辱)子姑先乎乃代之殿衛殺馬於隘以塞道(恨二子故塞其道欲使晉得之)晉州綽及之射殖綽中肩兩矢夾脰(脰頸也○[脰]音豆)曰止將爲三軍獲不止將取其衷(不止復欲射兩矢中央○[衷]音忠)顧曰爲私誓州綽曰有如日(言必不殺女明如日)乃弛弓而自後縛之(反縛也○[弛]式氏反)其右具丙(州綽之右)亦舍兵而縛郭最皆衿甲面縛(衿甲不解甲○[舍]音捨[衿]其鴆反)坐于中軍之鼓下晉人欲逐歸者魯

衛請攻險。險。固城守者。己卯。荀偃士匄以中軍克京茲。在平陰城東南。乙酉。魏絳欒盈以下軍克邿。欒黶死。其子盈佐下軍。平陰西有邿山。○〔邿〕音詩。趙武韓起以上軍圍盧。弗克。十二月戊戌。及秦周伐雍門之萩。秦周。魯大夫。趙武及之共伐萩也。雍門。齊城門。○〔雍〕於用反。范鞅門于雍門。其御追喜以戈殺犬于門中。殺犬示閒暇。孟莊子斬其橁以爲公琴。莊子。孺子速也。橁。木名。○〔橁〕勑倫反。又相倫反。己亥。焚雍門及西郭南郭。劉難士弱率諸侯之師焚申池之竹木。二子。晉大夫。○〔難〕乃多反。又如字。壬寅。焚東郭北郭。范鞅門于揚門。齊西門。州綽門于東閭。齊東門。左驂迫。還于門中。以枚數闔。枚。馬檛也。闔。門扇也。數其板。示不恐。○〔還〕音旋。一音患。〔數〕所主反。〔檛〕陟瓜反。齊侯駕將走郵棠郵棠齊邑大子與郭榮扣馬大子光也榮齊大夫曰師速而疾略也言欲略行其地無久攻意○〔行〕下孟反將退矣君何懼焉且社稷之主不可以輕輕則失衆君必待之將犯之大子抽劍斷鞅乃止甲辰東侵及濰南及沂濰水在東莞東北至北海都昌縣入海沂水出東莞蓋縣至下邳入泗○〔莞〕音官鄭子孔欲去諸大夫欲專權○〔去〕起呂反下同將叛晉而起楚師以去之使告子庚子庚弗許子庚楚令尹公子午楚子聞之使揚豚尹宜告子庚曰國人謂不穀主社稷而不出師死不從禮不能承先君之業死將不得從先君之禮不穀卽位於今五年師徒不出人其以不穀爲自逸而忘先君之業矣謂己未嘗統師自出大夫圖

之。其若之何。子庚歎曰。君王其謂午懷安乎。吾以利社稷也。見使者。稽首而對曰。諸侯方睦於晉。臣請嘗之。嘗，試其難易也。若可。君而繼之。不可。收師而退。可以無害。君亦無辱。子庚帥師治兵於汾。襄城縣東北有汾丘城。於是子蟜。伯有。子張從鄭伯伐齊。子張，公孫黑肱。子孔。子展。子西守。二子知子孔之謀。二子，子展、子西。○守，手又反。下同。完守入保。完城郭內保守。子孔不敢會楚師。楚師伐鄭。次於魚陵。魚陵，魚齒山也。在南陽犨縣北。鄭地。○犨，尺由反。右師城上棘。遂涉潁。次于旃然。將涉潁，故於水邊權築小城，以爲進退之備。旃然，水出滎陽城皋縣東，入汴。蔿子馮。公子格率銳師侵費滑。胥靡。獻于。雍梁。胥靡、獻于、雍梁，皆鄭邑。河南陽翟縣東北有雍氏城。○〔蔿〕于委反。〔馮〕皮冰反。〔費〕扶味反。〔雍〕於用反。右回梅山在滎陽密縣東北。○〔回〕如字。又胡猥反。侵鄭東北，至于蟲牢而反。子庚門于純門，信于城下而還。信，再宿也。○〔純〕如字，一市荀反。涉於魚齒之下。魚齒山之下有滍水，故言涉。○〔滍〕音雉。○甚雨及之，楚師多凍，役徒幾盡。晉人聞有楚師。師曠曰：「不害。吾驟歌北風，又歌南風。南風不競，歌者吹律以詠八風。南風音微，故曰不競也。師曠唯歌南北風者，聽晉楚之強弱。○〔幾〕音祈。多死聲。楚必無功。」董叔曰：「天道多在西北。歲在豕韋，月又建亥，故曰多在西北。南師不時，必無功。」不時，謂觸歲月。叔向曰：「在其君之德也。」言天時地利不如人和。

經十有九年春王正月，諸侯盟于祝柯。前年圍齊之諸侯也。祝柯縣。今屬濟南郡。晉人執邾子。稱人以執，惡及民也。公至自伐齊。無傳。取邾田自漷水。取邾田以漷水爲界也。漷水出東海合鄉縣西南，經魯國，至高平湖陸縣入泗。○（漷）好虢反，又音郭。季孫宿如晉。葬曹成公。無傳。夏，衞孫林父帥師伐齊。秋七月辛卯，齊侯環卒。世子光，三與魯同盟。晉士匄帥師侵齊，至穀，聞齊侯卒，乃還。詳錄所至及還者，善得禮。八月丙辰，仲孫蔑卒。無傳。齊殺其大夫高厚。鄭殺其大夫公子嘉。冬，葬齊靈公。無傳。城西郛。魯西郭。叔孫豹會晉士匄于柯。魏郡內黃縣東北有柯城。城武城。泰山南武城縣。

傳十九年春，諸侯還自沂上，盟于督揚，曰：「大毋侵小。」督揚即祝柯也。執邾悼公，以其伐我故。伐魯在十七年。遂次于泗上，疆我田。正郲魯之界也。泗水名。取郲田自漷水歸之于我。郲田在漷水北。今更以漷爲界。故曰取郲田。晉侯先歸。公享晉六卿于蒲圃。六卿過魯。賜之三命之服。軍尉司馬司空輿尉候奄皆受一命之服。如鞌戰還之賜。唯無先輅。○[鞌]音安。賄荀偃束錦加璧乘馬先吳壽夢之鼎。荀偃。中軍元帥。故特賄之。五匹爲束。四馬爲乘。壽夢。吳子乘也。獻鼎於魯。因以爲名。古之獻物。必有以先。今以璧馬爲鼎之先。○[先]悉薦反。又如字。[夢]莫公反。荀偃癉疽。生瘍於頭。癉疽。惡創。○[癉]丁但反。又音旦。[疽]七徐反。[瘍]音羊。[創]初良反。濟河。及著雍病目出。大夫先歸者皆反。士匄請見。弗內。請後。曰鄭甥可。士匄。中軍佐。故問後也。鄭甥。荀吳。其母鄭女。○[著]張慮反。又直慮反。[雍]於用反。[見]賢遍反。二月甲寅。卒而視。不可含。目開口噤。[含]戶暗反。○宣子盥而撫之曰事吳敢不如事主猶視大夫稱主欒懷子曰其爲未卒事於齊故也乎懷子欒盈乃復撫之曰主苟終所不嗣事于齊者有如河乃瞑受含嗣續也○〔復〕扶又反〔瞑〕亡丁反一亡千反宣子出曰吾淺之爲丈夫也自恨以私待人晉欒魴帥師從衛孫文子伐齊爲懷子之言故也欒魴欒氏族不書兵并林父不別告也經書夏從告季武子如晉拜師謝討齊晉侯享之范宣子爲政代荀偃將中軍賦黍苗黍苗詩小雅美召伯勞來諸侯如陰雨之長黍苗也喻晉君憂勞魯國猶召伯季武子興再拜稽首曰小國之仰大國也如百穀之仰膏雨焉若常膏之其天下輯睦豈唯敝邑賦六月六月尹吉甫佐天子征伐之詩以晉侯比吉甫出征以匡王國○〔仰〕如字又五亮反下同〔膏〕雨如字又古報反常〔膏〕

古報反。又如字。季武子以所得於齊之兵。作林鐘而銘魯功焉。林鐘。律名。鑄鐘聲應林鐘。因以爲鐘名。臧武仲謂季孫曰。非禮也。夫銘。天子令德。天子銘德不銘功。諸侯言時計功。舉得時。動有功。則可銘也。大夫稱伐。銘其功伐之勞。今稱伐則下等也。從大夫故。計功則借人也。借晉力也。○〔借〕如字。一積亦反。言時則妨民多矣。何以爲銘。且夫大伐小。取其所得以作彝器。彝。常也。謂鐘鼎爲宗廟之常器。銘其功烈以示子孫。昭明德而懲無禮也。今將借人之力以救其死。若之何銘之。小國幸於大國。以勝大國爲幸。而昭所獲焉以怒之。亡之道也。爲城西郛。武城傳。齊侯娶于魯。曰顏懿姬。無子。其姪鬷聲姬。生光。以爲大子。兄子曰姪。顏鬷皆二姬母

姓。因以爲號。懿聲皆諡。○[姪]直結反。[鬷]子公反。諸子仲子戎子。戎子嬖。諸子。諸妾

姓子者。二子皆宋女。仲子生牙。屬諸戎子。屬。託之。○[屬]之蜀反。戎子請以

爲大子。許之。齊侯許之。仲子曰。不可。廢常不祥。廢立嫡之常。閒

諸侯難。事難成也。光之立也。列於諸侯矣。列諸侯之會。今無故

而廢之。是專黜諸侯。謂光已有諸侯之尊。而以難犯不祥也。君

必悔之。公曰。在我而已。遂東大子光。廢而徙之東鄙。使高厚

傅牙以爲大子。夙沙衞爲少傅。齊侯疾。崔杼微逆光。

疾病而立之。光殺戎子。終言之。○[杼]直呂反。尸諸朝。非禮也。婦

人無刑。無黥刖之刑。○[刖]音月。又五刮反。雖有刑不在朝市。謂犯死刑者。猶

不暴尸。○[暴]蒲卜反。夏五月壬辰晦。齊靈公卒。經書七月辛卯。光定位而後赴。

莊公卽位。大子光也。執公子牙於句瀆之丘。以夙沙衛易己。衛奔高唐以叛。光謂衛教公易己。高唐在祝柯縣西北。○句古侯反。瀆音豆。晉士匄侵齊及穀。聞喪而還。禮也。禮之常。不必待君命。於四月丁未。於此年四月。鄭公孫蠆卒。赴於晉大夫。范宣子言於晉侯以其善於伐秦也。十四年晉伐秦。子蟜見諸侯師而勸之濟涇。六月晉侯請於王。王追賜之大路。使以行禮也。大路天子所賜車之揔名。以行葬禮。傳言大夫有功則賜服路。秋八月齊崔杼殺高厚於灑藍而兼其室。灑藍齊地。○灑色買反。又所綺反。書曰齊殺其大夫。從君於昏也。傳解經不言崔杼殺而爲國討文。鄭子孔之爲政也專。專權。國人患之。乃討西宮之難。十年尉止等作難西宮。子孔知而不言。與純門之

師。（前年子孔召楚師至純門。）子孔當罪。以其甲及子革子良氏之
甲守。（以自守也。）甲辰。子展子西率國人伐之。殺子孔而分
其室。書曰鄭殺其大夫。專也。（亦以國討爲文。）子然子孔。宋子
之子也。（子然。子革父。）士子孔。圭嬀之子也。（宋子圭嬀皆鄭穆公妾。士子孔。
子良父。○[嬀]居危反。）圭嬀之班亞宋子。而相親也。（亞。次也。）士子孔
亦相親也。僖之四年。子然卒。（鄭僖四年。魯襄六年。）簡之元年。士
子孔卒。（魯襄八年。）司徒孔實相子革子良之室。（司徒孔與二父相親。
故相助其子。○[相]息亮反。）三室如一。（言同心。）故及於難。（故二子幷及難。）子革
子良出奔楚。子革爲右尹。（子革。卽鄭丹。）鄭人使子展當國。
子西聽政。立子產爲卿。（簡公猶幼。故大夫當國。）齊慶封圍高唐。

弗克。夙沙衛以叛。故圍之。冬十一月。齊侯圍之。見衛在城上。號之。乃下。衛下與齊侯語。○號胡報反。召也。一戶刀反。問守備焉。以無備告。揖之。乃登。齊侯以衛告誠。揖而禮之。欲生之也。衛志於戰死。故不順齊侯之揖。而還登城。聞師將傅。食高唐人。殖綽工僂會夜縋納師。因其會食。二子齊大夫。○傅音附。食音嗣。僂力侯反。醢衛于軍。城西郛。懼齊也。前年與晉伐齊。又鑄其器為鍾。故懼。齊及晉平。盟于大隧。大隧地闕。故穆叔會范宣子于柯。齊晉平。魯懼齊。故為柯會以自固。穆叔見叔向。賦載馳之四章。四章曰。控于大邦。誰因誰極。控引也。取其欲引大國以自救助。叔向曰。肸敢不承命。叔向度齊未肯以盟服。故許救魯。穆叔歸曰。齊猶未也。不可以不懼。乃城武城。衛石共子卒。石買。○共音恭。悼子不哀。買之子石惡。孔

成子曰是謂蹷其本蹷猶拔也○〔蹷〕求月反一居月反又居衛反必不有其宗為二十八年石惡出奔傳

經二十年春王正月辛亥仲孫速會莒人盟于向向莒邑○〔向〕舒亮反夏六月庚申公會晉侯齊侯宋公衛侯鄭伯曹伯莒子邾子滕子薛伯杞伯小邾子盟于澶淵澶淵在頓丘縣南今名繁汙此衛地又近戚田○〔澶〕市然反〔汙〕音紆秋公至自會無傳仲孫速帥師伐邾蔡殺其大夫公子燮莊公子蔡公子履出奔楚燮母弟也陳侯之弟黃出奔楚稱弟明無罪也叔老如齊冬十月丙辰朔日有食之無傳季孫宿如宋

傳二十年春及莒平孟莊子會莒人盟于向督揚之

盟故也。莒數伐魯。前年諸侯盟督揚以和解之。故二國自復共盟。結其好。夏盟于澶淵。齊成故也。齊與晉平。邾人驟至。以諸侯之事弗能報也。驟數也。謂十五年十七年伐魯。秋孟莊子伐邾以報之。既盟而又伐之非。蔡公子燮欲以蔡之晉。背楚。蔡人殺之。公子履其母弟也。故出奔楚。與兄同謀故。陳慶虎慶寅畏公子黃之偪。二慶陳卿。恐黃偪奪其政。愬諸楚曰。與蔡司馬同謀。同欲之晉。楚人以為討。討。責陳。公子黃出奔楚。奔楚自理。初蔡文侯欲事晉。曰先君與於踐土之盟。先君。文侯父莊侯甲午也。踐土盟在僖二十八年。○與音預。晉不可弃。且兄弟也。畏楚不能行而卒。宣十七年文侯卒。楚人使蔡無常。徵發無準。公子燮求從先君以利蔡。不能而死。書曰蔡殺其大夫公子燮言不與民同欲也罪其違衆陳侯之弟黄出奔楚言非其罪也稱弟罪陳侯及二慶公子黄將出奔呼於國曰慶氏無道求專陳國暴蔑其君而去其親五年不滅是無天也爲二十三年陳殺二慶傳○[呼]好故反[去]起呂反齊子初聘于齊禮也齊魯有怨朝聘禮絶今始復通故曰初繼好息民故曰禮冬季武子如宋報向戌之聘也向戌聘在十五年褚師段逆之以受享段共公子子石也逆以入國受享禮○[褚]張呂反[段]徒亂反賦常棣之七章以卒武子賦也七章以卒盡八章取其妻子好合如鼓瑟琴宜爾室家樂爾妻孥言二國好合宜其室家相親如兄弟宋人重賄之歸復命公享之賦魚麗之卒章魚麗詩小雅卒章曰物其有矣維其時矣喻聘宋得其時公賦南山有臺南山有臺

詩小雅。取其樂只君子。邦家之基。邦家之光。喻武子奉使。能爲國光暉。武子去所曰臣不堪也去所辟甯。衛甯惠子疾召悼子悼子甯喜。曰吾得罪於君悔而無及也名藏在諸侯之策曰孫林父甯殖出其君君入則掩之掩惡名若能掩之則吾子也若不能猶有鬼神吾有餒而已不來食矣餒餓也悼子許諾惠子遂卒爲二十六年衛侯歸傳。

經二十有一年春王正月公如晉邾庶其以漆閭丘來奔二邑在高平南平陽縣東北有漆鄉西北有顯閭亭。以邑出爲叛。適魯而言來奔。內外之辭。夏公至自晉無傳秋晉欒盈出奔楚盈不能防閑其母以取奔亡。稱名罪之。九月庚戌朔日有食之無傳冬十月庚辰朔日有食

之無傳。曹伯來朝公會晉侯齊侯宋公衛侯鄭伯曹伯

莒子邾子于商任商任地闕。○〔任〕音王。

傳二十一年春公如晉拜師及取邾田也謝十八年伐齊之師。

漷水之田。邾庶其以漆閭丘來奔庶其邾大夫。季武子以公姑

姊妻之計公年不得有未嫁姑姊蓋寡者二人。皆有賜於其從者於是

魯多盜季孫謂臧武仲曰子盍詰盜詰治也。○〔從〕才用反。〔詰〕起吉反。

武仲曰不可詰也紇又不能季孫曰我有四封而詰

其盜何故不可子爲司寇將盜是務去若之何不能

武仲曰子召外盜而大禮焉何以止吾盜吾謂國中。○〔去〕起呂

反。下皆同。子爲正卿而來外盜使紇去之將何以能庶其

竊邑於邾以來子以姬氏妻之而與之邑使食漆閭丘其從者皆有賜焉若大盜禮焉以君之姑姊與其大邑其次皁牧輿馬給其賤役從皁至牧凡八等之人其小者衣裳劍帶是賞盜也賞而去之其或難焉紇也聞之在上位者洒濯其心壹以待人軌度其信可明徵也徵驗也○〔洒〕西禮反〔度〕待洛反而後可以治人夫上之所爲民之歸也上所不爲而民或爲之是以加刑罰焉而莫敢不懲若上之所爲而民亦爲之乃其所也又可禁乎夏書曰念茲在茲逸書也茲此也謂行此事當念使可施之於此釋茲在茲釋除也謂欲有所治除於人亦當顧己得無亦有之名言茲在茲名此事言此事亦皆當令可施於此允出茲

在茲。允信也。信出於此，則善亦在此。惟帝念功。言帝念功，則功成也。將謂由己壹也。信由己壹而後功可念也。言非但意念而已。當須信己誠至。庶其非卿也。以地來雖賤必書重地也。重地，故書其人。其人書則惡名彰，以懲不義。齊侯使慶佐為大夫。慶佐，崔杼黨。復討公子牙之黨。執公子買于句瀆之丘。公子鉏來奔。叔孫還奔燕。三子，齊公族。言莊公斥逐親戚，以成崔慶之勢。終有弒殺之禍。○[復]扶又反。[鉏]仕居反。[還]音旋。夏楚子庚卒。楚子使薳子馮為令尹。訪於申叔豫。叔豫，叔時孫。叔豫曰：國多寵而王弱。弱，政教微而貴臣強。國不可為也。遂以疾辭。方暑，闕地下冰而牀焉。重繭衣裘，鮮食而寢。繭，緜衣。○[闕]求月反。[衣]裘，於既反。[鮮]息淺反。楚子使醫視之。復曰：瘠則甚矣

瘠，瘦也。[瘠]在亦反。○而血氣未動。言無疾。乃使子南爲令尹。子南，公子

追舒也。爲二十二年殺追舒傳。欒桓子娶於范宣子。生懷子。桓子，欒黶。懷子，欒

盈也。范鞅以其亡也。怨欒氏。十四年，欒黶彊逐范鞅，使奔秦。○[彊]其丈反。故

與欒盈爲公族大夫。而不相能。桓子卒。欒祁與其老

州賓通。欒祁，桓子妻，范宣子女，盈之母也。范氏，堯後，祁姓。幾亡室矣。言亂甚。○[幾]其

依反。懷子患之。祁懼其討也。愬諸宣子曰。盈將爲亂以

范氏爲死桓主而專政矣。桓主，欒黶。曰。吾父逐鞅也。不怒

而以寵報之。謂宣子不爲黶責怒鞅，而反與鞅寵位。又與吾同官而專

之。同爲公族大夫，而鞅專其權勢。吾父死而益富。死吾父而專於國。

有死而已。吾蔑從之矣。言宣子專政，盈欲以死作難。其謀如是。懼

害於主。吾不敢不言。范鞅爲之徵。證其有此。懷子好施士多歸之。宣子畏其多士也。信之。懷子爲下卿。下軍佐。○〔好〕呼報反。〔施〕式豉反。宣子使城著而遂逐之。著晉邑。在外易逐。○〔著〕直據反。又張慮反。〔易〕以豉反。秋。欒盈出奔楚。宣子殺箕遺。黃淵。嘉父。司空靖。邴豫。董叔。邴師。申書。羊舌虎。叔羆。十子皆晉大夫。欒盈之黨也。羊舌虎叔向弟。囚伯華。叔向。籍偃。籍偃上軍司馬。人謂叔向曰。子離於罪。其爲不知乎。譏其受囚而不能去。○〔知〕音智。叔向曰。與其死亡若何。言雖囚。何若於死亡。詩曰。優哉游哉。聊以卒歲。知也。詩小雅。言君子優游於衰世。所以辟害。卒其壽。是亦知也。樂王鮒見叔向曰。吾爲子請。叔向弗應。出不拜。樂王鮒。晉大夫樂桓子。○〔鮒〕音附。其人皆咎叔向。叔向曰。必祁大夫。（祁大夫，祁奚也。食邑於祁。因以爲氏。祁縣今屬大原。）室老聞之曰。樂王鮒言於君無不行。（其言皆得行。）求赦吾子。吾子不許。（謂不應。出不拜。）祁大夫所不能也。（不能動君。）而曰必由之何也。叔向曰。樂王鮒從君者也。何能行。祁大夫外舉不弃讎。內舉不失親。其獨遺我乎。詩曰。有覺德行。四國順之。（詩大雅。言德行直。則天下順之。）夫子覺者也。（覺，較然正直。○〔較〕音角。）晉侯問叔向之罪於樂王鮒。對曰。不弃其親。其有焉。（言叔向篤親親。必與叔虎同謀。）於是祁奚老矣。（老，去公族大夫。）聞之。乘馹而見宣子曰。詩曰。惠我無疆。子孫保之。（詩周頌也。言文武有惠訓之德。加於百姓。故子孫保賴之。○〔馹〕人實反。傳也。）書曰。聖有謩勳。明徵定保。（逸書。謩，謀也。勳，功也。）

言聖哲有謀功者，當明信定安之。○〔謩〕莫胡反。〔勳〕如字。書作訓。夫謀而鮮過，惠訓不倦者，叔向有焉。謀鮮過，有謩勳也。惠訓不倦，惠我無疆也。社稷之固也。猶將十世宥之，以勸能者。今壹不免其身，壹以弟故。以弃社稷，不亦惑乎？鯀殛而禹興，言不以父罪廢其子。伊尹放大甲而相之，卒無怨色。大甲，湯孫也。荒淫失度，伊尹放之桐宮。三年改悔而復之，而無恨心。言不以一怨妨大德。管蔡爲戮，周公右王。言兄弟罪不相及。若之何其以虎也弃社稷？子爲善，誰敢不勉？多殺何爲？宣子說，與之乘，以言諸公而免之。共載入見公。○〔說〕音悅。〔見〕賢遍反。不見叔向而歸。言爲國，非私叔向也。○〔爲〕于僞反。下同。叔向亦不告免焉而朝。不告謝之，明不爲己。初，叔向之母妬叔虎之母美而不使，不使見叔向父。

○〔妬〕丁故反。其子皆諫其母。其母曰。深山大澤。實生龍蛇。言非常之地。多生非常之物。彼美。余懼其生龍蛇以禍女。女敝族也。敝。衰壞也。龍蛇喻奇怪。○〔女〕音汝。國多大寵。六卿專權。不仁人閒之。不亦難乎。余何愛焉。使往視寢。生叔虎。美而有勇力。欒懷子嬖之。故羊舌氏之族及於難。欒盈過於周。周西鄙掠之。劫掠財物。○〔閒〕去聲。〔掠〕音亮。辭於行人。王行人也。曰。天子陪臣盈。諸侯之臣。稱於天子曰陪臣。得罪於王之守臣。范宣子爲王所命。故曰守臣。將逃罪。罪重於郊甸。重得罪於郊甸。謂爲郊甸所侵掠也。郭外曰郊。郊外曰甸。無所伏竄。敢布其死。布。陳也。昔陪臣書能輸力於王室。王施惠焉。輸力。謂輔相晉國以翼戴天子。其子黶不能保任其父之勞。

大君若不弃書之力。亡臣猶有所逃。○大君謂天王。(任)音壬。若

弃書之力而思黶之罪。臣戮餘也。罪戮之餘。將歸死於尉

氏。尉氏討姦之官。不敢還矣。敢布四體。唯大君命焉。布四體言無所

隱。王曰。尤而效之。其又甚焉。尤晉逐盈。而自掠之。是效尤。使司徒

禁掠欒氏者。歸所取焉。使候出諸轘轅。候送迎賓客之官也。轘轅

關在緱氏縣東南。冬。曹武公來朝。始見也。卽位三年。始來見公。會於商

任。錮欒氏也。禁錮欒盈。使諸侯不得受。齊侯衛侯不敬。叔向曰。二

君者必不免。會朝。禮之經也。禮。政之輿也。政須禮而行。政

身之守也。政存則身安。怠禮失政。失政不立。是以亂也。爲二

十五年齊弑光。二十六年衛弑剽傳。知起中行喜州綽邢蒯出奔齊。四子。

晉大夫。○〔知〕音智。〔行〕戶郎反。〔蒯〕苦怪反。皆欒氏之黨也。樂王鮒謂范宣子曰。盍反州綽邢蒯。勇士也。宣子曰。彼欒氏之勇也。余何獲焉。言不爲己用。王鮒曰。子爲彼欒氏。乃亦子之勇也。言子待之如欒氏。亦爲子用也。齊莊公朝。指殖綽郭最曰。是寡人之雄也。州綽曰。君以爲雄。誰敢不雄。然臣不敏。平陰之役。先二子鳴。十八年晉伐齊。及平陰。州綽獲殖綽郭最。故自比於雞鬬。勝而先鳴。○〔先〕二。悉薦反。莊公爲勇爵。設爵位以命勇士。殖綽郭最欲與焉。自以爲勇。○〔與〕音預。下同。州綽曰。東閭之役。臣左驂迫。還於門中。識其枚數。識門板數。亦在十八年。其可以與於此乎。公曰。子爲晉君也。對曰。臣爲隸新。言但爲僕隸。尚新耳。然二子者。譬於禽獸。臣食其肉而寢處其皮矣。言嘗射得之。

經二十有二年春王正月。公至自會。無傳。夏四月。秋七月辛酉。叔老卒。無傳。叔齊子。冬。公會晉侯。齊侯。宋公。衞侯。鄭伯。曹伯。莒子。邾子。薛伯。杞伯。小邾子于沙隨。公至自會。無傳。楚殺其大夫公子追舒。書名者。寵近小人。貪而多馬。爲國所患。

傳二十二年春。臧武仲如晉。公頻與晉侯外會。今各將罷還。魯之守鄉。遣武仲爲公謝不敏。故不書。雨。過御叔。御叔在其邑。將飲酒。御叔。魯御邑大夫。○〔過〕古禾反。〔御〕魚呂反。又魚據反。曰。焉用聖人。武仲多知。時人謂之聖。○〔焉〕於虔反。我將飲酒而已。雨行。何以聖爲。穆叔聞之曰。不可使也。而傲使人。言御叔不任使四方。○〔使〕所吏反。〔任〕音壬。國之蠹也。令倍其賦（古者家有國邑故以重賦爲罰傳言穆叔能用教）夏晉人徵朝于鄭（召鄭使朝）鄭人使少正公孫僑對（少正鄭卿官也公孫僑子產）曰在晉先君悼公九年我寡君於是卽位（魯襄八年）卽位八月（卽位年之八月）而我先大夫子駟從寡君以朝于執事執事不禮於寡君（言朝執事謙不敢斥晉侯）寡君懼因是行也我二年六月朝于楚（因朝晉不見禮生朝楚心）晉是以有戲之役（在九年○〔戲〕許宜反）楚人猶競而申禮於敝邑敝邑欲從執事而懼爲大尤曰晉其謂我不共有禮是以不敢攜貳於楚我四年三月先大夫子蟜又從寡君以觀釁於楚（實朝言觀釁飾辭也言欲往視楚知可去否○〔共〕音恭）晉於是乎有蕭魚之役（在十一年）謂我敝

邑邇在晉國譬諸草木吾臭味也。晉鄭同姓故。而何敢差池。差池不齊一。○〔差〕初宜反。又初佳反。一七河反。〔池〕直知反。一徒河反。楚亦不競寡君盡其土實。土地所有。重之以宗器。宗廟禮樂之器。鍾磬之屬。以受齊盟。齊同也。遂帥羣臣隨于執事以會歲終。朝正。貳於楚者子侯石盂歸而討之。石盂石臭。○〔盂〕音于。〔臭〕勑略反。湨梁之明年。湨梁在十六年。子蟜老矣公孫夏從寡君以朝于君見於嘗酎。酒之新熟重者爲酎。嘗新飲酒爲嘗酎。○〔見〕賢遍反。又如字。〔酎〕直又反。與執燔焉。助祭。○〔與〕音預。閒二年。聞君將靖東夏。謂二十年澶淵盟。○〔閒〕去聲。又如字。四月又朝。以聽事期。先澶淵二月往朝。以聽會期。不朝之閒無歲不聘無役不從。以大國政令之無常。國家罷病。不虞荐至。荐仍也。○

〔罷〕音皮無日不惕豈敢忘職惕懼也大國若安定之其朝夕在庭何辱命焉言自將往不須來召若不恤其患而以爲口實口實但有其言而已其無乃不堪任命而翦爲仇讎翦削也謂見剝削不堪命則成仇讎敝邑是懼其敢忘君命委諸執事執事實重圖之傳言子產有辭所以免大國之討秋欒盈自楚適齊晏平仲言於齊侯曰商任之會受命於晉受錮欒氏之命今納欒氏將安用之小所以事大信也失信不立君其圖之弗聽退告陳文子曰君人執信臣人執共忠信篤敬上下同之天之道也君自弃也弗能久矣爲二十五年齊弒其君光

傳九月鄭公孫黑肱有疾歸邑于公黑肱子張召室老宗

人立段。段，子石，黑肱子。而使黜官薄祭。黜官無多受職。祭以特羊，殷以少牢。四時祀以一羊，三年盛祭以羊豕。殷，盛也。足以共祀，盡歸其餘邑，曰：吾聞之，生於亂世，貴而能貧，民無求焉，可以後亡。敬共事君與二三子，生在敬戒，不在富也。己巳，伯張卒。君子曰：善戒。詩曰：慎爾侯度，用戒不虞。鄭子張其有焉。詩大雅。侯，維也。義取慎法度，戒未然。○[盡]津忍反。

冬，會于沙隨，復錮欒氏也。晉知欒盈在齊，故復錮也。○[復]扶又反。下皆同。欒盈猶在齊，晏子曰：禍將作矣，齊將伐晉，不可以不懼。爲明年齊伐晉傳。

楚觀起有寵於令尹子南，未益祿而有馬數十乘。言子南偏寵觀起，令富。楚人患之，王將討焉。子南之子弃疾爲王御士。御王車者。

王每見之必泣棄疾曰君三泣臣矣敢問誰之罪也
王曰令尹之不能爾所知也國將討焉爾其居乎（問能止事我否）對曰父戮子居君焉用之洩命重刑臣亦不爲（漏泄君命罪之重○〔泄〕息列反又以制反）王遂殺子南於朝轘觀起於四竟（轘車裂以徇○〔轘〕音患）子南之臣謂棄疾請徙子尸於朝（欲犯命取殯）曰君臣有禮唯二三子（不欲犯命移尸）三日棄疾請尸
王許之既葬其徒曰行乎（行去也）曰吾與殺吾父行將焉入曰然則臣王乎曰棄父事讎吾弗忍也（於事是讎於實是君故雖謂讎而不敢報○〔與〕音預）遂縊而死（傳譏康王與人子謀其父失君臣之義○〔縊〕一賜反）復使薳子馮爲令尹公子齮爲司馬屈建爲莫敖

屈建，子木也。○〔薳〕五綺反。〔屈〕居勿反。有寵於薳子者八人，皆無祿而多馬。他日朝，與申叔豫言，弗應而退。從之，入於人中。申叔辟薳子，不欲與語。又從之，遂歸。退朝，見之，薳子就申叔家見之。曰：子三困我於朝，吾懼，不敢不見。吾過，子姑告我。何疾我也？對曰：吾不免是懼，何敢告子？言恐與子并罪，故不敢與子語。○不〔見〕賢遍反。曰：何故？對曰：昔觀起有寵於子南，子南得罪，觀起車裂。何故不懼？自御而歸，不能當道。薳子惶懼，意不在御。至，謂八人者曰：吾見申叔，夫子所謂生死而肉骨也。已死復生，白骨更肉。知我者如夫子則可。夫子，謂申叔也。如夫子，謂以義匡己。不然，請止。止，不相知。辭八人者，而後王安之。辭，遣之。十二月，鄭游眅將如晉。游販公孫蠆子。未出竟遭逆妻者奪之以館于邑。舍止其邑。

不復行。丁巳其夫攻子明殺之以其妻行。十二月無丁巳丁巳十一月十四日也。子展廢良而立大叔。良游販子大叔販弟。曰國卿君之貳也民之主也不可以苟請舍子明之類。子明有罪而良又不賢故。○舍音捨。求亡妻者使復其所使游氏勿怨。鄭國不討專殺之人所以抑強扶弱臨時之宜。曰無昭惡也。交怨則父之不脩益明也。

春秋經傳集解襄公三第十六

春秋經傳集解襄公四第十七

杜氏註　盡二十五年

經。二十有三年。春。王二月。癸酉。朔。日有食之。無傳。三月。己巳。杞伯匄卒。五同盟。○[匄]古害反。夏。邾畀我來奔。無傳。畀我是庶其之黨。同有竊邑叛君之罪。來奔。故書。○[畀]必利反。葬杞孝公。無傳。陳殺其大夫慶虎及慶寅。書名。皆罪其專國叛君。言及。史異辭。無義例。陳侯之弟黃自楚歸于陳。諸侯納之曰歸。黃至楚。自理得直。故爲楚所納。晉欒盈復入于晉。以惡入曰復入。入于曲沃。兵敗奔曲沃。據曲沃衆。還與君爭。非欲出附他國。故不言叛。○[還]戶關反。秋。齊侯伐衛。遂伐晉。兩事故言遂。八月。叔孫豹帥師救晉。次于雍榆。豹救晉。待命于雍榆。故書次。雍榆。晉地。汲郡朝歌縣東有雍城。○[雍]於用反。[朝]如字。

己卯。仲孫速卒。孟莊子也。冬十月乙亥。臧孫紇出奔邾。書名者。阿順季氏。爲之廢長立少。以取奔亡。罪之。晉人殺欒盈。齊侯襲莒。輕行掩其不備曰襲。因伐晉還襲莒。不言遂者。閒有事。○[輕]遣政反。

傳二十三年春。杞孝公卒。晉悼夫人喪之。悼夫人。晉平公母。杞孝公姊妹。○[喪]如字。平公不徹樂。非禮也。徹。去也。禮爲鄰國闕。禮。諸侯絕期。故以鄰國責之。○[爲]于僞反。[期]居其反。陳侯如楚。朝也。公子黃愬二慶於楚。楚人召之。二慶。虎及寅也。二十年。二慶譖黃。黃奔楚自理。今陳侯往楚。乃信黃。爲召二慶。○[愬]息路反。使慶樂往殺之。慶樂。二慶之族。二慶畏誅。故不敢自往。○使慶樂往絕句。慶氏以陳叛。因陳侯在楚而叛之。不書叛。不以告。夏。屈建從陳侯圍陳。陳人城。治城以距君。屈建。楚莫敖。○[從]才用反。又如字。板隊而殺人。役人相命各殺其長。慶氏忿其板隊。遂殺築人。故役人怒而作亂。○[隊]直類反。遂殺慶虎慶寅楚人納公子黃君子謂慶氏不義不可肆也。肆。放也。故書曰惟命不于常。周書康誥。言有義則存。無義則亡。晉將嫁女于吳齊侯使析歸父媵之以藩載欒盈及其士。藩。車之有障蔽者。使若媵妾在其中。○[析]星歷反。[媵]以正反。[藩]方元反。納諸曲沃。欒盈邑也。欒盈夜見胥午而告之。胥午。守曲沃大夫。對曰不可天之所廢誰能興之子必不免吾非愛死也知不集也。集。成也。○[知]音智。又如字。盈曰雖然因子而死吾無悔矣我實不天子無咎焉。言我雖不爲天所祐。子無天咎。故可因。許諾伏之而觴曲沃人。胥午匿盈而飲其衆。○[飲]於鴆反。樂作午言曰今也得欒孺子何如。孺子。

欒盈對曰得主而爲之死猶不死也皆歎有泣者爵行又言皆曰得主何貳之有盈出徧拜之謝眾之恩己四月欒盈帥曲沃之甲因魏獻子以晝入絳獻子魏舒絳晉國都初欒盈佐魏莊子於下軍莊子魏絳獻子之父獻子私焉故因之私相親愛趙氏以原屏之難怨欒氏成八年莊姬譖之欒郤爲徵○[屏]薄輕反韓趙方睦韓起讓趙武故和睦中行氏以伐秦之役怨欒氏十四年晉伐秦欒黶違荀偃命曰余馬首欲東而固與范氏和親范宣子佐中行偃於中軍知悼子少而聽於中行氏悼子知罃之子荀盈也少年十七知氏中行氏同祖故相聽從○[知]音智程鄭嬖於公鄭亦荀氏宗唯魏氏及七輿大夫與之七輿官名欒王鮒侍坐於范宣子或告曰欒氏至矣

宣子懼。桓子曰。奉君以走固宮。必無害也。桓子，樂王鮒。且欒氏多怨。子爲政。欒氏自外。子在位。其利多矣。既有利權。又執民柄。賞罰爲民柄。爲將何懼焉。欒氏所得。其唯魏氏乎。而可強取也。夫克亂在權。子無懈矣。公有姻喪。夫人有杞喪。○〔强〕其丈反。王鮒使宣子墨縗冒絰。晉自殽戰還。遂常墨縗。○〔縗〕七雷反。二婦人輦以如公。恐欒氏有內應距之。故爲婦人服而入。奉公以如固宮。固宮，宮之有臺觀備守者。○〔觀〕古喚反。范鞅逆魏舒。用王鮒計，欲強取之。則成列既乘。將逆欒氏矣。趨進曰。欒氏帥賊以入。鞅之父與二三子在君所矣。二三子，諸大夫。使鞅逆吾子。鞅請驂乘持帶。驂乘必持帶備隋隊。○〔隋〕徒果反。〔隊〕直類反。遂超乘。跳上獻子車。○〔跳〕徒彫反。

右撫劍。左援帶。〔劫之。○〔援〕音袁。〕命驅之出。僕請。〔請所至。〕鞅曰之。公。宣子逆諸階。〔逆獻子。〕執其手。賂之以曲沃。〔恐不與己同心。〕初。斐豹隸也。著於丹書。〔蓋犯罪沒爲官奴。以丹書其罪。○〔斐〕音非。一芳匪反。〕欒氏之力臣曰督戎。國人懼之。斐豹謂宣子曰。苟焚丹書。我殺督戎。宣子喜曰。而殺之。所不請於君焚丹書者。有如日。〔言不負要。明如日。〕乃出豹而閉之。〔閉著門外。○〔著〕陟略反。〕督戎從之。踰隱而待之。〔隱短牆也。〕督戎踰入。豹自後擊而殺之。范氏之徒在臺後。〔公臺之後。〕欒氏乘公門。〔乘登也。〕宣子謂鞅曰。矢及君屋。死之。鞅用劍以帥卒。〔用劍短兵接敵。欲致死。〕欒氏退。攝車從之。〔鞅攝宣子戎車。〕遇欒樂。〔樂盈之族。〕曰樂免之。死將訟女於天。言雖死猶不舍女罪。樂射之不中。又注。注屬矢於弦也。○〔射〕食亦反。〔中〕去聲。〔注〕之住反。〔屬〕之玉反。則乘槐本而覆。欒樂車轢槐而覆。○〔覆〕芳服反。〔轢〕音歷。或以戟鉤之。斷肘而死。欒魴傷。欒盈奔曲沃。晉人圍之。魴欒氏族。○〔斷〕音短。秋。齊侯伐衞。先驅。穀榮御王孫揮。召揚爲右。先驅。前鋒軍。○〔召〕上照反。申驅。成秩御莒恆。申鮮虞之傅摯爲右。申驅。次前軍。傅摯。申鮮虞之子。○〔鮮〕音僊。曹開御戎。晏父戎爲右。公御右也。貳廣。上之登御邢公。盧蒲癸爲右。貳廣。公副車。○〔廣〕古曠反。啓牢成御襄罷師。狼蘧疏爲右。左翼曰啓。○〔罷〕音皮。又音彼。一皮買反。胠商子車御侯朝。桓跳爲右。右翼曰胠。○〔胠〕起居反。又音脅。〔朝〕如字。一直遙反。〔跳〕徒彫反。大殿。商子游御夏之御寇。崔如爲右。大殿。後軍。○〔殿〕都練反。〔夏〕

戶雅反〔御〕魚呂反燭庸之越駟乘四人共乘殿車也傳具載此言莊公廢舊臣任武力自衛將遂伐晉晏平仲曰君恃勇力以伐盟主若不濟國之福也不德而有功憂必及君崔杼諫曰不可臣聞之小國閒大國之敗而毀焉必受其咎君其圖之弗聽陳文子見崔武子文子陳完之孫須無武子崔杼也曰將如君何武子曰吾言於君君弗聽也以爲盟主而利其難羣臣若急君於何有言有急不能顧君欲弒之以說晉子姑止之文子退告其人曰崔子將死乎謂君甚而又過之弒君之惡過於背盟主不得其死過君以義猶自抑也況以惡乎自抑損齊侯遂伐晉取朝歌朝歌今屬汲郡爲二隊入孟門登

大行。二隊。分兵爲二部。孟門。晉隘道。大行山在河內郡北。○[隊]徒對反。[大]音泰。張武軍於熒庭。張武軍。謂築壘壁。熒庭。晉地。○[熒]戶扃反。戍郫邵。取晉邑而守之。○[郫]婢支反。封少水。封晉尸於少水。以爲京觀。○[少]詩照反。以報平陰之役。乃還。平陰役在十八年。趙勝帥東陽之師以追之。獲晏氂。趙勝。趙旃之子。東陽。晉之山東。魏郡廣平以北。晏氂。齊大夫。○[勝]音升。一申證反。[氂]力之反。八月。叔孫豹帥師救晉。次于雍榆。禮也。救盟主。故曰禮。季武子無適子。公彌長而愛悼子。欲立之。公彌。公鉏。悼子。紇也。○[適]丁歷反。[紇]恨發反。訪於申豐曰。彌與紇。吾皆愛之。欲擇才焉而立之。申豐趨退。歸盡室將行。申豐。季氏屬大夫。他日又訪焉。對曰。其然。將具敝車而行。其然。猶必爾。乃止。止不立紇。訪於臧紇。臧紇曰。飲我酒

吾爲子立之季氏飲大夫酒臧紇爲客爲上賓○[飲]於鴆反下同
既獻已獻酒臧孫命北面重席新樽絜之酒樽既新復絜濯之○[重]
去聲召悼子降逆之大夫皆起臧孫下迎悼子及旅而召公鉏
獻酬禮畢而通行爲旅使與之齒使從庶子之禮列在悼子之下季孫失色恐公
鉏不從季氏以公鉏爲馬正馬正家司馬慍而不出閔子馬
見之閔子馬閔馬父曰子無然禍福無門唯人所召爲人子
者患不孝不患無所所位處敬共父命何常之有言廢置在
父無常位也若能孝敬富倍季氏可也父寵之則可富姦回不軌
禍倍下民可也禍甚於貧賤公鉏然之敬共朝夕恪居官
次次舍也季孫喜使飲己酒而以具往盡舍旃具饗燕之具○

〔舍〕捨音故公鉏氏富。又出爲公左宰。出仕季氏家臣。仕於公。孟孫惡臧孫。不相善。○〔惡〕烏路反。季孫愛之。愛其成己志。孟氏之御騶豐點好羯也。羯。孟莊子之庶子。孺子秩之弟孝伯也。○〔騶〕側留反。〔好〕呼報反。〔羯〕居竭反。曰。從余言。必爲孟孫。爲孟孫後。再三云。羯從之。孟莊子疾。豐點謂公鉏。苟立羯。請讎臧氏。使孟氏與公鉏共憎臧孫。公鉏謂季孫曰。孺子秩固其所也。固自當立。若羯立。則季氏信有力於臧氏矣。臧氏因季孫之欲而爲定之。猶爲有力。今若專立孟氏之少。則季氏有力過於臧氏。弗應。己卯。孟孫卒。公鉏奉羯立于戶側。戶側。喪主。季孫至。入哭而出。曰。秩焉在。公鉏曰。羯在此矣。季孫曰。孺子長。公鉏曰。何長之有。唯其才也。季孫廢鉏立紇。云欲擇才。故以此荅之。且夫子之命也。遂誣孟孫。遂立羯。秩奔邾。臧孫入。哭甚哀。多涕。出。其御曰。孟孫之惡子也。而哀如是。季孫若死。其若之何。臧孫曰。季孫之愛我。疾疢也。常志相順從。身之害。○[疢]恥刃反。孟孫之惡我。藥石也。常志相違戾。猶藥石之療疾。美疢不如惡石。夫石猶生我。愈己疾也。疢之美。其毒滋多。孟孫死。吾亡無日矣。孟氏閉門。告於季孫曰。臧氏將爲亂。不使我葬。欲爲公鉏讎臧氏。季孫不信。臧孫聞之。戒。戒爲備也。冬十月。孟氏將辟。藉除於臧氏。辟。穿藏也。於臧氏借人除葬道。○[辟]婢亦反。又甫亦反。[藉]音借。又如字。[藏]去聲。臧孫使正夫助之。正夫。隧正。○[隧]音遂。除於東門。甲從己而視之。畏孟氏。故從甲士視作者。○[從]才用反。一如字。孟氏又告季孫。季孫

怒。命攻臧氏。見其有甲故。乙亥。臧紇斬鹿門之關以出奔

邾。魯南城東門。初。臧宣叔娶于鑄。生賈及爲而死。鑄國。濟北蛇丘縣所治。○[蛇]音移。繼室以其姪。女子謂兄弟之子爲姪。○[姪]大結反。又丈一反。穆姜之姨子也。姪。穆姜姨母之子。與穆姜爲姨昆弟。生紇長於公宮姜氏愛之故立之。立爲宣叔嗣。臧賈臧爲出在鑄。還舅氏也。臧武仲自邾使告臧賈且致大蔡焉。大蔡。大龜。曰紇不佞失守宗祧。遠祖廟爲祧。○[祧]他凋反。敢告不弔。不爲天所弔恤。紇之罪不及不祀。言應有後。子以大蔡納請其可。請爲先人立後。賈曰是家之禍也非子之過也賈聞命矣再拜受龜使爲以納請。賈使爲爲己請。遂自爲也。爲自爲請。臧孫如防。防。臧孫邑。使來告曰紇非能害

也知不足也言使甲從己但慮事淺耳○知音智非敢私請爲其先人請也苟守先祀無廢二勳二勳文仲宣叔敢不辟邑據邑請後故孔子以爲要君乃立臧爲臧紇致防而奔齊其人曰其盟我乎謂陳其罪惡盟諸大夫以爲戒臧孫曰無辭慶長立少季孫所忌故謂無辭以罪己將盟臧氏季孫召外史掌惡臣而問盟首焉惡臣謂奔亡者盟首載書之章首對曰盟東門氏也曰毋或如東門遂不聽公命殺適立庶文公命立子惡子遂殺之立宣公盟叔孫氏也曰毋或如叔孫僑如欲廢國常蕩覆公室謂譖公與季孟於晉○覆芳服反季孫曰臧孫之罪皆不及此孟椒曰盍以其犯門斬關季孫用之乃盟臧氏曰無或如臧孫紇干國之紀犯門

斬關（干亦犯也。）臧孫聞之曰。國有人焉。誰居。其孟椒乎。（孟椒。孟獻子之孫子服惠伯。居。猶與也。○[居]音基。[與]音餘。）晉人克欒盈于曲沃。盡殺欒氏之族黨。欒魴出奔宋。書曰。晉人殺欒盈。不言大夫。言自外也。（自外犯君而入。非復晉大夫。）齊侯還自晉。不入。（不入國。）遂襲莒。門于且于。（且于。莒邑。[且]子餘反。）○傷股而退。（齊侯傷。）明日將復戰。期于壽舒。（壽舒。莒地。）杞殖華還載甲夜入且于之隧。宿於莒郊。（二子。齊大夫。且于隧。狹路。○[殖]市力反。[華]胡化反。[還]音旋。）○明日先遇莒子於蒲侯氏。（蒲侯氏。近莒之邑。）莒子重賂之。使無死。曰。請有盟。（欲以盟要二子。無致死戰。）華周對曰。貪貨弃命。亦君所惡也。（華周卽華還。）昏而受命。日未中而弃之。何以事君。莒子親

鼓之從而伐之獲杞梁杞梁卽杞殖莒人行成勝大國益懼故行成

齊侯歸遇杞梁之妻於郊梁戰死妻行迎喪使弔之辭曰殖之有罪何辱命焉言若有罪不足弔若免於罪猶有先人之敝廬在下妾不得與郊弔婦人無外事故下猶賤也○[與]音預齊侯弔諸其室傳善婦人有禮

齊侯將爲臧紇田與之田邑臧孫聞之見齊侯與之言伐晉齊侯自道伐晉之功[見]賢遍反齊侯絕句○對曰多則多矣抑君似鼠夫鼠晝伏夜動不穴於寢廟畏人故也今君聞晉之亂而後作焉作起兵也寧將事之非鼠如何乃弗與田臧孫知齊侯將敗不欲受其邑故以比鼠欲使怒而止

仲尼曰知之難也有臧武仲之知謂能辟齊禍[知]音智下同○而不容於魯

國抑有由也作不順而施不恕也夏書曰念茲在茲逸書也。念此事在此身。言行事當常念如在己身也。順事恕施也

經二十有四年春叔孫豹如晉賀克欒氏。仲孫羯帥師侵齊夏楚子伐吳秋七月甲子朔日有食之既無傳。齊崔杼帥師伐莒大水無傳。八月癸巳朔日有食之無傳。公會晉侯宋公衛侯鄭伯曹伯莒子邾子滕子薛伯杞伯小邾子于夷儀冬楚子蔡侯陳侯許男伐鄭公至自會無傳。陳鍼宜咎出奔楚陳鍼子八世孫。慶氏之黨。書名。惡之也。○[鍼]其廉反。[惡]烏路反。叔孫豹如京師大饑無傳。

傳二十四年春穆叔如晉范宣子逆之問焉曰古人

有言曰死而不朽何謂也穆叔未對宣子曰昔匄之祖自虞以上爲陶唐氏陶唐堯所治地大原晉陽縣也終虞之世以爲號故曰自虞以上在夏爲御龍氏謂劉累也事見昭二十九年在商爲豕韋氏豕韋國名東郡白馬縣東南有韋城在周爲唐杜氏唐杜二國名殷末豕韋國於唐周成王滅唐遷之於杜爲杜伯杜伯之子隰叔奔晉四世及士會食邑於范復爲范氏杜今京兆杜縣晉主夏盟爲范氏其是之謂乎晉爲諸夏盟主范氏復爲之佐言己世爲興家穆叔曰以豹所聞此之謂世祿非不朽也魯有先大夫曰臧文仲既沒其言立立謂不廢絕其是之謂乎豹聞之大上有立德黃帝堯舜○〔大〕音泰其次有立功禹稷其次有立言史佚周任臧文仲雖久不廢此之謂不朽若夫保姓受氏

以守宗祊。祊，廟門。〔祊〕布彭反。○世不絕祀。無國無之。祿之大者。不可謂不朽。傳善穆叔之知言。范宣子爲政。諸侯之幣重。鄭人病之。二月。鄭伯如晉。子產寓書於子西以告宣子。寓，寄也。曰。子爲晉國。四鄰諸侯不聞令德而聞重幣。僑也惑之。僑聞君子長國家者。非無賄之患。而無令名之難。夫諸侯之賄聚於公室。則諸侯貳。貳，離也。○〔長〕丁丈反。若吾子賴之。則晉國貳。賴，恃用之。諸侯貳。則晉國壞。晉國貳。則子之家壞。何沒沒也。沒沒，沈滅之言。○〔沒〕如字，一音妹。將焉用賄。夫令名。德之輿也。德須令名以遠聞。○〔聞〕音問，又如字。德。國家之基也。有基無壞。無亦是務乎。有德則樂。樂則能久。詩云。樂旨君子邦家之基有令德也夫（詩小雅言君子樂美其道爲邦家之基所以濟令德○樂〔樂〕竝音洛）上帝臨女無貳爾心有令名也夫（詩大雅言武王爲天所臨不敢懷貳心所以濟令名○〔女〕音汝）恕思以明德則令明載而行之是以遠至邇安毋寧使人謂子子實生我（無寧寧也）而謂子浚我以生乎（浚取也言取我財以自生）象有齒以焚其身賄也（焚斃也）宣子說乃輕幣是行也鄭伯朝晉爲重幣故且請伐陳也鄭伯稽首宣子辭子西相曰以陳國之介恃大國而陵虐於敝邑（介因也大國楚也）寡君是以請罪焉（請得罪於陳也）敢不稽首（爲明年鄭入陳傳）孟孝伯侵齊晉故也（前年齊伐晉魯爲晉報侵）夏楚子爲舟師以伐吳（舟師水軍）不爲軍

政。〔不設賞罰之差。〕無功而還。〔爲下吳召舒鳩起本。〕齊侯既伐晉而懼。將欲見楚子。楚子使遠啓彊如齊聘。且請期。〔請會期。〇[彊]其良反。又居良反。〕齊社蒐軍實。使客觀之。〔祭社因閱數軍器。以示遠啓彊。〕陳文子曰。齊將有寇。吾聞之。兵不戢。必取其族。〔戢。藏也。族。類也。取其族。還自害也。〇[戢]側立反。〕秋。齊侯聞將有晉師。〔夷儀之師。〕使陳無宇從遠啓彊如楚。辭。且乞師。〔辭有晉師。未得相見。〕崔杼帥師送之。遂伐莒。侵介根。〔介根。莒邑。今城陽黔陬縣東北計基城是也。齊旣與莒平。因兵出侵之。言無信也。〇[黔]其廉反。又其今反。[陬]側留反。〕會于夷儀。將以伐齊。水不克。〔晉合諸侯以報前年見伐。〕冬。楚子伐鄭。以救齊。門于東門。次于棘澤。〔以齊無宇乞師故也。〕諸侯還救鄭。〔夷儀諸侯。〕晉侯使張骼輔躒致楚師求御于鄭。欲得鄭人自御知其地利故也○〔骼〕庚百反一古洛反〔躒〕力狄反又音洛鄭人卜宛射犬。吉。射犬鄭公孫○〔宛〕於元反〔射〕食亦反子大叔戒之曰：大國之人不可與也。言不可與等也欲使卑下之大叔游吉○〔大〕叔音泰對曰：無有衆寡，其上一也。言在己上者有常分無大小國之異大叔曰：不然。部婁無松柏。部婁小阜松柏大木喻小國異於大國○〔部〕蒲口反又扶苟反〔婁〕路口反又力侯反二子在幄，坐射犬于外，二子張骼輔躒幄帳也既食而後食之。使御廣車而行，廣車兵車○後〔食〕音嗣〔廣〕古曠反已皆乘乘車。乘車安車將及楚師，而後從之乘，皆踞轉而鼓琴。轉衣裝○〔轉〕張戀反近，不告而馳之。射犬恨故近敵不告而馳皆取胄於橐而胄，入壘，皆下，搏人以投，收禽挾囚。禽獲也○〔橐〕古毛反〔挾〕音協弗待而出。射犬又不待二子。皆超乘抽弓而射既免復踞轉而鼓琴曰公孫同乘兄弟也（言同乘。義如兄弟。）胡再不謀（謂不告而馳。不待而出。）對曰曩者志入而已今則怯也皆笑曰公孫之亟也（亟。急也。言其性急。不能受屈。）楚子自棘澤還使薳啓彊帥師送陳無宇（傳言齊楚固相結也。）吳人爲楚舟師之役故（在此年夏。〔爲〕于僞反。）○召舒鳩人舒鳩人叛楚（舒鳩。楚屬國。欲與吳共伐楚。）楚子師于荒浦（荒浦。舒鳩地。）使沈尹壽與師祁犂讓之（二子。楚大夫。）舒鳩子敬逆二子而告無之且請受盟二子復命王欲伐之薳子曰不可（令尹薳子馮。）彼告不叛且請受盟而又伐之伐無罪也姑歸息民以待其卒（卒。終也。）卒而不貳吾又何求若猶叛我無辭有庸乃還彼無辭我有功為明年楚滅舒鳩傳陳人復討慶氏之黨鍼宜咎出奔楚言宜咎所以稱名齊人城郟郟王城也於是轂雒鬬毀王宮齊叛晉欲求媚於天子故為王城之○〔郟〕古洽反穆叔如周聘且賀城王嘉其有禮也賜之大路大路天子所賜車之揔名為昭四年叔孫以所賜路葬張本晉侯嬖程鄭使佐下軍代欒盈也鄭行人公孫揮如晉聘揮子羽也程鄭問焉曰敢問降階何由問自降下之道子羽不能對歸以語然明然明鬷蔑○〔語〕魚據反〔鬷〕子公反然明曰是將死矣不然將亡貴而知懼懼而思降乃得其階階猶道也下人而已又何問焉言易知且夫既登而求降階者知人也不在程鄭其有亡釁乎不然其有惑疾將

死而憂也。言鄭本小人。爲明年程鄭卒張本。○〔知〕音智。

經二十有五年。春。齊崔杼帥師伐我北鄙。夏。五月。乙亥。齊崔杼弒其君光。齊侯雖背盟主。未有無道於民。故書臣罪。崔杼也。公會晉侯。宋公。衞侯。鄭伯。曹伯。莒子。邾子。滕子。薛伯。杞伯。小邾子于夷儀。六月。壬子。鄭公孫舍之帥師入陳。子產之言。陳以不義見入。故舍之無譏。釋例詳之。秋。八月。己巳。諸侯同盟于重丘。夷儀之諸侯也。重丘。齊地。己巳。七月十一日。經誤。○〔重〕直龍反。公至自會。無傳。衞侯入于夷儀。夷儀本邢地。衞滅邢而爲衞邑。晉愍衞衎失國。使衞分之一邑。書入者。自外而入之辭。非國逆之例。○〔衎〕苦旦反。楚屈建帥師滅舒鳩。傳在衞侯入夷儀上。經在下。從告。冬。鄭公孫夏帥師伐陳。陳猶未服。十有二月。吳子遏伐

楚門于巢卒（遏諸樊也爲巢牛臣所殺不書滅者楚以人不獲其尸吳以卒告未同盟而赴以名○〔遏〕音類又音謁）

傳二十五年春齊崔杼帥師伐我北鄙以報孝伯之師也（前年魯使孟孝伯爲晉伐齊）公患之使告于晉孟公綽曰崔子將有大志（志在弒君孟公綽魯大夫）不在病我必速歸何患焉其來也不寇（不爲寇害）使民不嚴（欲得民心）異於他日齊師徒歸（徒空也）齊棠公之妻東郭偃之姊也（棠公齊棠邑大夫）東郭偃臣崔武子棠公死偃御武子以弔焉見棠姜而美之（美其色也）使偃取之（爲己取也○〔取〕如字又七住反）偃曰男女辨姓（辨別也）今君出自丁（齊丁公崔杼之祖）臣出自桓不可（齊桓公小白東郭偃

之祖同姜姓故不可昏武子筮之遇困☵☱坎下兌上困之大過☴☱巽下兌上大過困六三變爲大過史皆曰吉阿崔子示陳文子文子曰夫從風坎爲中男故曰夫變而爲巽故曰從風風隕妻不可娶也風能隕落物者變而隕落故曰妻不可娶且其繇曰困于石據于蒺藜入于其宮不見其妻凶困六三爻辭〇繇直又反困于石往不濟也坎爲險爲水水之險者石不可以動據于蒺藜所恃傷也坎爲險兌爲澤澤之生物而險者蒺藜恃之則傷入于其宮不見其妻凶無所歸也易曰非所困而困名必辱非所據而據身必危既辱且危死期將至妻其可得見邪今卜昏而遇此卦六三失位無應則喪其妻失其所歸也崔子曰嫠也何害先夫當之矣寡婦曰嫠言棠公已當此凶遂取之莊公通焉驟如崔氏以崔子之冠賜人

侍者曰不可公曰不爲崔子其無冠乎言雖不爲崔子猶自應有冠崔子因是因是怒公又以其閒伐晉也閒晉之難而伐之曰晉必將報欲弒公以說于晉而不獲閒公鞭侍人賈舉而又近之乃爲崔子閒公伺公閒隙○[說]音悅又如字[爲]去聲下同夏五月莒爲且于之役故莒子朝于齊且于役在二十三年○[且]音疽甲戌饗諸北郭崔子稱疾不視事欲使公來乙亥公問崔子問疾遂從姜氏姜入于室與崔子自側戶出公拊楹而歌歌以命姜○[拊]芳甫反侍人賈舉止衆從者而入閉門爲崔子閉公也重言侍人者別下賈舉甲興公登臺而請弗許請免請盟弗許請自刃於廟弗許求還自殺也皆曰君之臣杼疾病不能

聽命。不能親聽公命。近於公宮。言崔子宮近公宮或淫者詐稱公。陪臣干掫有淫者。不知二命。干掫行夜。言行夜得淫人。受崔子命討之。不知他命。○〔干〕讀曰扞。胡旦反。又如字。〔掫〕側柳反。又子俱反。一音陬。說文。掫。夜戒有所擊也。〔行〕去聲。公踰牆。又射之。中股。反隊。遂弒之。賈舉。州綽。邴師。公孫敖。封具。鐸父。襄伊。僂堙。皆死。八子皆齊勇力之臣。爲公所嬖者。與公共死於崔子之宮。○〔射〕食亦反。〔中〕丁仲反。〔隊〕直類反。〔僂〕力侯反。〔堙〕音因。祝佗父祭於高唐。高唐有齊別廟也。至復命。不說弁而死於崔氏。爵弁。祭服。○〔說〕他活反。申蒯侍漁者。侍漁。監取魚之官。○〔蒯〕苦怪反。退謂其宰曰。爾以帑免。帑。宰之妻子。○〔帑〕音奴。我將死。其宰曰。免。是反子之義也。與之皆死。反死君之義。崔氏殺鬷蔑于平陰。鬷蔑。平陰大夫。公外嬖。傳言莊公所養非國士。故其死難。皆嬖寵之人晏子立於崔氏之門外聞難而來其人曰死乎曰獨吾君也乎哉吾死也言己與衆臣無異曰行乎曰吾罪也乎哉吾士也自謂無罪曰歸乎曰君死安歸言安可以歸君民者豈以陵民社稷是主臣君者豈爲其口實社稷是養言君不徒居民上臣不徒求祿皆爲社稷○爲于僞反注及下同故君爲社稷死則死之爲社稷亡則亡之謂以公義死亡若爲己死而爲己亡非其私暱誰敢任之私暱所親愛也非所親愛無爲當其禍○暱女乙反任音壬且人有君而弑之吾焉得死之而焉得亡之言己非正卿見待無異於衆臣故不得死其難也將庸何歸將用死亡之義何所歸趣門啓而入枕尸股而哭以公尸枕己股○枕之鴆反興三踊而出人謂崔子必

殺之。崔子曰民之望也。舍之得民。舍置也。盧蒲癸奔晉。王何奔莒。二子莊公黨。爲二十八年殺慶舍張本。叔孫宣伯之在齊也。叔孫宣伯。魯叔孫僑如。成十六年奔齊。叔孫還納其女於靈公。嬖生景公。還齊羣公子。納宣伯女於靈公。○〔還〕音旋。丁丑。崔杼立而相之。慶封爲左相。盟國人於大宮。大宮。大公廟。曰所不與崔慶者。晏子仰天歎曰。嬰所不唯忠於君。利社稷者是與。有如上帝。乃歃。盟書云。所不與崔慶者。有如上帝。讀書未終。晏子抄荅易其辭。因自歃。○〔歃〕所洽反。辛巳。公與大夫及莒子盟。莒子朝齊。遇崔杼作亂。未去。故復與景公盟。大史書曰崔杼弒其君。崔子殺之。其弟嗣書而死者二人。嗣續也。并前有三人死。其弟又書。乃舍之。南史氏聞大史盡死。執簡以往聞既書矣乃還傳言齊有直史崔杼之罪所以聞閭丘嬰以帷縛其妻而載之與申鮮虞乘而出二子莊公近臣○[縛]直轉反鮮虞推而下之下嬰妻也○[推]如字又他回反曰君昏不能匡危不能救死不能死而知匿其暱匿藏也暱親也○[暱]女乙反其誰納之行及弇中將舍弇中狹道○[弇]於檢反又於廉反嬰曰崔慶其追我鮮虞曰一與一誰能懼我言道狹雖衆無所用遂舍枕轡而寢恐失馬也○[枕]之鴆反○食馬而食駕而行出弇中謂嬰曰速驅之崔慶之衆不可當也遂來奔道廣衆得用故不可當○[食]馬音嗣崔氏側莊公于北郭側瘞埋之不殯於廟丁亥葬諸士孫之里士孫人姓因名里死十三日便葬不待五月四翣喪車之飾諸侯六翣○[翣]所甲反不蹕

蹕,止行人。下車七乘,不以兵甲。下車,送葬之車。齊舊依上公禮九乘,又有兵甲,今皆降損。晉侯濟自泮,泮,闕。會于夷儀,伐齊,以報朝歌之役。朝歌役在二十三年。不書伐齊,齊人逆服,兵不加。齊人以莊公說,以弒莊公說晉也。○[說]如字。又音悅。使隰鉏請成,慶封如師。慶封獨使於晉,不通諸侯,故不書。鉏,隰朋之曾孫。○[鉏]仕居反。男女以班,賂晉侯以宗器、樂器。宗器,祭祀之器。樂器,鍾磬之屬。自六正、三軍之六卿。五吏、三十帥、五吏,文職。三十帥,武職,皆軍卿之屬官。○[帥]所類反。三軍之大夫、百官之正長、師旅,百官正長,羣有司也。師旅,小將帥。及處守者皆有賂。皆以男女爲賂。處守,守國者。○處[守]手又反。晉侯許之。晉侯受賂還,不譏者,齊有喪,師自宜退。使叔向告於諸侯。告齊服。公使子服惠伯對曰:君舍有罪,以靖小國,君之惠也。寡君聞命矣。晉侯使魏舒宛沒逆衛侯。（衛獻公以十四年奔齊。○[宛]於元反。）將使衛與之夷儀。崔子止其帑以求五鹿。（崔杼欲得衛之五鹿。故留衛侯妻子於齊以質之。）初陳侯會楚子伐鄭。（在前年。）當陳隧者井堙木刊。（隧。徑也。堙。塞也。刊。除也。）鄭人怨之。六月鄭子展子產帥車七百乘伐陳。宵突陳城。（突。穿也。）遂入之。陳侯扶其大子偃師奔墓。（欲逃冢間。）遇司馬桓子曰載余。（陳之司馬。）曰將巡城。（不欲載公。以巡城辭。）遇賈獲。（賈獲。陳大夫。）載其母妻下之而授公車。公曰舍而母。辭曰不祥。（雖急。猶不欲男女無別。）與其妻扶其母以奔墓。亦免。子展命師無入公宮。與子產親御諸門。（欲服之而已。故禁侵掠。○[御]魚呂反。[掠]音亮。）陳侯使司馬桓子賂以宗器。陳侯免。擁社。免，喪服。擁社，抱社主，示服。○〔免〕音問，注同。使其衆男女別而纍以待於朝。纍，自囚係以待命。○〔纍〕類悲反，一呂軌反。子展執縶而見。見陳侯。○〔縶〕陟立反。再拜稽首承飲而進獻。承飲，奉觴，示不失臣敬。子美入數俘而出。子美，子產也。但數其所獲人數，不將以歸。○〔數〕所主反。祝祓社。司徒致民。司馬致節。司空致地。乃還。祓，除也。節，兵符。陳亂，故正其衆官，脩其所職，以安定之，乃還也。○〔祓〕芳弗反，又音廢。秋七月己巳同盟于重丘。齊成故也。伐齊而稱同盟，以明齊亦同盟。趙文子爲政。趙武代范匄。令薄諸侯之幣而重其禮。以重禮待諸侯。穆叔見之。謂穆叔曰。自今以往。兵其少弭矣。弭，止也。○〔弭〕亡氏反。齊崔慶新得政。將求善於諸侯。武也知楚令尹。令尹屈建。若敬行其禮。道之以文辭以靖諸侯兵可以弭（爲二十七年晉楚盟于宋傳）楚薳子馮卒屈建爲令尹（屈建子木）屈蕩爲莫敖（代屈建宣十二年邲之役楚有屈蕩爲左廣之右世本屈蕩屈建之祖父今此屈蕩與之同姓名○邲扶必反廣古曠反）舒鳩人卒叛（前年辭不叛）楚令尹子木伐之及離城（離城舒鳩城）吳人救之子木遽以右師先（先至舒鳩）子彊息桓子捷子駢子盂帥左師以退（五人不及子木與吳相遇而退）吳人居其閒七日（居楚兩軍之閒）子彊曰久將墊隘隘乃禽也不如速戰（墊隘慮水雨○墊丁念反）請以其私卒誘之簡師陳以待我（簡閱精兵駐後爲陳○陳直覲反）我克則進奔則亦視之（視其形勢而救助之）乃可以免不然必爲吳禽從之五人以其私卒先擊吳師吳師奔登

山以望見楚師不繼復逐之傳諸其軍吳還逐五子至其本軍○〔傳〕音附餘師會之吳師大敗遂圍舒鳩舒鳩潰八月楚滅舒鳩五子既敗吳師遂前及子木共圍滅舒鳩衛獻公入于夷儀爲下自夷儀與甯喜言張本鄭子產獻捷于晉獻入陳之功而不獻其俘戎服將事戎服軍旅之衣異於朝服晉人問陳之罪對曰昔虞閼父爲周陶正以服事我先王閼父舜之後當周之興閼父爲武王陶正我先王賴其利器用也與其神明之後也舜聖故謂之神明庸以元女大姬配胡公庸用也元女武王之長女胡公閼父之子滿也○〔大〕音泰而封諸陳以備三恪周得天下封夏殷二王後又封舜後謂之恪幷二王後爲三國其禮轉降示敬而已故曰三恪則我周之自出至于今是賴言陳周之甥至今賴周德桓公之

亂。蔡人欲立其出。（陳桓公鮑卒。於是陳亂。事在魯桓五年。蔡出。桓公之子厲公也。）我先君莊公奉五父而立之。（五父。佗。桓公弟。殺大子免而代之。鄭莊公因就定其位。）蔡人殺之。（欲立其出故。）我又與蔡人奉戴厲公。（奉戴猶奉事。）至於莊宣皆我之自立。（陳莊公宣公。皆厲公子。）夏氏之亂。成公播蕩。又我之自入。君所知也。（播蕩。流移失所。宣十一年。陳夏徵舒弑靈公。靈公之子成公奔晉。自晉因鄭而入也。）今陳忘周之大德。蔑我大惠。弃我姻親。介恃楚衆。以馮陵我敝邑。不可億逞。（億。度也。逞。盡也。）我是以有往年之告。（謂鄭伯稽首。告晉請伐陳。）未獲成命。（未得伐陳命。）則有我東門之役。（前年陳從楚伐鄭東門。）當陳隧者。井堙木刊。敝邑大懼不競。而恥大姬。（上辱大姬之靈。）天誘其衷。啓敝邑心。

啓開也。開道其心。故得勝。陳知其罪。授手于我。用敢獻功。晉人曰。
何故侵小。對曰。先王之命。唯罪所在。各致其辟。辟誅也。○
[辟]婢亦反。且昔天子之地一圻。方千里。[圻]音祈。○列國一同。方百里。
自是以衰。衰差降。○[衰]初危反。今大國多數圻矣。若無侵小。何
以至焉。晉人曰。何故戎服。對曰。我先君武莊爲平桓
卿士。鄭武公莊公爲周平王桓王卿士。○[數]色主反。下同。城濮之役。文公布命
曰。各復舊職。晉文公。命我文公戎服輔王。以授楚捷。不
敢廢王命故也。城濮在僖二十八年。士莊伯不能詰。士莊伯士弱也。復
於趙文子。文子曰。其辭順。犯順不祥。乃受之。冬十月。
子展相鄭伯如晉。拜陳之功。謝晉受其功。子西復伐陳。陳

及鄭平。前雖入陳服之而已。故更伐以結成。仲尼曰。志有之。志古書。言以足志。文以足言。足猶成也。○(足)將住反。又如字。不言誰知其志。言之無文。行而不遠。雖得行猶不能及遠。晉爲伯。鄭入陳。非文辭不爲功。慎辭哉。樞機之發。榮辱之主。楚蔿掩爲司馬。蔿子馮之子。子木使庀賦。庀治。○(庀)匹婢反。數甲兵。閱數之。甲午。蔿掩書土田。書土地之所宜。度山林。度量山林之材以共國用。○(度)待洛反。鳩藪澤。鳩聚也。聚成藪澤使民不得焚燎壞之。欲以備田獵之處。辨京陵。辨別也。絕高曰京。大阜曰陵。別之以爲冢墓之地。表淳鹵。淳鹵埆薄之地。表異輕其賦稅。○(淳)音純。(鹵)音魯。說文云。鹵西方鹹也。數疆潦。疆界有流潦者。計數減其租入。規偃豬。偃豬下濕之地。規度其受水多少。○(偃)於建反。一如字。町原防。廣平曰原。防隄也。隄防閒地。不得方正如井田。別爲小頃町。○(町)徒頂反。牧隰皐。

隰皐。水厓下濕。爲芻牧之地。井衍沃。衍沃。平美之地。則如周禮制以爲井田。六尺爲步。步百爲畝。畝百爲夫。九夫爲井。○[衍]以善反。下平曰衍。有流曰沃。量入脩賦。量九土之所入。而治理其賦稅。○[量]音良。又音亮。賦車籍馬。籍疏其毛色歲齒。以備軍用。賦車兵。車兵甲士。徒兵。步卒。甲楯之數。使器杖有常數。○[楯]食準反。又音尹。既成以授子木。禮也。得治國之禮。傳言楚之所以興。十二月吳子諸樊伐楚以報舟師之役。舟師在二十四年也。門于巢。攻巢門。巢牛臣曰吳王勇而輕若啓之將親門。啓開門也。[輕]遣政反。○我獲射之必殪。殪死也。○[射]食亦反。[殪]於計反。是君也死疆其少安從之吳子門焉牛臣隱於短牆以射之卒楚子以滅舒鳩賞子木辭曰先大夫蔿子之功也以與蔿掩往年楚子將伐舒鳩蔿子馮請退師以須其叛楚子從之卒獲舒鳩故子木辭賞以與其子晉程鄭卒子產始知然明前年然明謂程鄭將死今如其言故知之問爲政焉對曰視民如子見不仁者誅之如鷹鸇之逐鳥雀也子產喜以語子大叔且曰他日吾見蔑之面而已蔑然明名○[鸇]之然反[語]魚據反今吾見其心矣子大叔問政於子產子產曰政如農功日夜思之思其始而成其終朝夕而行之行無越思思而後行如農之有畔言有次其過鮮矣衛獻公自夷儀使與甯喜言求復國也甯喜許之大叔文子聞之大叔儀也曰烏乎詩所謂我躬不說皇恤我後者甯子可謂不恤其後矣皇暇也詩小雅言今我不能自容說何暇念其後乎謂甯子必身受禍不得恤其後也○[說]音悅將

可乎哉。殆必不可。君子之行。思其終也。思使終可成。思其復也。思其可復行。書曰。慎始而敬終。終以不困。逸書。詩曰。夙夜匪解。以事一人。一人以喻君。今甯子視君不如弈棋。弈圍棋也。其何以免乎。弈者舉棋不定。不勝其耦。而況置君而弗定乎。必不免矣。九世之卿族。一舉而滅之。可哀也哉。甯氏出自衛武公。及喜九世也。

春秋經傳集解襄公四第十七

春秋經傳集解襄公五第十八

杜氏註　盡二十八年

傳。會于夷儀之歲。齊人城郟。在二十四年。不直言會夷儀者。別二十五年會夷儀會。○[郟]古洽反。其五月。秦晉爲成。晉韓起如秦涖盟。秦伯車如晉涖盟。伯車。秦伯之弟鍼也。○[鍼]其廉反。成而不結。不結固也。傳爲後年脩成起本。當繼前年之末。而特跳此者。傳寫失之。

經。二十六年。春。王二月。辛卯。衞甯喜弑其君剽。○[剽]匹妙反。衞孫林父入于戚以叛。衎雖未居位。林甫專邑背國。猶爲叛也。甲午。衞侯衎復歸于衞。復其位曰復歸。名與不名。傳無義例。夏。晉侯使荀吳來聘。吳。荀偃子。公會晉人。鄭良霄。宋人。曹人于澶淵。鄭會公侯皆應貶。方責宋向戌後期。故書良霄以駮之。若皆稱人。則嫌向戌。直以會公貶之。○〔譠〕市延反。〔駮〕邦角反。

秋宋公殺其世子痤稱君以殺。惡其父子相殘害。○〔痤〕才何反。〔惡〕烏路反。晉人執衛甯喜八月壬午許男甯卒于楚未同盟而赴以名。冬楚子蔡侯陳侯伐鄭葬許靈公

傳二十六年春秦伯之弟鍼如晉脩成脩會夷儀歲之成。叔向命召行人子員欲使答秦命。○〔員〕音云。行人子朱曰朱也當御御。進也。言次當行。三云叔向不應子朱怒曰班爵同同為大夫。何以黜朱於朝黜。退也。撫劍從之從叔向也。叔向曰秦晉不和久矣今日之事幸而集集。成。晉國賴之不集三軍暴骨子員道二國之言無私子常易之姦以事君者吾

所能御也。拂衣從之。拂衣，褰裳也。○〔暴〕蒲卜反。〔御〕魚呂反。人救之。平公曰：晉其庶乎！庶幾於治。吾臣之所爭者大。師曠曰：公室懼卑。臣不心競而力爭，謂二子不心競爲忠，而撫劍拂衣。不務德而爭善。爭謂所行爲善。私欲已侈，能無卑乎？私欲侈則公義廢。○〔侈〕昌氏反。衛獻公使子鮮爲復，使爲己求反國。○〔鮮〕音仙。〔爲〕于僞反，注同。辭。辭不能。敬姒強命之。敬姒，獻公及子鮮之母。○〔強〕其丈反。對曰：君無信，臣懼不免。敬姒曰：雖然，以吾故也。許諾。初，獻公使與甯喜言，言復國。甯喜曰：必子鮮在，不然必敗。子鮮賢，國人信之，必欲使在其閒。故公使子鮮。子鮮不獲命於敬姒，不得止命。以公命與甯喜言，曰：苟反，政由甯氏，祭則寡人。甯喜告蘧伯玉，伯玉曰：瑗不得聞君之出敢聞其入（十四年孫氏欲逐獻公瑗走從近關出○〔瑗〕于眷反）遂行從近關出告右宰穀（衛大夫）右宰穀曰不可獲罪於兩君（前出獻公今弑剽）天下誰畜之（畜猶容也○〔畜〕許六反）悼子曰吾受命於先人不可以貳（悼子甯喜也受命在二十年）穀曰我請使焉而觀之（觀如可還否○〔使〕所吏反〔還〕音環）遂見公於夷儀反曰君淹恤在外十二年矣（淹久也）而無憂色亦無寛言猶夫人也（言其爲人猶如故○〔夫〕音扶）若不已死無日矣（已止也）悼子曰子鮮在右宰穀曰子鮮在何益多而能亡於我何爲（言子鮮爲義多不過亡出）悼子曰雖然弗可以已孫文子在戚孫嘉聘於齊孫襄居守（二子孫文子之子）二月庚寅甯喜右

宰穀伐孫氏不克伯國傷伯國孫襄也父兄皆不在故乘弱攻之甯子出舍於郊欲奔伯國死孫氏夜哭國人召甯子甯子復攻孫氏克之辛卯殺子叔及大子角子叔衞侯剽言子叔剽無謚故書曰甯喜弒其君剽言罪之在甯氏也嫌受父命納舊君無罪故發之孫林父以戚如晉以邑屬晉書曰入于戚以叛罪孫氏也臣之祿君實有之義則進否則奉身而退專祿以周旋戮也林父事剽而衎入義可以退唯以專邑自隨爲罪故傳發之甲午衞侯入書曰復歸國納之也本晉納之夷儀今從夷儀入國嫌若晉所納故發國納之例言國之所納而復其位大夫逆於竟者執其手而與之言道逆者自車揖之逆於門者頷之而已頷搖其頭言衎驕心易生○[竟]音境

[領]戶感反。公至使使讓大叔文子曰寡人淹恤在外二三子
皆使寡人朝夕聞衛國之言二三子。諸大夫。吾子獨不在寡
人在存問之。公聞文子荅甯喜之言。故怨之。古人有言曰非所怨勿怨寡
人怨矣所怨在親暱。對曰臣知罪矣臣不佞不能負羈絏
以從扞牧圉臣之罪一也有出者有居者出謂行。居謂留也。○
[絏]息列反。[扞]戶幹反。臣不能貳通外內之言以事君臣之罪二
也有二罪敢忘其死乃行從近關出公使止之傳言衛侯
不能安和大臣。衛人侵戚東鄙以林父叛故。孫氏愬于晉晉戍茅
氏茅氏。戚東鄙。殖綽伐茅氏殺晉戍三百人殖綽。齊人。今來在衛。孫
蒯追之弗敢擊文子曰厲之不如厲。惡鬼也。遂從衛師敗

之圍。蒯感父言。更還逐殖綽。圍衛地。雍鉏獲殖綽。雍鉏。孫氏臣。復愬于晉。爲下晉討衛張本。鄭伯賞入陳之功。入陳在前年。三月甲寅朔享子展賜之先路三命之服。先路。次路。皆王所賜車之總名。蓋請之於王。先八邑。以路及命服爲邑先。八邑。三十二井。○[先]悉薦反。賜子產次路再命之服先六邑子產辭邑曰自上以下隆殺以兩禮也臣之位在四。上卿子展。次卿子西。十一年良霄見經。十九年乃立子產爲卿。故位在四。○[殺]所界反。且子展之功也臣不敢及賞禮請辭邑。賞禮。以禮見賞。謂六邑也。公固予之乃受三邑。位次當受二邑。以公固與之。故受三邑。公孫揮曰子產其將知政矣。知國政。讓不失禮晉人爲孫氏故召諸侯將以討衛也夏中行穆子來聘召公也。召公爲澶淵會。楚子秦人侵吳及雩婁聞吳有備而還雩婁今屬安豐郡○〔婁〕如字徐力俱反遂侵鄭五月至于城麇鄭皇頡戍之皇頡鄭大夫守城麇之邑○〔麇〕九倫反〔頡〕戶結反出與楚師戰敗穿封戍囚皇頡公子圍與之爭之公子圍共王子靈王也○〔戍〕音恤正於伯州犂正曲直也伯州犂曰請問於囚乃立囚伯州犂曰所爭君子也其何不知言王子圍及穿封戍皆非細人易別識也上其手曰夫子爲王子圍寡君之貴介弟也介大也下其手曰此子爲穿封戍方城外之縣尹也誰獲子上下手以道囚意囚曰頡遇王子弱焉弱敗也言爲王子所得戍怒抽戈逐王子圍弗及楚人以皇頡歸印堇父與皇頡戍城麇印堇父鄭大夫楚人囚之以獻於秦。鄭人取貨於印氏以請之。子大叔爲令正。主作辭令之正。以爲請。子產曰：不獲。謂大叔辭以貨請堇父，必不得。○〔爲〕去聲。受楚之功而取貨於鄭，不可謂國，秦不其然。受楚獻功，大名也。以貨免之，小利。故謂秦不爾。若曰：拜君之勤鄭國，微君之惠，楚師其猶在敝邑之城下。其可。辭如此，堇父可得。弗從，遂行。秦人不予。更幣，從子產而後獲之。更遣使執幣，用子產辭，乃得堇父。傳稱子產之善。

六月，公會晉趙武、宋向戌、鄭良霄、曹人于澶淵，以討衛，疆戚田。正戚之封疆。取衛西鄙懿氏六十以與孫氏。戚城西北五十里有懿城，因姓以名城。取田六十井也。趙武不書，尊公也。罪武會公侯。向戌不書，後也。後會期。鄭先宋，不失所也。如期至。於是衛侯會之晉將執之不得與會故不書晉人執甯喜北宮遺使女齊以先歸討其弑君伐孫氏也遺北宮括之子女齊司馬侯歸晉而後告諸侯故經書在秋○〔女〕音汝衛侯如晉晉人執而囚之於士弱氏士弱晉主獄大夫

秋七月齊侯鄭伯爲衛侯故如晉欲共請之晉侯兼享之晉侯賦嘉樂嘉樂詩大雅取其嘉樂君子顯顯令德宜民宜人受祿于天○〔嘉〕戶嫁反國景子相齊侯景子國弱賦蓼蕭蓼蕭詩小雅言大平澤及遠若露之在蕭以喻晉君恩澤及諸侯○〔蓼〕音六子展相鄭伯賦緇衣緇衣詩鄭風義取適子之館兮還予授子之粲兮言不敢違遠於晉叔向命晉侯拜二君曰寡君敢拜齊君之安我先君之宗祧也敢拜鄭君之不貳也蓼蕭緇衣二詩所趣各不同故拜二君辭異國子使晏平仲私於叔向私與叔向語

聚珍倣宋版印

曰。晉君宣其明德於諸侯。恤其患而補其闕。正其違而治其煩。所以爲盟主也。今爲臣執君。若之何。謂晉爲林父執衞侯叔向告趙文子。文子以告晉侯。晉侯言衞侯之罪。使叔向告二君。言自以殺晉戍三百人爲罪不以林父故國子賦轡之柔矣。逸詩見周書義取寬政以安諸侯若柔轡之御剛馬子展賦將仲子兮。將仲子詩鄭風義取衆言可畏衞侯雖別有罪而衆人猶謂晉爲臣執君○[將]七羊反晉侯乃許歸衞侯。叔向曰。鄭七穆。罕氏其後亡者也。子展儉而壹。子展鄭子罕之子居身儉而用心壹鄭穆公十一子子然二子孔三子族已亡子羽不爲卿故唯言七穆○鄭七穆謂子展公孫舍之罕氏也子西公孫夏駟氏也子產公孫僑國氏也伯有良霄良氏也子大叔游吉游氏也子石公孫段豐氏也伯石印段印氏也穆公十一子子謂子良公子去疾也子罕公子喜也

子駟公子騑也子國公子發也子孔公子嘉也子游公子偃也子豐也子印也子羽也子然也士子孔也

子然二子孔已亡子羽不爲卿故止七也初宋芮司徒生女子芮司徒宋大夫○〔芮〕

如銳反赤而毛棄諸堤下共姬之妾取以入共姬宋伯姬也名

之曰棄長而美平公入夕平公共姬子也○〔長〕丁丈反共姬與之

食公見棄也而視之尤尤甚也姬納諸御嬖生佐佐元公

惡而婉佐貌惡而心順大子痤美而很貌美而心很戾○〔很〕胡懇反合左

師畏而惡之合左師向戌○〔惡〕烏路反寺人惠牆伊戾爲大子內

師而無寵惠牆氏伊戾名秋楚客聘於晉過宋上已有秋復發傳者中閒

有初不言秋則嫌楚客過在他年大子知之請野享之公使往伊戾

請從之公曰夫不惡女乎夫謂大子也○〔夫〕音扶〔女〕音汝對曰小人

之事君子也惡之不敢遠好之不敢近敬以待命敢有貳心乎縱有共其外莫共其內伊戾爲大子內師不行惡內侍廢嬖〇〔遠〕于萬反〔好〕呼報反臣請往也遣之至則欿用牲加書徵之詐作盟處爲大子反徵驗也〇〔欿〕口感反而騁告公騁馳也〇〔騁〕敕景反曰大子將爲亂既與楚客盟矣公曰爲我子又何求對曰欲速言欲速得公位公使視之則信有焉有盟徵也問諸夫人與左師夫人佐母弃也則皆曰固聞之公因大子大子曰唯佐也能免我以其婉也召而使請曰日中不來吾知死矣左師聞之聒而與之語聒讙也欲使佐失期〇〔讙〕呼端反過期乃縊而死佐爲大子公徐聞其無罪也乃亨伊戾左師見夫人之

步馬者。(步馬。習馬。○〔縊〕一賜反。〔亨〕普彭反。)問之。對曰。君夫人氏也。左師曰。誰爲君夫人。余胡弗知。圉人歸以告夫人。夫人使饋之錦與馬。先之以玉。(以玉爲錦馬之先。○〔先〕悉薦反。又如字。)曰。君之妾弃使某獻。左師改命曰君夫人。而後再拜稽首受之。(左師令使者改命也。傳言宋公闇。左師諛。大子所以無罪而死。)鄭伯歸自晉。(請衞侯歸。)使子西如晉聘。辭曰。寡君來煩執事。懼不免於戾。(言自懼失敬於大國而得罪。)使夏謝不敏。(夏。子西名。)君子曰。善事大國。(將求於人。必先下之。言鄭所以能自安。)初楚伍參與蔡大師子朝友。其子伍舉與聲子相善也。(聲子。子朝之子。伍舉。子胥祖父椒舉也。○〔朝〕如字。)伍舉娶於王子牟。王子牟爲申公而亡。(獲罪出奔。)楚人曰。伍舉實送之伍舉奔鄭將遂奔晉聲子將如晉遇之於鄭郊班荆相與食而言復故（班布也布荆坐地共議歸楚事朋友世親）聲子曰子行也吾必復子及宋向戌將平晉楚（平在明年）聲子通使於晉（爲國通平事）還如楚令尹子木與之語問晉故焉（故事）且曰晉大夫與楚孰賢對曰晉卿不如楚其大夫則賢皆卿材也如杞梓皮革自楚往也（杞梓皆木名）雖楚有材晉實用之（言楚士臣多在晉）子木曰夫獨無族姻乎（夫謂晉）對曰雖有而用楚材實多歸生聞之（歸生聲子名）善爲國者賞不僭而刑不濫賞僭則懼及淫人刑濫則懼及善人若不幸而過寧僭無濫與其失善寧其

利淫無善人則國從之(從之亡也)詩曰人之云亡邦國殄瘁無善人之謂也(詩大雅殄盡也瘁病也)故夏書曰與其殺不辜寧失不經懼失善也(逸書也不經不用常法)商頌有之曰不僭不濫不敢怠皇命于下國封建厥福(詩商頌言殷湯賞不僭差刑不濫溢不敢怠解自寬暇故能爲下國所命爲天子)此湯所以獲天福也古之治民者勸賞而畏刑(樂行賞而憚用刑)恤民不倦賞以春夏刑以秋冬(順天時)是以將賞爲之加膳加膳則飫賜(飫饜也酒食賜下無不饜足所謂加膳也)此以知其勸賞也將刑爲之不舉不舉則徹樂(不舉盛饌)此以知其畏刑也夙興夜寐朝夕臨政此以知其恤民也三者禮之大節也有禮無

敗。今楚多淫刑。其大夫逃死於四方。而爲之謀主。以害楚國。不可救療。所謂不能也。療。治也。所謂楚人不能用其材也。子儀之亂。析公奔晉。在文十四年。晉人寘諸戎車之殿。以爲謀主。殿。後軍。○[殿]多練反。繞角之役。晉將遁矣。析公曰。楚師輕窕。易震蕩也。若多鼓鈞聲。以夜軍之。鈞同其聲。○[窕]敕堯反。又通弔反。楚師必遁。晉人從之。楚師宵潰。晉遂侵蔡。襲沈。獲其君。敗申息之師於桑隧。獲申麗而還。成六年。晉欒書救鄭。與楚師遇於繞角。楚師還。晉侵沈。獲沈子。八年復侵楚。敗申息。獲申麗。○[麗]力馳反。鄭於是不敢南面。楚失華夏。則析公之爲也。雍子之父兄譖雍子。君與大夫不善是也。不是其曲直。雍子奔晉。晉人與之鄐。

鄐晉邑○〔鄐〕許六反又超六反以爲謀主彭城之役晉楚遇於靡角之谷在成十八年晉將遁矣雍子發命於軍曰歸老幼反孤疾二人役歸一人簡兵蒐乘簡擇蒐閱秣馬蓐食師陳焚次次舍也焚舍示必死○〔陳〕直覲反明日將戰行歸者而逸楚囚欲使楚知之楚師宵潰晉降彭城而歸諸宋以魚石歸在元年○〔降〕戶江反楚失東夷子辛死之則雍子之爲也楚東小國及陳見楚不能救彭城皆叛五年楚人討陳叛故殺令尹子辛子反與子靈爭夏姬子靈巫臣而雍害其事子反亦雍害巫臣不使得取夏姬○〔雍〕於勇反子靈奔晉晉人與之邢邢晉邑以爲謀主扞禦北狄通吳於晉教吳叛楚教之乘車射御驅侵使其子狐庸爲吳行人焉

吳於是伐巢取駕克棘入州來駕棘皆楚邑譙國酇縣東北有棘亭○[譙]在遙反[酇]才多反又子旦反楚罷於奔命至今爲患則子靈之爲也事見成七年○[罷]音皮若敖之亂伯賁之子賁皇奔晉晉人與之苗若敖亂在宣四年苗晉邑○[賁]扶云反以爲謀主鄢陵之役在成十六年○[鄢]音偃楚晨壓晉軍而陳晉將遁矣苗賁皇曰楚師之良在其中軍王族而已言楚之精卒唯在中軍○[陳]直覲反若塞井夷竈成陳以當之塞井夷竈以爲陳欒范易行以誘之欒書時將中軍范燮佐之易行謂簡易兵備欲令楚貪己不復顧二穆之兵○[易]以豉反又音亦[行]戶郎反又音衡中行二郤必克二穆郤錡時將上軍中行偃佐之郤至佐新軍令此三人分良以攻二穆之兵楚子重子辛皆出穆王故曰二穆○[錡]魚綺反吾乃四萃於其王族

必大敗之。四萃。四面集攻之。晉人從之。楚師大敗。王夷師熸。夷。傷也。吳楚之閒。謂火滅爲熸。○[熸]子潛反。子反死之。鄭叛。吳興。楚失諸侯。則苗賁皇之爲也。子木曰。是皆然矣。聲子曰。今又有甚於此。椒舉娶於申公子牟。子牟得戾而亡。君大夫謂椒舉女實遣之。懼而奔鄭。引領南望曰。庶幾赦余。亦弗圖也。言楚亦不以爲意。今在晉矣。晉人將與之縣。以比叔向。以舉材能比叔向。彼若謀害楚國。豈不爲患。子木懼。言諸王。益其祿爵而復之。聲子使椒鳴逆之。椒鳴伍舉子。傳言聲子有辭。伍舉所以得反。子孫復仕於楚。許靈公如楚。請伐鄭。十六年晉伐許。他國皆大夫。獨鄭伯自行。故許恚。欲報之。○[恚]一睡反。曰。師不興。孤不歸矣。八月。卒于楚。楚子曰。不伐鄭。何以求諸侯。冬十月。楚子伐鄭。（爲許。）鄭人將禦之。子產曰。晉楚將平。諸侯將和。（和在明年。）楚王是故昧於一來。（昧猶貪冒。）不如使逞而歸。乃易成也。（逞快也。）夫小人之性。釁於勇。嗇於禍。以足其性而求名焉者。非國家之利也。若何從之。（釁動也。嗇貪也。言鄭之欲與楚戰者。皆釁勇貪名之人。非能爲國計慮久利。不可從也。○〔釁〕許覲反。〔足〕子住反。又如字。）子展說。不禦寇。十二月。乙酉。入南里。墮其城。（南里。鄭邑。○〔說〕音悅。〔墮〕許規反。）涉於樂氏。（樂氏。津名。）門于師之梁。（鄭城門。）縣門發。獲九人焉。涉于氾而歸。（於氾城下。涉汝水南歸。○〔縣〕音懸。〔氾〕音凡。）而後葬許靈公。（卒靈公之志。而後葬之。）衛人歸衛姬于晉。乃釋衛侯。（衛侯以女說晉。而後得免。）君子是以知平公之失政也。傳言晉之衰。 晉韓宣子聘于周王使請事。問何事來聘。 對曰晉士起將歸時事於宰旅無他事矣。起。宣子名。禮。諸侯大夫入天子國稱士。時事。四時貢職。宰旅。冢宰之下士。言獻職貢於宰旅。不敢斥尊。 王聞之曰。韓氏其昌阜於晉乎。辭不失舊。阜大也。傳言周衰。諸侯莫能知禮。唯韓起不失舊。 齊人城郟之歲。在二十四年。 其夏齊烏餘以廩丘奔晉。烏餘。齊大夫。廩丘。今東郡廩丘縣故城是。 襲衛羊角取之。今廩丘縣所治羊角城是。 遂襲我高魚。高魚城在廩丘縣東北。 有大雨自其竇入。雨。故水竇開。○〔竇〕音豆。 介于其庫。入高魚庫而介其甲。 以登其城克而取之。取魯高魚。無所諱而不書。其義未聞。 又取邑于宋。於是范宣子卒。宣子。范匄。 諸侯弗能治也。及趙文子爲政。乃卒治之文子言於晉侯曰晉爲盟主諸侯或相侵也則討而使歸其地今烏餘之邑皆討類也言於比類宜見討而貪之是無以爲盟主也請歸之公曰諾孰可使也對曰胥梁帶能無用師晉侯使往胥梁帶晉大夫能無用師言有權謀

經二十有七年春齊侯使慶封來聘景公卽位通嗣君也夏叔孫豹會晉趙武楚屈建蔡公孫歸生衛石惡陳孔奐鄭良霄許人曹人于宋案傳會者十四國齊秦不交相見邾滕爲私屬皆不與盟宋爲主人地於宋則與盟可知故經唯序九國大夫楚先晉歃而書先晉貴信也陳于晉會常在衛上孔奐非上卿故在石惡下○〔奐〕呼亂反〔先〕悉薦反又如字衛殺其大夫甯喜甯喜弒剽立衎衎今雖不以弒剽致討於大義宜追討之故經以國討爲文書名也書在宋會下從赴衛侯

之弟鱄出奔晉。衛侯始者云政由甯氏祭則寡人而今復患其專緩荅免餘既負其前信且不能友于賢弟使至出奔故書弟以罪兄○[鱄]市轉反又音專

秋七月辛巳豹及諸侯之大夫盟于宋。夏會之大夫也豹不倚順以顯弱命之君而辨小是以自從故以違命貶之釋例論之備矣

冬十有二月乙亥朔日有食之。今長歷推十一月朔非十二月傳曰辰在申再失閏若是十二月則為三失閏故知經誤

傳二十七年春。胥梁帶使諸喪邑者具車徒以受地。必周。諸喪邑謂齊魯宋也周密也必密來勿以受地為名○[喪]息浪反使烏餘具車徒以受封。烏餘以地來故詐許封之烏餘以其衆出。出受封使諸侯僞效烏餘之封者。效致也使齊魯宋僞若致邑封烏餘者而遂執之盡獲之。皆獲其徒衆皆取其邑而歸諸侯。諸侯是以睦於晉。

傳言趙文子賢。故平公雖失政。而諸侯猶睦。

齊慶封來聘。其車美。孟孫謂叔孫曰。慶季之車。不亦美乎。季。慶封字。叔孫曰。豹聞之。服美不稱。必以惡終。美車何爲。叔孫與慶封食。不敬。爲賦相鼠。亦不知也。相鼠。詩鄘風。曰相鼠有皮。人而無儀。人而無儀。不死何爲。慶封不知此詩爲己言。其闇甚。爲明年慶封來奔傳。○〔稱〕尺證反。〔鄘〕音容。

衛甯喜專。公患之。公孫免餘請殺之。免餘。衛大夫。公曰。微甯子不及此。及此反國也。吾與之言矣。言政由甯氏。事未可知。恐伐之未必勝。祇成惡名。止也。祇。適也。〔祇〕音支。○對曰。臣殺之。君勿與知。乃與公孫無地公孫臣謀。二公孫。衛大夫。○勿〔與〕音預。使攻甯氏。弗克。皆死。無地及臣皆死。公曰。臣也無罪。父子死余矣。獻公出時。公孫臣之父。爲孫氏所殺。夏

免餘復攻甯氏殺甯喜及右宰穀尸諸朝（穀不書非卿也）石
惡將會宋之盟受命而出衣其尸枕之股而哭之欲
斂以亡懼不免且曰受命矣乃行（行會于宋爲明年石惡奔傳○〔衣〕於
既反〔枕〕之鴆反）子鮮曰逐我者出（謂孫林父）納我者死（謂甯喜）賞罰
無章何以沮勸君失其信而國無刑不亦難乎（難以治國）
且鱄實使之（使甯喜納君）遂出奔晉公使止之不可（不肯留）
及河又使止之止使者而盟於河（誓不還）託於木門（木門
晉邑）不鄉衛國而坐（怨之深也〔鄉〕許亮反）○木門大夫勸之仕不
可曰仕而廢其事罪也從之昭吾所以出也將誰愬
乎（從之謂治其事也事治則明己出欲仕無所自愬）吾不可以立於人之朝

矣。終身不仕。（自誓不仕終身。）公喪之如稅服。終身。（稅即繐也。喪服繐縗裳縷細而希。非五服之常。本無月數。痛愍子鮮。故特爲此服。此服無月數。而獻公尋薨。故言終身。○[喪]息郎反。[稅]音歲。又吐外反。）公與免餘邑六十。辭曰。唯卿備百邑。臣六十矣。下有上祿亂也。（此一乘之邑。非四井之邑。論語稱千室。又云十室。明通稱。○通[稱]尺證反。）臣弗敢聞。且甯子唯多邑。故死。臣懼死之速及也。公固與之。受其半。以爲少師。公使爲卿。辭曰。大叔儀不貳。能贊大事。（贊。佐也。）君其命之。乃使文子爲卿。（文子。大叔儀。）宋向戌善於趙文子。又善於令尹子木。欲弭諸侯之兵以爲名。（欲獲息民之名。）如晉。告趙孟。趙孟謀於諸大夫。韓宣子曰。兵民之殘也。財用之蠹。（蠹。害物之蟲。）小國

之大菑也將或弭之雖曰不可必將許之言雖知兵不得久弭
今不可不許○(菑)音災弗許楚將許之以召諸侯則我失爲盟
主矣晉人許之如楚楚亦許之如齊齊人難之陳文
子曰晉楚許之我焉得已且人曰弭兵而我弗許則
固攜吾民矣將焉用之齊人許之告於秦秦亦許之
皆告於小國爲會於宋五月甲辰晉趙武至於宋丙
午鄭良霄至六月丁未朔宋人享趙文子叔向爲介
司馬置折俎禮也折俎體解節折升之於俎合卿享宴之禮故曰禮也周禮司馬掌會
同之事○(難)之乃旦反下同仲尼使舉是禮也以爲多文辭宋向戌自
美弭兵之意敬逆趙武趙武叔向因享宴之會展賓主之辭故仲尼以爲多文辭戊申叔孫

豹。齊慶封。陳須無。衛石惡至。須無。陳文子。甲寅。晉荀盈從趙武至。趙武命盈追己。故言從趙武。後武遣盈如楚。丙辰。邾悼公至。小國故君自來。壬戌。楚公子黑肱先至。成言於晉。時令尹子木止陳。遣黑肱就晉大夫。成盟載之言。兩相然可。丁卯。宋向戌如陳。從子木成言於楚。就於陳。成楚之要言。戊辰。滕成公至。亦小國君自來。子木謂向戌。請晉楚之從交相見也。使諸侯從晉楚者。更相朝見。○見。賢遍反。庚午。向戌復於趙孟。趙孟曰。晉楚齊秦。匹也。晉之不能於齊。猶楚之不能於秦也。不能服而使之。楚君若能使秦君辱於敝邑。寡君敢不固請於齊。請齊使朝楚。壬申。左師復言於子木。子木使馹謁諸王。馹。傳也。謁。告也。○〔馹〕人實反。〔傳〕陟戀反。王曰。釋齊秦。

他國請相見也。經所以不書齊秦。秋七月戊寅，左師至。從陳還。

是夜也，趙孟及子皙盟以齊言。子皙，公子黑肱。素要齊其辭，至盟時不得復爭訟。庚辰，子木至自陳。陳孔奐、蔡公孫歸生至。二國大夫。與子木俱至。曹許之大夫皆至。以藩為軍。示不相忌。晉楚各處其偏。晉處北，楚處南。伯夙謂趙孟伯夙，荀盈。曰：楚氛甚惡，懼難。氛，氣也。言楚有襲晉之氣。○氛，芳云反。趙孟曰：吾左還入於宋，若我何。營在宋北，東頭為上，故晉營在東。有急可左迴入宋東門。辛巳，將盟於宋西門之外。

楚人衷甲。甲在衣中，欲因會擊晉。○衷，音忠，又丁仲反。伯州犁曰：合諸侯之師，以為不信，無乃不可乎。夫諸侯望信於楚，是以來服。若不信，是弃其所以服諸侯也。固請釋甲。子木曰晉楚無信久矣事利而已苟得志焉焉用有信大宰退（大宰伯州犂）告人曰令尹將死矣不及三年求逞志而弃信志將逞乎志以發言言以出信信以立志參以定之（志言信三者具而後身安存）信亡何以及三（爲明年子木死起本）趙孟患楚衷甲以告叔向叔向曰何害也匹夫一爲不信猶不可單斃其死（單盡也斃踣也○[單]音丹[踣]蒲北反）若合諸侯之卿以爲不信必不捷矣食言者不病（不病者單斃於死）非子之患也（楚食言當死晉不食言故無患）夫以信召人而以僭濟之（濟成也○[僭]子念反不信也）必莫之與也安能害我且吾因宋以守病（爲楚所病則欲入宋城）則夫能致死雖倍楚可也（宋爲地主致死助我）

則力可倍楚。〔夫〕如字。或音扶。○子何懼焉。又不及是曰弭兵以召諸
侯而稱兵以害我。稱。舉也。吾庸多矣。非所患也。晉獨取信。故其
功多。季武子使謂叔孫以公命曰。視邾滕。兩事晉楚。則貢賦重。故欲
比小國。武子恐叔孫不從其言。故假公命以敕之。既而齊人請邾。宋人請滕。
皆不與盟。私屬二國故。○〔與〕音預。叔孫曰。邾滕人之私也。我列
國也。何故視之。宋衛吾匹也。乃盟。故不書其族。言違
命也。季孫專政於國。魯君非得有命。今君唯以此命告豹。豹宜崇大順以顯弱命之君。而遂其小。是
故貶之。晉楚爭先。爭先歃血。晉人曰。晉固爲諸侯盟主。未有
先晉者也。楚人曰。子言晉楚匹也。若晉常先。是楚弱
也。且晉楚狎主諸侯之盟也久矣。狎。更也。○〔先〕晉。去聲。或如字。〔狎〕戶甲

反。[更]音庚。豈專在晉。叔向謂趙孟曰。諸侯歸晉之德只。只辭。○[只]之氏反。非歸其尸盟也。尸主也。子務德無爭先。且諸侯盟。小國固必有尸盟者。小國主辦具。○[辦]皮莧反。楚爲晉細。不亦可乎。欲推使楚主盟。乃先楚人。書先晉。晉有信也。蓋孔子追正之。壬午。宋公兼享晉楚之大夫。趙孟爲客。客一坐所尊。故季孫飲大夫酒。臧紇爲客。子木與之言。弗能對。使叔向侍言焉。子木亦不能對也。乙酉。宋公及諸侯之大夫盟于蒙門之外。前盟。諸大夫不敢敵公。禮也。今宋公以近在其國。故謙而重盟。重盟故不書。蒙門。宋城門。子木問於趙孟曰。范武子之德何如。士會賢。聞於諸侯。故問之。對曰。夫子之家事治。言於晉國無隱情。其祝史陳信於鬼神無愧

辭。祝陳馨香。德足副之。故不愧。子木歸以語王王曰尚矣哉尚上也。○上

[語]魚據反。能歆神人歆享也。使神享其祭。人懷其德。○[歆]許金反。宜其光輔五

君以爲盟主也五君謂文襄靈成景。子木又語王曰宜晉之伯

也有叔向以佐其卿楚無以當之不可與爭晉荀盈

遂如楚涖盟重結晉楚之好。鄭伯享趙孟于垂隴自宋還過鄭。子

展伯有子西子產子大叔二子石從二子石。印段公孫段。○[從]才用

反。趙孟曰七子從君以寵武也請皆賦以卒君貺武

亦以觀七子之志詩以言志。子展賦草蟲草蟲詩召南曰未見君子憂心

忡忡亦既見止亦既覯止我心則降以趙孟爲君子。○[忡]勑忠反[降]戸江反又如字。趙孟曰善

哉民之主也在上不忘降。故可以主民。抑武也不足以當之辭君子。

伯有賦鶉之賁賁。鶉之賁賁、詩鄘風、衛人刺其君淫亂、鶉鵲之不若、義取人之無良我以爲兄、我以爲君也。○[鶉]順倫反、[賁]音奔。趙孟曰、牀第之言不踰閾、況在野乎、非使人之所得聞也。牀第、簀也。此詩刺淫亂、故云牀第之言、閾、門限、使人、趙孟自謂。○[第]側里反。子西賦黍苗之四章。黍苗、詩小雅、四章曰、肅肅謝功、召伯營之、烈烈征師、召伯成之、比趙孟於召伯。趙孟曰、寡君在武、何能焉。推善於其君。子產賦隰桑。隰桑、詩小雅、義取思見君子、盡心以事之、曰、既見君子、其樂如何。○[盡]津忍反。趙孟曰、武請受其卒章。卒章曰、心乎愛矣、遐不謂矣、中心藏之、何日忘之、趙武欲子產之見規誨。子大叔賦野有蔓草。野有蔓草、詩鄭風、取其邂逅相遇、適我願兮。趙孟曰、吾子之惠也。大叔喜於相遇、故趙孟受其惠。印段賦蟋蟀。蟋蟀、詩唐風、曰、無以大康、職思其居、好樂無荒、良士瞿瞿、言瞿瞿然顧禮儀。趙孟曰、善哉、保家之主也。吾有望矣。能戒懼不荒。所以保家。公孫段賦桑扈。桑扈詩小雅。義取君子有禮文。故能受天之祜。趙孟曰。匪交匪敖。福將焉往。此桑扈詩卒章。趙孟因以取義。○〔敖〕五報反。若保是言也。欲辭福祿。得乎。卒享。文子告叔向曰。伯有將爲戮矣。詩以言志。志誣其上而公怨之。以爲賓榮。言誣則鄭伯未有其實。趙孟倡賦詩以自寵。故言公怨之。以爲賓榮。其能久乎。幸而後亡。言必先亡。叔向曰。然。已侈。所謂不及五稔者。夫子之謂矣。稔。年也。爲三十年鄭殺良霄傳。○〔侈〕昌氏反。又尸氏反。〔稔〕而甚反。文子曰。其餘皆數世之主也。子展其後亡者也。在上不忘降。謂賦草蟲曰。我心則降。○〔降〕胡江反。印氏其次也。樂而不荒。謂賦蟋蟀曰。好樂無荒。樂以安民。不淫以使之。後亡不亦可乎宋左師請賞曰請免死之邑欲宋君稱功加厚賞故謙言免死之邑也公與之邑六十以示子罕子罕曰凡諸侯小國晉楚所以兵威之畏而後上下慈和慈和而後能安靖其國家以事大國所以存也無威則驕驕則亂生亂生必滅所以亡也天生五材金木水火土也民並用之廢一不可誰能去兵兵之設久矣所以威不軌而昭文德也聖人以興謂湯武○〔去〕起呂反下同亂人以廢謂桀紂廢興存亡昏明之術皆兵之由也而子求去之不亦誣乎以誣道蔽諸侯罪莫大焉縱無大討而又求賞無厭之甚也削而投之削賞左師之書○〔厭〕於鹽反左師辭邑向氏欲攻司

城。司城子罕。左師曰。我將亡。夫子存我。德莫大焉。又可攻

乎。君子曰。彼己之子。邦之司直。詩鄭風。司主也。○［己］音記。樂喜之

謂乎。樂喜子罕也。善其不阿向戌。何以恤我。我其收之。逸詩恤憂也。收取之。

向戌之謂乎。善向戌能知其過。齊崔杼生成及彊而寡。偏喪曰寡。

寡特也。○［喪］息浪反。娶東郭姜。生明。東郭姜以孤入。曰棠無咎。

無咎。棠公之子。與東郭偃相崔氏。東郭偃。姜之弟。○［相］去聲。崔成有疾而

廢之。有惡疾也。而立明。成請老于崔。濟南東朝陽縣西北有崔氏城。成欲居崔

邑以終老。崔子許之。偃與无咎弗予。曰。崔宗邑也。必在宗

主。宗邑宗廟所在。宗主謂崔明。成與彊怒。將殺之。告慶封曰。夫子

之身亦子所知也。唯无咎與偃是從。父兄莫得進矣。

大恐害夫子敢以告夫子謂崔杼慶封曰子姑退吾圖之告盧蒲嫳嫳慶封屬大夫封以成彊之言告嫳○[嫳]普結反盧蒲嫳曰彼君之讎也天或者將弃彼矣彼實家亂子何病焉君謂齊莊公爲崔杼所弒崔之薄慶之厚也崔敗則慶專權他日又告成彊復告慶封曰苟利夫子必去之難吾助女九月庚辰崔成崔彊殺東郭偃棠无咎於崔氏之朝崔子怒而出其衆皆逃求人使駕不得使圉人駕寺人御而出圉人養馬者寺人奄士且曰崔氏有福止余猶可恐滅家禍不止其身遂見慶封慶封曰崔慶一也言如一家是何敢然請爲子討之使盧蒲嫳帥甲以攻崔氏崔氏堞其宮而守之堞短垣使其衆居短

垣內以守。○〔堞〕音牒。弗克使國人助之。遂滅崔氏。殺成與彊。而盡俘其家。其妻縊。妻東郭姜。嬖復命於崔子。且御而歸之。嬖為崔子御。至則無歸矣。乃縊。終入於其宮。不見其妻凶。崔明夜辟諸大墓。開先人之冢以藏之。○〔辟〕婢亦反。又甫亦反。辛巳。崔明來奔。慶封當國。當國秉政。楚薳罷如晉涖盟。罷令尹子蕩。報荀盈也。○〔罷〕音皮。晉侯享之。將出。賦既醉。既醉詩大雅。曰既醉以酒。既飽以德。君子萬年。介爾景福。以美晉侯。比之大平君子也。叔向曰。薳氏之有後於楚國也。宜哉。承君命不忘敏。子蕩將知政矣。敏以事君。必能養民。政其焉往。言政必歸之。崔氏之亂。在二十五年。申鮮虞來奔。僕賃於野。以喪莊公。為齊莊公服喪。○〔賃〕女鴆反。〔喪〕如字。又息浪反。冬。楚人召之。遂如楚。爲右尹。傳言楚能用賢。十一月乙亥朔日有食之辰在申。司歷過也再失閏矣。謂斗建指申。周十一月。今之九月。斗當建戌而在申。故知再失閏也。文十一年、三月甲子。至今年七十一歲。應有二十六閏。今長歷推得二十四閏。通計少再閏。釋例言之詳矣。

經二十有八年春無冰。前年知其再失閏。頓置兩閏。以應天正。故此年正月建子。得以無冰爲災而書。夏衞石惡出奔晉。甯喜之黨。書名。惡之。○（惡）之。烏路反。邾子來朝。秋八月大雩。仲孫羯如晉。告將朝楚。○（羯）居謁反。○冬齊慶封來奔。崔杼之黨。耆酒荒淫而出。書名。罪之。自魯奔吳不書。以絕位不爲卿。○（耆）市志反。十有一月公如楚。爲宋之盟故朝楚。十有二月甲寅天王崩。靈王也。乙未楚子昭卒。康王也。十二月無乙未。日誤。

傳二十八年春無冰梓慎曰今茲宋鄭其饑乎梓慎魯大夫今年鄭游吉宋向戌言之明年饑甚傳乃詳其事歲在星紀而淫於玄枵歲歲星也星紀在丑斗牛之次玄枵在子虛危之次十八年晉董叔曰天道多在西北是歲歲星在亥至此年十一歲故在星紀明年乃當在玄枵今已在玄枵淫行失次以有時菑陰不堪陽時菑無冰也盛陰用事而溫無冰是陰不勝陽地氣發洩○[菑]音災[洩]息列反蛇乘龍蛇玄武之宿虛危之星龍歲星歲星木也木爲青龍失次出虛危下爲蛇所乘龍宋鄭之星也歲星本位在東方東方房心爲宋角亢爲鄭故以龍爲宋鄭之星○[亢]音剛又苦浪反宋鄭必饑玄枵虛中也玄枵三宿虛星在其中枵耗名也土虛而民耗不饑何爲歲爲宋鄭之星今失常淫入虛虛耗之次時復無冰地氣發洩故曰土虛民耗夏齊侯陳侯蔡侯北燕伯杞伯胡子沈子白狄朝于晉宋

之盟故也。陳侯、蔡侯、胡子、沈子、楚屬也。宋盟曰、晉楚之從交相見、故朝晉。燕國、今薊縣。○〔薊〕音計。齊侯將行。慶封曰、我不與盟、何爲於晉。以宋盟釋齊秦。陳文子曰、先事後賄、禮也。事大國、當先從其政事、而後薦賄、以副己心。小事大、未獲事焉、從之如志、禮也。言當從大國、請事以順其志。雖不與盟、敢叛晉乎。重丘之盟、未可忘也。子其勸行。重丘盟在二十五年。○〔重〕直龍反。衛人討甯氏之黨、故石惡出奔晉。衛人立其從子圃、以守石氏之祀、禮也。石惡之先石碏、有大功於衛國。惡之罪不及祀、故曰禮。○〔從〕才用反。〔碏〕七略反。邾悼公來朝、時事也。傳言來朝、非宋盟。宋盟唯施於朝晉楚。秋、八月、大雩、旱也。蔡侯歸自晉、入于鄭。鄭伯享之、不敬。子產曰、蔡侯其不免乎。不免禍。日其過此也。往日至晉時。○〔過〕古禾古臥二反。君使子展廷勞於東門之外而傲。廷，往也。○〔廷〕于況反。後同。吾曰猶將更之。今還受享而惰。乃其心也。君小國事大國。而惰傲以爲己心。將得死乎。若不免。必由其子。其爲君也。淫而不父。通大子班之妻。僑聞之。如是者恆有子禍。爲三十年蔡世子班弒其君傳。孟孝伯如晉。告將爲宋之盟故如楚也。魯晉屬，故告晉而行。蔡侯之如晉也。鄭伯使游吉如楚。及漢。楚人還之。曰宋之盟。君實親辱。君謂鄭伯。○〔還〕音環。今吾子來。寡君謂吾子姑還。吾將使馹奔問諸晉而以告。問鄭君應來朝否。○〔馹〕人實反。子大叔曰。宋之盟。君命將利小國。而亦使安定其社稷。鎮撫其民人。以禮承天之休。休，福祿也。此君之憲令而小國之望也。憲，法也。寡君是故使吉奉其皮幣，聘用乘皮束帛。以歲之不易聘於下執事。言歲有饑荒之難，故鄭伯不得自朝楚。○易，以豉反。今執事有命曰：女何與政令之有？必使而君弃而封守，跋涉山川，蒙犯霜露，以逞君心。小國將君是望，敢不唯命是聽？無乃非盟載之言，以闕君德，而執事有不利焉，小國是懼。不然，其何勞之敢憚？子大叔歸復命，告子展曰：楚子將死矣。不脩其政德，而貪昧於諸侯，以逞其願，欲久得乎？周易有之，在復䷗震下坤上，復。之頤䷚震下艮上，頤。復上六變得頤。曰：迷復凶。復上六爻辭也。復，反也。極陰反陽之卦。上處極位，迷而復反，失道已遠，遠而無

應。故凶。其楚子之謂乎。欲復其願。謂欲得鄭朝以復其願。而弃其
本。不脩德。復歸無所。是謂迷復。失道已遠。又無所歸。能無凶乎。君
其往也。送葬而歸。以快楚心。言楚子必死。君往當送其葬。楚不幾
十年未能恤諸侯也。幾。近也。言失道遠者。復之亦難。吾乃休吾民矣。
休。息也。言楚不能復爲害。禆竈曰。今茲周王及楚子皆將死。禆竈。鄭大
夫。歲棄其次。而旅於明年之次。以害鳥帑。周楚惡之。
旅。客處也。歲。歲星也。星弃星紀之次。客在玄枵。歲星所在。其國有福。失次於北。禍衝在南。南爲朱鳥。鳥尾曰帑。鶉
火。鶉尾。周楚之分。故周王楚子受其咎。俱論歲星過次。梓慎則曰宋鄭饑。禆竈則曰周楚王死。傳故備舉
以示卜占惟人所在。○〔帑〕音奴。〔惡〕如字。一烏路反。九月。鄭游吉如晉告將朝
于楚。以從宋之盟。子產相鄭伯以如楚。舍不爲壇。至敵

國郊。除地封土為壇。以受郊勞。外僕言曰。昔先大夫相先君適四國。未嘗不為壇。外僕掌次舍者。自是至今亦皆循之。今子草舍無乃不可乎。子產曰。大適小則為壇。小適大苟舍而已。焉用壇。僑聞之。大適小有五美。宥其罪戾。赦其過失。救其菑患。賞其德刑。刑法也。教其不及。小國不困。懷服如歸。是故作壇以昭其功。宣告後人。無怠於德。怠解也。小適大有五惡。說其罪戾。自解說也。請其不足。行其政事。奉行大國之政。共其職貢。從其時命。從朝會之命。不然則重其幣帛。以賀其福而弔其凶。皆小國之禍也。焉用作壇以昭其禍。所以告子孫。無昭禍焉可也。無昭禍以告子孫。齊慶封好田而耆酒。與慶舍政。舍慶封子。慶封當國。不自爲政。以付舍。○[耆]市志反。則以其內實遷于盧蒲嫳氏。易內而飲酒。內實。寶物妻妾也。移而居嫳家。數日。國遷朝焉。就於盧蒲氏朝見封。使諸亡人得賊者。以告而反之。亡人。辟崔氏難出奔者。故反盧蒲癸。癸臣子之。子之。慶舍。有寵。妻之。子之以其女妻癸。○[妻]七計反。慶舍之士謂盧蒲癸曰。男女辨姓。子不辟宗。何也。辨。別也。別姓而後可相取。慶氏盧蒲氏皆姜姓。曰。宗不余辟。言舍欲妻己。余獨焉辟之。賦詩斷章。余取所求焉。惡識宗。言己苟欲有求於慶氏。不能復顧禮。譬如賦詩者。取其一章而已。○[斷]音短。[惡]音烏。注同。癸言王何而反之。二人皆嬖。二子皆莊公黨。二十五年。崔氏弒莊公。癸何出奔。今還。求寵於慶氏。欲爲莊公報讎。使執寢戈而先後之。寢戈。親近兵杖。○[先]

悉薦反。〔後〕戶豆反。公膳日雙雞。卿大夫之膳食。饔人竊更之以鶩。御者知之則去其肉而以其洎饋。御，進食者。饔人欲使諸大夫怨慶氏。減其膳。蓋盧蒲癸王何之謀。○〔鶩〕音木。鴨也。〔去〕起呂反。藏也。〔洎〕其器反。肉汁也。子雅子尾怒。二子，皆惠公孫。慶封告盧蒲嫳。以二子怒告嫳。盧蒲嫳曰。譬之如禽獸。吾寢處之矣。言能殺而席其皮。使析歸父告晏平仲。欲與共謀子雅子尾。平仲曰。嬰之衆不足用也。知無能謀也。言弗敢出。不敢洩謀。○〔知〕音智。有盟可也。子家曰。子之言云。子家，析歸父。又焉用盟。告北郭子車。子車，齊大夫。子車曰。人各有以事君。非佐之所能也。佐，子車名。陳文子謂桓子。桓子，文子之子無宇。曰。禍將作矣。吾其何得。對曰。得慶氏之木百車於莊。慶封時有此木。積於六軌之道。文子曰。可愼守也已。言其不志於貨財。盧蒲癸王何卜攻慶氏。示子之兆。龜兆。曰。或卜攻讎。敢獻其兆。子之曰。克見血。冬十月。慶封田于萊。陳無宇從。丙辰。文子使召之。請曰。無宇之母疾病。請歸。慶季卜之。季。慶封。○〔萊〕音來。〔從〕去聲。示之兆。曰死。奉龜而泣。無宇泣。○〔奉〕芳勇反。乃使歸。慶嗣聞之。嗣。慶封之族。曰。禍將作矣。謂子家速歸。子家。慶封字。禍作。必於嘗。嘗。秋祭。歸猶可及也。子家弗聽。亦無悛志。悛。改悔也。○〔悛〕七全反。子息曰。亡矣。幸而獲在吳越。子息。慶嗣。陳無宇濟水而戕舟發梁。戕。殘壞也。不欲慶封得救難。○〔戕〕在羊反。盧蒲姜謂癸曰。有事而不告我。必不捷矣。姜。癸妻。慶舍女。癸告之。告欲殺慶舍。

姜曰夫子愎莫之止將不出我請止之夫子謂慶舍○〔愎〕皮逼反癸曰諾十一月乙亥嘗于大公之廟慶舍涖事臨祭事盧蒲姜告之且止之弗聽曰誰敢者遂如公至公所麻嬰爲尸爲祭尸慶奊爲上獻上獻先獻者○〔奊〕戶結反盧蒲癸王何執寢戈慶氏以其甲環公宮廟在宮內○〔環〕如字又音患陳氏鮑氏之圉人爲優優俳慶氏之馬善驚士皆釋甲束馬束絆之也而飲酒且觀優至於魚里魚里里名優在魚里就觀之欒高陳鮑之徒介慶氏之甲欒子雅高子尾陳須無鮑國子尾抽桷擊扉三桷椽也扉門闔也以桷擊扉爲期○〔桷〕音角盧蒲癸自後刺子之王何以戈擊之解其左肩猶援廟桷動於甍甍屋棟○〔刺〕七亦反

〔釁〕士耕反。以俎壺投殺人而後死。言其多力。遂殺慶繩麻嬰。慶繩。慶寠。公懼。鮑國曰。羣臣爲君故也。言欲尊公室。非爲亂。陳須無以公歸。稅服而如內宮。言公懼於外難。○〔稅〕吐活反。一如字。慶封歸。遇告亂者。丁亥。伐西門。弗克。還伐北門。克之。入伐內宮。陳鮑在公所故。弗克。反陳于嶽。嶽。里名。○〔陳〕直覲反。請戰。弗許。遂來奔。獻車於季武子。美澤可以鑑。光鑑形也。展莊叔見之。魯大夫。曰。車甚澤。人必瘁。宜其亡也。叔孫穆子食慶封。慶封氾祭。禮。食有祭。示有所先也。氾祭。遠散所祭。不共。○〔氾〕芳劍反。穆子不說。使工爲之誦茅鴟。工。樂師。茅鴟。逸詩。刺不敬。○〔說〕音悅。亦不知。既而齊人來讓。受慶封。奔吳。吳句餘予之朱方。句餘。吳子夷末也。朱方。吳邑。○〔句〕古侯反。聚其族焉而居之。富於其舊。子服惠伯謂叔孫曰。天殆富淫人。慶封又富矣。穆子曰。善人富謂之賞。淫人富謂之殃。天其殃之也。其將聚而殲旃。〔殲〕盡也。旃之也。爲昭四年殺慶封傳。○〔殲〕子潛反。癸巳。天王崩。未來赴。亦未書。禮也。嫌時已聞喪。當書。故發例。崔氏之亂。喪羣公子。故鉏在魯。叔孫還在燕。賈在句瀆之丘。在襄二十一年。及慶氏亡。皆召之。具其器用而反其邑焉。反還也。與晏子邶殿其鄙六十。邶殿。齊別都。以邶殿邊鄙六十邑與晏嬰。○〔邶〕蒲對反。〔殿〕多薦反。亦如字。弗受。子尾曰。富。人之所欲也。何獨弗欲。對曰。慶氏之邑足欲。故亡。吾邑不足欲也。益之以邶殿。乃足欲。足欲。亡無日矣。在外不得宰吾一邑不受邶殿非惡富也恐失富也且夫富如布帛之有幅焉爲之制度使無遷也遷，移也。○(惡)去聲。(夫)音扶。夫民生厚而用利於是乎正德以幅之言厚利皆人之所欲，唯正德可以爲之幅。使無黜嫚黜，猶放也。謂之幅利利過則爲敗吾不敢貪多所謂幅也與北郭佐邑六十受之與子雅邑辭多受少與子尾邑受而稍致之致，還公。公以爲忠故有寵釋盧蒲嫳于北竟釋，放也。求崔杼之尸將戮之不得叔孫穆子曰必得之武王有亂十人亂，治也。崔杼其有乎不十人不足以葬葬必須十人，崔氏不能令十人同心，故必得。既崔氏之臣曰與我其拱璧崔氏大璧。吾獻其柩於是得之十二月乙亥朔。齊人遷莊公殯于大寢。更殯之於路寢也。十二月戊戌朔。乙亥誤。○〔柩〕其救反。以其棺尸崔杼於市。崔氏弒莊公。又葬不如禮。故以莊公棺著崔杼尸邊。以章其罪。○〔著〕丁略反。國人猶知之。皆曰崔子也。始求崔杼之尸不得。故傳云。國人皆知之。爲宋之盟故。公及宋公陳侯鄭伯許男如楚。公過鄭。鄭伯不在。已在楚。伯有廷勞於黃崖。不敬。滎陽宛陵縣西有黃水。西南至新鄭城西入洧。○〔廷〕音旺。〔勞〕力報反。穆叔曰。伯有無戾於鄭。鄭必有大咎。伯有不受戮。必還爲鄭國害。敬。民之主也。而弃之。何以承守。言無以承先祖。守其家。鄭人不討。必受其辜。濟澤之阿。言薄土。○〔濟〕子禮反。行潦之蘋藻。言賤菜。寘諸宗室。薦宗廟。季蘭尸之。敬也。言取蘋藻之菜於阿澤之中。使服蘭之女而爲之主。神猶享之。以其敬也。敬可弃平。為三十年鄭殺良霄傳。及漢。楚康王卒。公欲反。叔仲昭伯曰。我楚國之為。豈為一人行也。昭伯，叔仲帶。○〔為〕于僞反。子服惠伯曰。君子有遠慮。小人從邇。邇，近也。饑寒之不恤。誰遑其後。遑，暇也。不如姑歸也。叔孫穆子曰。叔仲子專之矣。言足專任。子服子始學者也。言未識遠。榮成伯曰。遠圖者忠也。成伯，榮駕鵞。○〔駕〕音加，〔鵞〕五河反。公遂行。從昭伯謀。宋向戌曰。我一人之為。非為楚也。饑寒之不恤。誰能恤楚。姑歸而息民。待其立君而為之備。宋公遂反。楚屈建卒。趙文子喪之如同盟。禮也。宋盟有衷甲之隙，不以此廢好，故曰禮。○〔喪〕如字，又息浪反。王人來告喪。問崩日。以甲寅告。故書之。以徵過也。徵，審也。此緩告，非有事宜。

直臣子怠慢故於此發例○(徼)張陵反

春秋經傳集解襄公五第十八

春秋經傳集解襄公六第十九

杜氏註　盡三十一年

經二十有九年春王正月公在楚公在外闕朝正之禮甚多而唯書此一年者魯公如楚既非常此公又踰年故發此一事以明常夏五月公至自楚庚午衛侯衎卒無傳四同盟○[衎]苦旦反閽弒吳子餘祭閽守門者下賤非士故不言盜○[祭]側界反仲孫羯會晉荀盈齊高止宋華定衛世叔儀鄭公孫段曹人莒人滕人薛人小邾人城杞公孫段伯石也三十年伯有死乃命為卿今蓋以攝卿行○[羯]居謁反晉侯使士鞅來聘杞子來盟杞復稱子用夷禮也吳子使札來聘吳子餘祭既遣札聘上國而後死札以六月到魯未闋喪也不稱公子其禮未同於上國○[札]側八反秋九月葬衛獻

公。無傳。齊高止出奔北燕。止，高厚之子。○[燕]音煙。冬仲孫羯如晉。

傳。二十九年春王正月，公在楚，釋不朝正于廟也。釋，解也。告廟在楚，解公所以不朝正。楚人使公親襚。諸侯有遺使賵襚之禮，今楚欲依遺使之比。○[襚]音遂。說文，衣死人衣。[賵]芳鳳反。[比]必利反。公患之。穆叔曰：祓殯而襚，則布幣也。先使巫祓除殯之凶邪，而行襚禮，與朝而布幣無異。○[祓]音拂，又音廢。乃使巫以桃茢先祓殯。茢，黍穰。○[茢]音列，又音例。[穰]如羊反。茢，苕篲也。楚人弗禁。既而悔之。禮，君臨臣喪，乃祓殯，故楚悔之。二月癸卯，齊人葬莊公於北郭。兵死不入兆域，故葬北郭。夏四月，葬楚康王，公及陳侯、鄭伯、許男送葬，至于西門之外，諸侯之大夫皆至于墓。楚郟敖即位。郟敖，康王子熊麇也。○[郟]音夾。[麇]九倫反。王子圍爲令尹。圍，康王弟。

鄭行人子羽曰。是謂不宜。必代之昌。松柏之下。其草不殖。言楚君弱令尹强。物不兩盛。爲昭元年圍弒郟敖起本。公還及方城。季武子取卞。取卞邑以自益。使公冶問。問公起居。公冶季氏屬大夫。璽書追而與之。璽印也。〇璽音徙。曰。聞守卞者將叛。臣帥徒以討之。既得之矣。敢告。公冶致使而退。致季氏使命。〇使所吏反。及舍而後聞取卞。發書乃聞之。公曰。欲之而言叛。祇見疏也。言季氏欲得卞。而欺我言叛。益疏我。〇祇音支。適也。公謂公冶曰。吾可以入乎。以季氏疏己故。不敢入。對曰。君實有國。誰敢違君。公與公冶冕服。以卿服玄冕賞之。固辭。强之而後受。公欲無入。榮成伯賦式微。乃歸。式微。詩邶風。曰。式微式微。胡不歸。式。用也。義取寄寓之微陋。勸公歸也。〇强其丈反。五月。公至自楚。公冶致其邑於季氏。本從季氏得邑。故還之。而終不入焉。不入季孫家。曰。欺其君。何必使余。季孫見之則言季氏如他日。不見則終不言季氏。及疾。聚其臣大夫家臣。曰。我死。必無以冕服斂。非德賞也。言公畏季氏而賞其使。非以我有德。○斂力驗反。且無使季氏葬我。葬靈王。不書。魯不會。鄭上卿有事。子展使印段往。伯有曰。弱。不可。印段年少官卑。子展曰。與其莫往。弱不猶愈乎。詩云。王事靡盬。不遑啓處。詩小雅。盬不堅固也。啓。跪也。言王事無不堅固。故不暇跪處。○盬音古。東西南北。誰敢寧處。謂上卿。堅事晉楚。以蕃王室也。言我固事晉楚。乃所以蕃屏王室。○蕃芳元反。王事無曠。何常之有。遂使印段如周。傳言周衰。卑於晉楚。吳人伐越獲俘焉以爲閽使守舟吳子餘祭觀舟閽以刀弑之言以刀明近刑人鄭子展卒子皮即位子皮代父爲上卿於是鄭饑而未及麥民病子皮以子展之命餼國人粟戶一鍾在喪故以父命也六斛四斗曰鍾○[餼]許氣反是以得鄭國之民故罕氏常掌國政以爲上卿宋司城子罕聞之曰鄰於善民之望也民亦望君爲善宋亦饑請於平公出公粟以貸使大夫皆貸司城氏貸而不書施而不德○[施]始豉反下同爲大夫之無者貸宋無饑人叔向聞之曰鄭之罕宋之樂其後亡者也二者其皆得國乎得掌國政○[向]許丈反民之歸也施而不德樂氏加焉其以宋升降乎升降隨宋盛衰晉平公杞出

也故治杞（治理其地脩其城）六月知悼子合諸侯之大夫以城杞孟孝伯會之鄭子大叔與伯石往（大叔不書不親事○〔知〕音智〔大〕叔音泰）子大叔見大叔文子（文子衛大叔儀）與之語文子曰甚乎其城杞也子大叔曰若之何哉晉國不恤周宗之闕而夏肄是屏（周宗諸姬也夏肄杞肄餘也屏城也○〔肄〕以二反）其弃諸姬亦可知也已諸姬是弃其誰歸之吉也聞之弃同即異是謂離德詩曰協比其鄰昏姻孔云（詩小雅言王者和協近親則昏姻甚歸附也）晉不鄰矣其誰云之（云猶旋旋歸之）齊高子容與宋司徒見知伯女齊相禮（子容高止也司徒華定也知伯荀盈也女齊司馬侯也相禮侍威儀也○〔女〕音汝）賓出司馬侯言於知伯曰二子皆

將不免。子容專。專自是也。司徒侈。皆士家之主也。知伯曰。何如。對曰。專則速及。速及禍也。侈將以其力斃。力盡而自斃。專則人實斃之。將及矣。爲此秋高止出奔燕。昭二十年華定出奔陳傳。范獻子來聘。拜城杞也。謝魯爲杞城。公享之。展莊叔執幣。公將以酬賓。射者三耦。二人爲耦。○[耦]音偶。公臣不足。取於家臣。家臣展瑕展王父爲一耦。公臣公巫召伯仲顏莊叔爲一耦。鄫鼓父黨叔爲一耦。言公室卑微。公臣不能備於三耦。○[召]上照反。[鄫]才陵反。[黨]音掌。晉侯使司馬女叔侯來治杞田。使魯歸前侵杞田。所歸少。故不書。弗盡歸也。晉悼夫人慍曰。齊也取貨。夫人。平公母。杞女也。謂叔侯取貨於魯。故不盡歸杞田。○[慍]紆運反。先君若有知也。不尚取之。不尚叔侯之取貨。

公告叔侯。叔侯曰：虞、虢、焦、滑、霍、揚、韓、魏，皆姬姓也。八國皆晉所滅。焦在陝縣。揚屬平陽郡。○虢，瓜百反。晉是以大。若非侵小，將何所取？武、獻以下，兼國多矣。武公、獻公，晉始盛之君。誰得治之？杞，夏餘也，而即東夷。行夷禮。魯，周公之後也，而睦於晉。以杞封魯猶可，而何有焉？何有，盡歸之。魯之於晉也，職貢不乏，玩好時至，公卿大夫相繼於朝，史不絕書，書魯朝聘。府無虛月。無月不受魯貢。如是可矣，何必瘠魯以肥杞？且先君而有知也，毋寧夫人，而焉用老臣？言先君毋寧怪夫人之所爲，無用責我。○瘠，在亦反。杞文公來盟。魯歸其田，故來盟。書曰「子」，賤之也。賤其用夷禮。

吳公子札來聘，見叔孫穆子，說之。謂穆子曰：子其不得死乎。不得以壽死。○[説]音悅。好善而不能擇人。吾聞君子務在擇人。吾子爲魯宗卿而任其大政。不慎舉。何以堪之。禍必及子。爲昭四年豎牛作亂起本。請觀於周樂。魯以周公故有天子禮樂。使工爲之歌周南召南。此皆各依其本國歌所常用聲曲。曰美哉。美其聲。始基之矣。周南召南王化之基。猶未也。猶有商紂。未盡善也。然勤而不怨矣。未能安樂。然其音不怨怒。爲之歌邶鄘衞。武王伐紂。分其地爲三監。三監叛。周公滅之。更封康叔。幷三監之地。故三國盡被康叔之化。曰美哉淵乎。憂而不困者也。淵深也。亡國之音哀以思。其民困。衞康叔武公德化深遠。雖遭宣公淫亂。懿公滅亡。民猶秉義不至於困。吾聞衞康叔武公之德如是。是其衞風乎。康叔周公弟。武公康叔九世孫。皆衞之令德君也。聽聲以爲別。故有疑言。○[別]彼列反。爲之歌王。王黍離也幽王遇西戎之禍平王東遷王政不行於天下風俗下與諸侯同故不爲雅曰美哉思而不懼其周之東乎宗周隕滅故憂思猶有先王之遺風故不懼爲之歌鄭詩第七曰美哉其細已甚民弗堪也是其先亡乎美其有治政之音譏其煩碎知不能久爲之歌齊詩第八曰美哉泱泱乎大風也哉泱泱弘大之聲○〔泱〕於良反又於郎反表東海者其大公乎大公封齊爲東海之表式國未可量也言其或將復興爲之歌豳詩第十五豳周之舊國在新平漆縣東北曰美哉蕩乎樂而不淫其周公之東乎蕩乎蕩然也樂而不淫言有節周公遭管蔡之變東征三年爲成王陳后稷先公不敢荒淫以成王業故言其周公之東乎○〔樂〕音岳又音洛爲之歌秦詩第十一後仲尼刪定故不同曰此之謂夏聲夫能夏則大大之至也其周之舊乎秦本在西戎汧隴之

西。秦仲始有車馬禮樂。去戎狄之音。而有諸夏之聲。故謂之夏聲。及襄公佐周平王東遷。而受其故地。故曰周之舊。○[汧]苦賢反。[去]上聲。為之歌魏。詩第九。魏。姬姓國。閔元年。晉獻公滅之。曰美哉。渢渢乎。大而婉。險而易行。以德輔此。則明主也。渢渢中庸之聲。婉約也。險當爲儉。字之誤也。大而約。則儉節易行。惜其國小。無明君也。○[渢]扶弓反。又敷劒反。又音凡。為之歌唐。詩第十。唐。晉詩。曰思深哉。其有陶唐氏之遺民乎。不然。何憂之遠也。晉本唐國。故有堯之遺風。憂深思遠。情發於聲。○[思]息嗣反。非令德之後。誰能若是。為之歌陳。詩第十二。曰國無主。其能久乎。淫聲放蕩。無所畏忌。故曰國無主。自鄶以下無譏焉。鄶第十三。曹第十四。言季子聞此二國歌。不復譏論之。以其微也。○[鄶]古外反。為之歌小雅。小雅。小正。亦樂歌之常。曰美哉。思而不貳。思文武之德。無貳叛之心。怨而不言。有哀音。其周德之衰乎。衰小也。猶有先王之遺民焉。謂有殷王餘俗故未大衰。爲之歌大雅。大雅陳文王之德以正天下。曰廣哉熙熙乎。熙熙和樂聲。曲而有直體。論其聲。其文王之德乎。雅頌所以詠盛德形容故但歌其美者不皆歌變雅。爲之歌頌。頌者以其成功告於神明。曰至矣哉。言道備。直而不倨。倨傲。○〔倨〕音據又音居。曲而不屈。屈橈。○〔橈〕音鬧。邇而不偪。謙退。○〔偪〕彼力反。遠而不攜。攜貳。遷而不淫。淫過蕩。復而不厭。常日新。○〔厭〕去聲又平聲。哀而不愁。知命。樂而不荒。節之以禮。用而不匱。德弘大。廣而不宣。不自顯。施而不費。因民所利而利之。○〔施〕始豉反。取而不貪。義然後取。處而不底。守之以道。○〔底〕音抵。行而不流。制之以義。五聲和。宮商角徵羽謂之五聲。八風平。八方之氣謂之八風。節有度。守有序。八音克諧。

節有度也無相奪倫守有序也盛德之所同也頌有殷魯故曰盛德之所同見舞象箾南籥者象箾舞所執南籥以籥舞也皆文王之樂○[箾]音朔曰美哉猶有憾美哉美其容也文王恨不及已致大平見舞大武者武王樂曰美哉周之盛也其若此乎見舞韶濩者殷湯樂○[濩]音護又戶郭反曰聖人之弘也而猶有慚德聖人之難也慚於始伐見舞大夏者禹之樂曰美哉勤而不德非禹其誰能脩之盡力溝洫勤也見舞韶箾者舜樂○[箾]音簫曰德至矣哉大矣如天之無不幬也幬覆也如地之無不載也雖甚盛德其蔑以加於此矣觀止矣若有他樂吾不敢請已魯用四代之樂故及韶箾而季子知其終也季札賢明才博在吳雖已涉見此樂歌之文然未聞中國雅聲故請作周樂欲聽其聲然後

依聲以參時政知其興衰也聞秦詩謂之夏聲聞頌曰五聲和八風平皆論聲以參政也舞畢知其樂終

是素知其篇數其出聘也通嗣君也吳子餘祭嗣立故遂聘于齊說

晏平仲謂之曰子速納邑與政納歸之公○〔說〕音悅下皆同無邑

無政乃免於難齊國之政將有所歸未獲所歸難未

歇也歇盡也○〔難〕乃旦反故晏子因陳桓子以納政與邑是以

免於欒高之難難在昭八年聘於鄭見子產如舊相識與

之縞帶子產獻紵衣焉大帶也吳地貴縞鄭地貴紵故各獻己所貴示損己而不

爲彼貨利○〔縞〕古老反繒也謂子產曰鄭之執政侈難將至矣政

必及子子爲政愼之以禮不然鄭國將敗侈謂伯有適衛

說蘧瑗蘧伯玉○〔瑗〕于眷反史狗史朝之子文子史鰌史魚○〔鰌〕音秋公子荆

公叔發公叔文子公子朝曰衛多君子未有患也自衛如晉將宿於戚戚孫文子之邑聞鐘聲焉曰異哉吾聞之也辯而不德必加於戮辯猶爭也夫子獲罪於君以在此孫文子以戚叛懼猶不足而又何樂夫子之在此也猶燕之巢于幕上言至危君又在殯而可以樂乎獻公卒未葬遂去之不止宿文子聞之終身不聽琴瑟聞義能改適晉說趙文子韓宣子魏獻子曰晉國其萃於三族乎言晉國之政將集於三家說叔向將行謂叔向曰吾子勉之君侈而多良大夫皆富政將在家富必厚施故政在家○〔施〕式豉反吾子好直必思自免於難秋九月齊公孫蠆公孫竈放其大夫高止於北

燕蠆、子尾。竈、子雅。放者、宥之以遠。○(蠆)勑邁反。乙未出書曰出奔罪高止

也實放。書奔。所以示罪。高止好以事自爲功且專故難及之冬

孟孝伯如晉報范叔也范叔、士鞅也。此年夏來聘。爲高氏之難故

高豎以盧叛豎、高止子。○(爲)于僞反。十月庚寅閭丘嬰帥師圍

盧高豎曰苟使高氏有後請致邑還邑於君。齊人立敬仲

之曾孫酀敬仲、高傒。○(酀)於顯反。(傒)音兮。良敬仲也良猶賢也。十一月乙

卯高豎致盧而出奔晉晉人城緜而寘旃晉人善其致邑。酀

伯有使公孫黑如楚黑、子皙。辭曰楚鄭方惡而使余往

是殺余也伯有曰世世行也言女世爲行人。○(女)音汝。子皙曰可則

往難則已何世之有伯有將强使之子皙怒將伐伯

有氏。和大夫之。十二月己巳。鄭大夫盟於伯有氏。裨諶曰。是盟也。其與幾何。言不能久也。裨諶。鄭大夫。○〔强〕上聲。〔與〕如字。或音預。詩曰。君子屢盟。亂是用長。今是長亂之道也。禍未歇也。必三年而後能紓。紓。解也。○〔屢〕力住反。〔長〕丁丈反。〔紓〕直呂反。又音舒。〔解〕音蟹。然明曰。政將焉往。裨諶曰。善之代不善。天命也。其焉辟子產。言政必歸子產。○〔焉〕於虔反。舉不踰等。則位班也。子產位班次應知政。擇善而舉。則世隆也。世所高也。天又除之。奪伯有魄。喪其精神。爲子產驅除。○〔驅〕〔除〕如字。子西卽世。將焉辟之。天禍鄭久矣。其必使子產息之。乃猶可以戾。戾。定也。不然。將亡矣。

經三十年。春。王正月。楚子使薳罷來聘。○〔罷〕音皮。夏四月。

蔡世子般弑其君固。〔般〕音班。五月甲午宋災。天火曰災。宋伯姬卒。天王殺其弟佞夫。稱弟以惡王殘骨肉。王子瑕奔晉。不言出奔。周無外。秋七月叔弓如宋葬宋共姬。共姬從夫謚也。叔弓叔老之子。卿共葬事。禮過厚。三月而葬。速。鄭良霄出奔許。者酒荒淫。書名。罪之。自許入于鄭。不言復入。獨還無兵。鄭人殺良霄。冬十月葬蔡景公。無傳。晉人齊人宋人衛人鄭人曹人莒人邾人滕人薛人杞人小邾人會于澶淵宋災故。會未有言其事者。此言宋災故。以惡宋人不克己自責而出會求財。〔澶〕市然反。○

傳三十年春王正月楚子使薳罷來聘通嗣君也。郟敖卽位。穆叔問王子之爲政何如。王子圍爲令尹。對曰吾儕小人食而聽事猶懼不給命而不免於戾焉與知政固問焉不告穆叔告大夫曰楚令尹將有大事子蕩將與焉子蕩薳罷○[焉]於虔反[與]音預下同助之匿其情矣子圍素貴郟敖微弱諸侯皆知其將爲亂故穆叔問之子產相鄭伯以如晉叔向問鄭國之政焉對曰吾得見與否在此歲也駟良方爭未知所成駟氏子晳也良氏伯有也若有所成吾得見乃可知也叔向曰不既和矣乎對曰伯有侈而愎愎很也○[愎]皮力反[很]胡懇反子晳好在人上莫能相下也雖其和也猶相積惡也惡至無日矣爲此年秋良霄出奔傳二月癸未晉悼夫人食輿人之城杞者輿衆也城杞在往年絳縣人或年長矣無子而往與於食

有與疑年使之年。其年使言。曰臣小人也不知紀年臣生之歲正月甲子朔四百有四十五甲子矣其季於今三之一也。所稱正月謂夏正月也三分六甲之一得甲子甲戌盡癸未。吏走問諸朝。皆不知故問之。師曠曰魯叔仲惠伯會郤成子于承匡之歲也。在文十一年。是歲也狄伐魯叔孫莊叔於是乎敗狄于鹹獲長狄僑如及虺也豹也而皆以名其子七十三年矣。叔孫僑如叔孫豹皆取長狄名。○[鹹]音咸[虺]虛鬼反。史趙曰亥有二首六身。史趙晉大史亥字二畫在上并三六為身如筭之六。下二如身是其日數也。下亥上二畫豎置身旁。士文伯曰然則二萬六千六百有六旬也。文伯士弱之子。趙孟問其縣大夫則其屬也。屬趙武。召之而謝過焉。曰。武不才。任君之大事。以晉國之多虞。不能由吾子。由，用也。使吾子辱在泥塗久矣。武之罪也。敢謝不才。遂仕之。使助爲政。辭以老。與之田。使爲君復陶。復陶，主衣服之官。○〔復〕音服。又音福。以爲絳縣師。縣師，掌地域。辨其夫家人民。而廢其輿尉。以役孤老故。於是魯使者在晉。歸以語諸大夫。季武子曰。晉未可媮也。媮，薄也。○〔語〕魚據反。有趙孟以爲大夫。有伯瑕以爲佐。伯瑕，士文伯。有史趙師曠而咨度焉。有叔向女齊以師保其君。其朝多君子。其庸可媮乎。勉事之而後可。傳言晉所以強。不失諸侯。且明歷也。夏四月己亥。鄭伯及其大夫盟。駟良爭故。君子是以知鄭難之不已也。鄭伯微弱。不能制其臣下君臣詛盟故曰亂未已蔡景侯爲大子般娶于楚通焉大子弑景侯終子產言有子禍也○〔爲〕于僞反初王儋季卒儋季周靈王弟○〔儋〕丁甘反其子括將見王而歎括除服見靈王入朝而歎單公子愆期爲靈王御士過諸廷愆期行過王廷○〔單〕音善聞其歎而言曰烏乎必有此夫欲有此朝廷之權入以告王且曰必殺之不慼而願大視躁而足高心在他矣不殺必害王曰童子何知及靈王崩儋括欲立王子佞夫佞夫靈王子景王弟○〔躁〕早報反佞夫弗知戊子儋括圍蔿逐成愆成愆蔿邑大夫○〔蔿〕于委反成愆奔平時平時周邑○〔時〕音上又音市五月癸巳尹言多劉毅單蔑甘過鞏成殺佞夫五子周大夫括瑕廖奔晉括廖不書賤也○〔廖〕

一珍倣宋版印

力彫反一音勑留反書曰天王殺其弟佞夫罪在王也佞夫不知故經書在宋災下從赴或叫于宋大廟叫呼也〔呼〕火故反○曰譆譆出出譆譆熱也出出戒伯姬〔譆〕許其反〔出〕如字○鳥鳴于亳社殷社如曰譆譆皆火妖也甲午宋大災宋伯姬卒待姆也姆女師〔姆〕音茂○君子謂宋共姬女而不婦女待人待人而行婦義事也義從宜也伯姬時年六十左右六月鄭子產如陳涖盟歸復命告大夫曰陳亡國也不可與也不可與結好○〔好〕呼報反聚禾粟繕城郭恃此二者而不撫其民其君弱植公子侈大子卑大夫敖政多門政不由一人○〔植〕直吏反一音時力反〔敖〕亦作傲以介於大國介閒也能無亡乎不過十年矣爲昭八年楚滅陳傳秋七月叔弓如宋葬共

姬也。傷伯姬之遇災。故使卿共葬。鄭伯有耆酒。爲窟室。窟室。地室。○〔耆〕市志
反。而夜飲酒。擊鐘焉。朝至未已。朝者曰。公焉在。家臣故謂
伯有爲公。○〔焉〕在。於虔反。其人曰。吾公在壑谷。壑谷。窟室。皆自朝布路
而罷。布路。分散。既而朝。伯有朝鄭君。則又將使子晳如楚。歸而
飲酒。庚子。子晳以駟氏之甲伐而焚之。伯有奔雍梁。
雍梁。鄭地。○〔雍〕於用反。醒而後知之。遂奔許。大夫聚謀。子皮曰。
仲虺之志。仲虺。湯左相。○〔醒〕星頂反。云。亂者取之。亡者侮之。推亡
固存。國之利也。罕駟豐同生。罕。子皮。駟。子晳。豐。公孫段也。三家本同母兄弟。
伯有汏侈。故不免。三家同出。而伯有孤特。又汏侈。所以亡。人謂子產就
直助彊。時謂子晳直。三家彊。子產曰。豈爲我徒。徒黨也。言不以駟良爲黨。國

之禍難誰知所敝或主彊直難乃不生言能彊能直則可弭難今三家未能則伯有方爭。○〔難〕乃旦反。下同。姑成吾所欲以無所附著爲所。○〔著〕直略反。辛丑子產斂伯有氏之死者而殯之不及謀而遂行不與於國謀。○〔斂〕力豔反。印段從之義子產。子皮止之衆曰人不我順何止焉子皮曰夫子禮於死者況生者乎遂自止之壬寅子產入癸卯子石入子石印段。皆受盟于子晳氏乙巳鄭伯及其大夫盟于大宮大宮祖廟。盟國人于師之梁之外師之梁鄭城門。伯有聞鄭人之盟己也怒聞子皮之甲不與攻己也喜曰子皮與我矣癸丑晨自墓門之瀆入墓門鄭城門。○〔瀆〕音豆。因馬師頡介于襄庫以伐舊北門馬師頡。子羽孫。○〔頡〕音纈。駟帶率國人以伐之。駟帶子西之子子晳之宗主。皆召子產。駟氏伯有俱召。子產曰兄弟而及此吾從天所與。兄弟恩等。故無所偏助。伯有死於羊肆。羊肆市列。子產襚之枕之股而哭之斂而殯諸伯有之臣在市側者既而葬諸斗城。斗城。鄭地名。○〔枕〕之鴆反。子駟氏欲攻子產子皮怒之曰禮國之幹也殺有禮禍莫大焉乃止。斂葬伯有爲有禮。於是游吉如晉還聞難不入。懼禍弁及。復命于介八月甲子奔晉駟帶追之及酸棗與子上盟用兩珪質于河。子上駟帶也沈珪於河爲信也。酸棗陳留縣。使公孫肸入盟大夫己巳復歸。游吉歸也。○〔肸〕許乙反。書曰鄭人殺良霄不稱大夫言自外入也。既出位絕非復鄭大夫。

夫。於子蟜之卒也。子蟜、公孫蠆、卒在十九年。○蟜音矯。將葬公孫揮與
裨竈晨會事焉。會葬事。過伯有氏。其門上生莠。子羽曰。
其莠猶在乎。子羽、公孫揮。以莠喻伯有侈、知其不能久存。於是歲在降
婁。降婁中而旦。降婁、奎婁也。周七月、今五月、降婁中而天明。○降戶江反。裨竈指
之曰。猶可以終歲。指降婁也。歲星十二年而一終。歲不及此次也已。
不及降婁。及其亡也。歲在娵訾之口。娵訾、營室東壁。二十八年、歲星淫在玄枵。
今三十年、在娵訾、是歲歲星停在玄枵二十年。○娵子須反、訾音茲。其明年乃及降婁。僕
展從伯有與之皆死。僕展、鄭大夫、伯有黨。羽頡出奔晉。為任大
夫。羽頡、馬師頡。任、晉縣、今屬廣平郡。○任音壬。雞澤之會。在三年。鄭樂成奔
楚。遂適晉。羽頡因之與之比。而事趙文子。言伐鄭之

說焉以宋之盟故不可（宋盟約弭兵故）子皮以公孫鉏爲馬師（鉏子罕之子代羽頡）楚公子圍殺大司馬蔿掩而取其室（蔿掩二十五年爲大司馬）申無宇曰王子必不免（無宇芋尹）善人國之主也王子相楚國將善是封殖而虐之是禍國也且司馬令尹之偏（偏佐也）而王之四體也（倶股肱也）絕民之主去身之偏艾王之體以禍其國無不祥大焉何以得免（爲昭十三年楚弒靈王傳○(去)起呂反(艾)魚廢反）爲宋災故諸侯之大夫會以謀歸宋財冬十月叔孫豹會晉趙武齊公孫蠆宋向戌衛北宮佗（佗北宮括之子○(佗)音沱）鄭罕虎（虎子皮）及小邾之大夫會于澶淵既而無歸於宋故不書其人君子曰

信其不可不愼乎澶淵之會卿不書不信也夫諸侯之上卿會而不信寵名皆弃不信之不可也如是（寵謂族也）詩曰文王陟降在帝左右信之謂也（詩大雅言文王所以能上接天下接人動順帝者唯以信）又曰淑愼爾止無載爾僞不信之謂也（逸詩也言當善愼舉止無載行詐僞）書曰某人某人會于澶淵宋災故尤之也（傳云既而無歸所以釋諸侯大夫之不書也又云宋災故尤之所以釋向戌之并貶也戌爲正卿深致火災燒殺其夫人未聞克己之意而以求財合諸侯故與不歸財者同文）不書魯大夫諱之也（向戌既以災求財諸大夫許而不歸客主皆貶君子以尊尊之義也君不親有隱故略不書魯大夫以示例）鄭子皮授子産政（伯有死子皮知政以子産賢故讓之）辭曰國小而偪（偪近大國）族大寵多不可爲也（爲猶治也）子皮

曰虎帥以聽誰敢犯子子善相之國無小（言在治政）小能事大國乃寬（爲大所恤故也）子產爲政有事伯石賂與之邑（伯石公孫段有事欲使之）子大叔曰國皆其國也奚獨賂焉（言鄭大夫共憂鄭國事何爲獨賂之）子產曰無欲實難（言人不能無欲）皆得其欲以從其事而要其成非我有成其在人乎（言成猶在我非在他也○〔要〕一遙反）何愛於邑邑將焉往（言猶在國）子大叔曰若四國何（恐爲四鄰所笑）子產曰非相違也而相從也（言賂以邑欲爲和順）四國何尤焉鄭書有之（鄭國史書）曰安定國家必大焉先（先和大族而後國家安）姑先安大以待其所歸（要其成也）既伯石懼而歸邑卒與之（卒終也）伯有既死使大史命伯石爲卿辭大

史。退則請命焉。（請大史更命己。）復命之。又辭。如是三。乃受策入拜。子產是以惡其爲人也。（惡其虛飾。息暫反。又如字。○〔三〕）使次己位。（畏其作亂。故寵之。）子產使都鄙有章。（國都及邊鄙。車服尊卑。各有分部。○〔分〕扶運反。）上下有服。（公卿大夫。服不相踰。）田有封洫。（封。疆也。洫。溝也。）廬井有伍。（廬。舍也。九夫爲井。使五家相保。）大人之忠儉者。（謂卿大夫。）從而與之。泰侈者。因而斃之。（因其有罪而斃之。○〔踣〕蒲北反。）豐卷將祭。請田焉。弗許。（田。獵也。○〔卷〕眷勉反。）曰。唯君用鮮。（鮮。野獸。）衆給而已。（衆臣祭。以芻豢爲足。）子張怒。（子張。豐卷。）退而徵役。（召兵欲攻子產。）子產奔晉。子皮止之。而逐豐卷。豐卷奔晉。子產請其田里。（請於公。不沒入。）三年而復之。反其田里及其入焉。（田里所收入。）從政一年。輿人誦

之曰取我衣冠而褚之褚畜也奢侈者畏法故畜藏○褚音主畜音蓄取我
田疇而伍之孰殺子產吾其與之竝畔爲疇○竝蒲杏反及三
年又誦之曰我有子弟子產誨之我有田疇子產殖
之殖生也○殖時力反又是吏反子產而死誰其嗣之嗣續也傳言鄭所以興
經三十有一年春王正月夏六月辛巳公薨于楚宮
公不居先君之路寢而安所樂失其所也○樂音洛一音岳一五教反秋九月癸巳子
野卒不書葬未成君己亥仲孫羯卒冬十月滕子來會葬諸侯
會葬非禮癸酉葬我君襄公十有一月莒人弒其君密州
不稱弒者主名君無道也
傳三十一年春王正月穆叔至自會澶淵會還見孟孝伯

語之曰趙孟將死矣其語偷不似民主偷苟且○[語]之魚據反下
語諸同且年未盈五十而諄諄焉如八九十者弗能久
矣成二年戰於鞌趙朔已死於是趙文子始生至襄三十一年會澶淵蓋年四十七八故言未盈五十○
[諄]之閏反又之純反若趙孟死為政者其韓子乎韓子韓起吾子盍
與季孫言之可以樹善君子也言韓起有君子之德今方知政可素往立
善晉君將失政矣若不樹焉使早備魯使韓子早為魯備既
而政在大夫韓子懦弱大夫多貪求欲無厭齊楚未
足與也魯其懼哉孝伯曰人生幾何誰能無偷朝不
及夕將安用樹穆叔出而告人曰孟孫將死矣吾語
諸趙孟之偷也而又甚焉言朝不及夕偷之甚也○[懦]乃亂反[厭]於鹽反又

與季孫語晉故（如與孟孫言）季孫不從及趙文子卒（在昭元年）晉公室卑政在侈家韓宣子爲政不能圖諸侯魯不堪晉求讒慝弘多是以有平丘之會（平丘會在昭十三年晉人執季孫意如）齊子尾害閭丘嬰欲殺之使帥師以伐陽州（陽州魯地）我問師故（魯以師往問齊何故伐我）夏五月子尾殺閭丘嬰以說于我師（言伐魯者嬰所爲也伐陽州不書不成伐○〔說〕如字）工僂灑渻竈孔虺賈寅出奔莒（四子嬰之黨○〔僂〕力侯反〔灑〕所蟹反〔渻〕生領反〔虺〕許鬼反）出羣公子（爲昭十年欒高之難復羣公子起本）公作楚宮（適楚好其宮歸而作之）穆叔曰大誓云民之所欲天必從之（今尚書大誓亦無此文故諸儒疑之）君欲楚也夫故作其宮若不復適楚必死是宮也六月辛

巳。公薨于楚宮。叔仲帶竊其拱璧。拱璧大璧。公以與御人。納諸其懷而從取之。由是得罪。得罪謂魯人薄之故子孫不得志於魯。立胡女敬歸之子子野。胡歸姓之國敬歸襄公妾。次于季氏。秋九月癸巳。卒毀也。過哀毀瘠以致滅性。○瘠在亦反。己亥。孟孝伯卒。終穆叔言。立敬歸之娣齊歸之子公子裯。齊謚裯昭公名。○裯直由反。穆叔不欲。曰大子死。有母弟則立之。無則立長。立庶子則以年。年鈞擇賢。義鈞則卜。古之道也。先人事後卜筮也。義鈞謂賢等。非適嗣。何必娣之子。言子野非適嗣。○適丁歷反。且是人也。居喪而不哀。在慼而有嘉容。是謂不度。不度之人。鮮不爲患。若果立之。必爲季氏憂。武子不聽。卒立之。比及葬。三易衰。衰衽如故衰。言其嬉戲無度。○〔比〕必祕反。〔三〕如字。又息暫反。〔衰〕七雷反。於是昭公十九年矣。猶有童心。君子是以知其不能終也。為昭二十五年公孫於齊傳。冬十月。滕成公來會葬。惰而多涕。惰不敬也。○〔涕〕他禮反。子服惠伯曰。滕君將死矣。怠於其位而哀已甚。兆於死所矣。有死兆。能無從乎。為昭三年滕子卒傳。癸酉。葬襄公。公薨之月。子產相鄭伯以如晉。晉侯以我喪故。未之見也。子產使盡壞其館之垣。而納車馬焉。士文伯讓之曰。敝邑以政刑之不脩。寇盜充斥。充滿。斥見。言其多。○〔壞〕音怪。下皆同。斥〔見〕賢遍反。下同。無若諸侯之屬辱在寡君者何。是以令吏人完客所館。館舍也。高其閈閎。閎門也。○〔閈〕戶旦反。閭也。里門曰閈。

〔閎〕獲耕反。衡門謂之閎。厚其牆垣。以無憂客使。無令客使憂寇盜。○〔使〕所吏反。今吾子壞之。雖從者能戒。其若異客何。以敝邑之爲盟主。繕完葺牆。葺，覆也。○〔從〕才用反。下同。以待賓客。若皆毁之。其何以共命。寡君使匄請命。請問毁垣之命。○〔共〕音恭。〔匄〕古害反。士文伯名也。對曰。以敝邑褊小。介於大國。介，閒也。誅求無時。誅，責也。是以不敢寧居。悉索敝賦。以來會時事。隨時來朝會。○〔索〕所白反。逢執事之不閒。而未得見。又不獲聞命。未知見時。不敢輸幣。亦不敢暴露。其輸之則君之府實也。非薦陳之。不敢輸也。薦陳，猶獻見也。○〔閒〕音閑。〔暴〕步卜反。下同。其暴露之則恐燥濕之不時而朽蠹。以重敝邑之罪。僑聞文公之爲盟主。

也。僑子產名。文公晉重耳。○[燥]素早反。宮室卑庳。無觀臺榭。以崇大諸侯之館。館如公寢。庫廏繕脩。司空以時平易道路。易治也。○[庳]音婢。亦音卑。[觀]古亂反。圬人以時塓館宮室。圬人塗者。塓塗也。○[圬]音烏。[塓]莫歷反。諸侯賓至。甸設庭燎。庭燎設火於庭。僕人巡宮。巡宮行夜。○[行]下孟反。下巡行同。車馬有所。有所處。賓從有代。代客役。巾車脂轄。巾車主車之官。隸人牧圉各瞻其事。瞻視客所當得。百官之屬各展其物。展陳也。謂羣官各陳其物以待賓。公不留賓。而亦無廢事。賓得速去。則事不廢。憂樂同之。事則巡之。巡行也。教其不知。而恤其不足。賓至如歸。無寧菑患。言見遇如此。寧當復有菑患邪。無寧。寧也。○[菑]音災。不畏寇盜。而亦不患燥濕。今銅鞮之宮數里。銅鞮。晉離宮。○[鞮]丁令反〔數〕所主反。而諸侯舍於隸人。舍如隸人舍。門不容車而不可踰越。門庭之內迫迮又有牆垣之限。○〔迮〕側百反。盜賊公行而夭癘不戒。癘猶災也。言水潦無時。賓見無時命不可知若又勿壞是無所藏幣以重罪也。敢請執事將何所命之。問晉命己所止之宜。○〔見〕賢遍反。雖君之有魯喪亦敝邑之憂也。言鄭與魯亦有同姓之憂。若獲薦幣。薦進也。脩垣而行。行去也。君之惠也。敢憚勤勞。文伯復命。反命於晉君。趙文子曰信。信如子產言。我實不德而以隸人之垣以贏諸侯。贏受也。○〔贏〕音盈。是吾罪也。使士文伯謝不敏焉。晉侯見鄭伯有加禮。禮加敬。厚其宴好而歸之。乃築諸侯之館。叔向曰辭之不可以已也如是夫。

子產有辭。諸侯賴之。若之何其釋辭也。詩曰。辭之輯矣。民之協矣。辭之繹矣。民之莫矣。（詩大雅。言辭輯睦。則民協同。辭說繹。則民安定。莫猶定也。）其知之矣。（謂詩人知辭之有益。）鄭子皮使印段如楚。以適晉告。禮也。（得事大國之禮。）莒犂比公生去疾及展輿。（犂比。莒子密州之號。○〔比〕音毗。〔去〕起呂反。）既立展輿。（立以為世子。）又廢之。犂比公虐。國人患之。十一月。展輿因國人以攻莒子。弒之。乃立。（展輿立為君。）去疾奔齊。齊出也。（母齊女也。）展輿。吳出也。（為明年奔吳傳。）書曰。莒人弒其君買朱鉏。（買朱鉏。密州之字。○〔鉏〕仕居反。）言罪之在也。（罪在鉏也。傳始例申明君臣書弒。今者父子。故復重明例。○〔復〕扶又反。）吳子使屈狐庸聘于晉。（狐庸。巫臣之子也。成七年。適吳為行人。○〔屈〕君勿反。）通路也。（通吳晉之路。趙文子問焉曰。延州來季子其果立乎。延州來、季札邑。巢隕諸樊。在二十五年。閽戕戴吳。在二十九年。戴吳、餘祭。○〔祭〕側界反。天似啓之。何如。對曰。不立。是二王之命也。非啓季子也。若天所啓。其在今嗣君乎。嗣君、謂夷末。甚德而度。德不失民。民歸德。度不失事。審事情。民親而事有序。其天所啓也。有吳國者。必此君之子孫實終之。季子守節者也。雖有國不立。言其三兄雖欲傳國與之。終不肯立。十二月。北宮文子相衞襄公以如楚。文子、北宮佗。襄公、獻公子。宋之盟故也。晉楚之從交相見也。過鄭。印段廷勞于棐林。如聘禮而以勞辭。用聘禮而用郊勞之辭。○〔過〕工禾反。〔廷〕于況反。〔勞〕力報反。〔棐〕芳尾反。文子入聘。報印段。子羽爲行人。馮簡子與子大叔逆客〔逆文子〕事畢而出言於衛侯曰鄭有禮其數世之福也其無大國之討乎詩云誰能執熱逝不以濯〔詩大雅濯以水濯手○〔數〕所主反〕禮之於政如熱之有濯也濯以救熱何患之有〔此以上文子辭〕子產之從政也擇能而使之馮簡子能斷大事子大叔美秀而文〔其貌美其才秀○〔斷〕丁亂反〕公孫揮能知四國之爲〔知諸侯所欲爲〕而辨於其大夫之族姓班位貴賤能否而又善爲辭令裨諶能謀謀於野則獲〔得所謀也〕謀於邑則否〔此才性之蔽〕鄭國將有諸侯之事子產乃問四國之爲於子羽且使多爲辭令與裨諶乘以適野使謀可否而告馮簡子使斷之事成

乃授子大叔使行之以應對賓客是以鮮有敗事北宮文子所謂有禮也〔傳跡子產行事以明北宮文子之言○〔乘〕去聲〕鄭人游于鄉校〔鄉之學校○〔校〕戶孝反鄭國謂學爲校〕以論執政〔論其得失〕然明謂子產曰毀鄉校如何〔患人於中謗議國政〕子產曰何爲夫人朝夕退而游焉以議執政之善否其所善者吾則行之其所惡者吾則改之是吾師也若之何毀之我聞忠善以損怨〔爲忠善則怨謗息○〔朝〕直遙反〔惡〕去聲又如字〕不聞作威以防怨〔欲毀鄉校卽作威〕豈不遽止然猶防川〔遽畏懼也〕大決所犯傷人必多吾不克救也不如小決使道〔道通也○〔道〕音導〕不如吾聞而藥之也〔以爲己藥石〕然明曰蔑也今而後知吾子之

信可事也。小人實不才。若果行此。其鄭國實賴之。豈唯二三臣。仲尼聞是語也。曰。以是觀之。人謂子產不仁。吾不信也。仲尼以二十二年生。於是十歲。長而後聞之。子皮欲使尹何爲邑。爲邑大夫。子產曰。少未知可否。尹何年少。子皮曰。愿吾愛之不吾叛也。愿謹善也。使夫往而學焉。夫亦愈知治矣。夫謂尹何。子產曰。不可。人之愛人。求利之也。今吾子愛人則以政。以政與之。猶未能操刀而使割也。其傷實多。多自傷。子之愛人。傷之而已。其誰敢求愛於子。子於鄭國。棟也。棟折榱崩。僑將厭焉。敢不盡言。子有美錦。不使人學製焉。製裁也。○〔榱〕所追反。〔厭〕於甲反。又於輒反。下同。大官大邑。身之所庇也。

而使學者製焉其爲美錦不亦多乎言官邑之重多於美錦僑聞學而後入政未聞以政學者也若果行此必有所害譬如田獵射御貫則能獲禽貫習也若未嘗登車射御則敗績厭覆是懼何暇思獲子皮曰善哉虎不敏吾聞君子務知大者遠者小人務知小者近者我小人也衣服附在吾身我知而愼之大官大邑所以庇身也我遠而慢之慢易也微子之言吾不知也他日我曰子爲鄭國我爲吾家以庇焉其可也今而後知不足自知謀慮不足謀其家自今請雖吾家聽子而行子產曰人心之不同如其面焉吾豈敢謂子面如吾面乎抑心

所謂危亦以告也子皮以爲忠故委政焉子產是以能爲鄭國傳言子產之治乃子皮之力衛侯在楚北宮文子見令尹圍之威儀言於衛侯曰令尹似君矣將有他志言語瞻視行步不常雖獲其志不能終也詩云靡不有初鮮克有終終之實難令尹其將不免公曰子何以知之對曰詩云敬愼威儀惟民之則令尹無威儀民無則焉民所不則以在民上不可以終公曰善哉何謂威儀對曰有威而可畏謂之威有儀而可象謂之儀君有君之威儀其臣畏而愛之則而象之故能有其國家令聞長世臣有臣之威儀其下畏而愛之故能守其官

職。保族宜家。順是以下皆如是。是以上下能相固也。衞詩曰。威儀棣棣。不可選也。（詩邶風。棣棣，富而閑也。選，數也。○（鮮）息淺反。（選）息兗反。（數）所主反。下同。）言君臣上下父子兄弟內外大小皆有威儀也。周詩曰。朋友攸攝。攝以威儀。（詩大雅。攸，所也。攝，佐也。）言朋友之道。必相教訓以威儀也。周書數文王之德。（逸書。）曰。大國畏其力。小國懷其德。言畏而愛之也。詩云。不識不知。順帝之則。言則而象之也。（大雅。又言文王行事無所斟酌，唯在則象上天。）紂囚文王七年。諸侯皆從之囚。紂於是乎懼而歸之。可謂愛之。文王伐崇。再駕而降爲臣。（文王聞崇德亂而伐之。三旬不降，退脩教而復伐之，因壘而降。）蠻夷帥服。可謂畏之。文王之功天下誦而歌舞之可謂則之文王之行至今為法可謂象之有威儀也故君子在位可畏施舍可愛進退可度周旋可則容止可觀作事可法德行可象聲氣可樂動作有文言語有章以臨其下謂之有威儀也

○〔行〕下孟反下同〔樂〕音洛又音岳

春秋經傳集解襄公六第十九

春秋經傳集解昭公一第二十

昭公名裯。襄公子。母齊歸。在位二十五年。遜于齊。在外八年。凡三十三年。薨于乾侯。謚法威儀恭明曰昭。

杜氏註　盡三年

經元年春王正月公卽位。無傳。叔孫豹會晉趙武楚公子圍齊國弱宋向戌衛齊惡陳公子招蔡公孫歸生鄭罕虎許人曹人于虢。招實陳侯母弟。不稱弟者。義與莊二十五年公子友同。今讀舊書。則楚當先晉。而先書趙武者。亦取宋盟貴武之信。故尚之也。衛在陳蔡上。先至於會。○〔招〕常遙反。〔虢〕瓜百反。當〔先〕悉薦反。三月取鄆。不稱將帥。將卑師少。書取。言易也。○〔鄆〕音運。夏秦伯之弟鍼出奔晉。稱弟。罪秦伯。○〔鍼〕其廉反。六月丁巳邾子華卒無傳三同盟晉荀吳帥師敗狄于大鹵大鹵大原晉陽縣○[大]鹵如字又音泰秋莒去疾自齊入于莒國逆而立之曰入○[去]起呂反莒展輿出奔吳弒君賊未會諸侯故不稱爵叔弓帥師疆鄆田春取鄆今正其封疆葬邾悼公無傳冬十有一月己酉楚子麇卒楚以瘧疾赴故不書弒○[麇]九倫反楚公子比出奔晉書名罪之

傳元年春楚公子圍聘于鄭且娶於公孫段氏伍舉爲介伍舉椒舉介副也將入館就客舍鄭人惡之知楚懷詐○[惡]烏路反使行人子羽與之言乃館於外舍城外既聘將以衆逆以兵入逆婦子產患之使子羽辭曰以敝邑褊小不足以容從者請墠聽命欲於城外除地爲墠行昏禮○[褊]必淺反[墠]音善令尹命

大宰伯州犂對曰。君辱貺寡大夫圍。謂圍將使豐氏撫有而室。（豐氏。公孫段。）圍布几筵。告於莊共之廟而來。（莊王。圍之祖。共王。圍之父。）若野賜之。是委君貺於草莽也。是寡大夫不得列於諸卿也。（言不得從卿禮。）不寧唯是。又使圍蒙其先君。（蒙。欺也。告先君而來。不得成禮於女氏之廟。故以爲欺先君。）將不得爲寡君老。（大臣稱老。懼辱命而黜退。）其蔑以復矣。唯大夫圖之。子羽曰。小國無罪。恃實其罪。（恃大國而無備。則是罪。）將恃大國之安靖己。而無乃包藏禍心以圖之。小國失恃。而懲諸侯。使莫不憾者。距違君命。而有所壅塞不行是懼。（言己失所恃。則諸侯懲恨。以距君命。壅塞不行。所懼唯此。）不然。敝邑館人之屬也。（館人。守舍人也。）其敢愛豐氏之祧。祧遠祖廟。[祧]他彫反。○伍舉知其有備也請垂櫜而入。垂櫜示無弓。○[櫜]音羔弓衣也。許之正月乙未入逆而出遂會於虢。虢鄭地。尋宋之盟也。宋盟在襄二十七年。祁午謂趙文子曰宋之盟楚人得志於晉。得志謂先歃。午祁奚子。○[歃]所洽反。今令尹之不信諸侯之所聞也子弗戒懼又如宋。恐楚復得志。子木之信稱於諸侯猶詐晉而駕焉。駕猶陵也。詐謂衷甲。○[衷]音忠。況不信之尤者乎。尤甚也。楚重得志於晉晉之恥也子相晉國以爲盟主於今七年矣。襄二十五年始爲政以春言故云七年。○[重]直用反。再合諸侯。襄二十五年會夷儀。二十六年會澶淵。三合大夫。襄二十七年會于宋。三十年會澶淵。及今會虢也。服齊狄。寧東夏。襄二十八年齊侯白狄朝晉。平秦亂。襄二十六年。秦晉爲成。城淳于。襄二十九年。城杞之淳于。杞遷都。師徒不頓。國家不罷。民無謗讟。讟。誹也。諸侯無怨。天無大災。子之力也。有令名矣。而終之以恥。午也是懼。吾子其不可以不戒。文子曰。武受賜矣。受午言。然宋之盟。子木有禍人之心。武有仁人之心。是楚所以駕於晉也。今武猶是心也。楚又行僭。僭。不信。非所害也。武將信以爲本。循而行之。譬如農夫。是穮是蔉。穮。耘也。壅苗爲蔉。○[穮]音標。[蔉]音袞。雖有饑饉。必有豐年。言耕鉏不以水旱息。必獲豐年之收。○[饉]其靳反。[收]手又反。又如字。且吾聞之。能信不爲人下。吾未能也。自恐未能信也。詩曰。不僭不賊。鮮不爲則。信也。詩大雅。僭。不信。賊。害人也。能爲人則者。不爲人下矣吾不能是難楚不爲患楚令尹圍請用牲讀舊書加于牲上而已舊書宋之盟書楚恐晉先歃故欲從舊書加于牲上不歃血經所以不書盟○[難]乃旦反晉人許之三月甲辰盟楚公子圍設服離衛設君服二人執戈陳於前以自衛離陳也叔孫穆子曰楚公子美矣君哉美服似君鄭子皮曰二執戈者前矣禮國君行有二執戈者在前蔡子家曰蒲宮有前不亦可乎公子圍在會特緝蒲爲王殿屋屏蔽以自殊異言既造王宮而居之離服君服無所怪也楚伯州犁曰此行也辭而假之寡君聞諸大夫譏之故言假以飾令尹過鄭行人揮曰假不反矣言將遂爲君伯州犁曰子姑憂子晳之欲背誕也襄三十年鄭子晳殺伯有背命放誕將爲國難言子且自憂此無爲憂令尹不反戈○[背]音佩子羽曰當璧猶

在假而不反子其無憂乎子羽行人揮當璧謂弃疾事在昭十三年言弃疾有當璧之命圍雖取國猶將有難不無憂也齊國子曰吾代二子愍矣國子國弱也二子謂王子圍及伯州犂圍此冬便篡位不能自終州犂亦尋為圍所殺故言可愍陳公子招曰不憂何成二子樂矣言以憂生事事成而樂○〔樂〕音洛衛齊子曰苟或知之雖憂何害齊子齊惡言先知為備雖有憂難無所損害宋合左師曰大國令小國共吾知共而已共承大國命不能知其禍福○〔共〕音恭晉樂王鮒曰小旻之卒章善矣吾從之小旻詩小雅其卒章義取非唯暴虎馮河之可畏也不敬小人亦危殆王鮒從斯義故不敢譏議公子圍○〔鮒〕音付退會子羽謂子皮曰叔孫絞而婉絞切也譏其似君反謂之美故曰婉宋左師簡而禮無所臧否故曰簡共事大國故曰禮○〔否〕音鄙樂王鮒字而敬

字愛也不犯凶人所以自愛敬子與子家持之子子皮子家蔡公孫歸生持之言無所取
與皆保世之主也齊衛陳大夫其不免乎國子代人
憂子招樂憂齊子雖憂弗害夫弗及而憂與可憂而
樂與憂而弗害皆取憂之道也憂必及之大誓曰民
之所欲天必從之逸書○[樂]音洛三大夫兆憂憂能無至乎
開憂兆也言以知物其是之謂矣物類也察言以知禍福之類八年陳招殺大子
國弱齊惡當身各無患季武子伐莒取鄆兵未加莒而鄆服故書取而不言伐莒
人告於會楚告於晉曰尋盟未退尋弭兵之盟而魯伐莒
瀆齊盟瀆慢也請戮其使時叔孫豹在會欲戮之樂桓子相趙文
子桓子樂王鮒相佐也欲求貨於叔孫而為之請使請帶焉難指

求貨。故以帶爲辭。○而〔爲〕去聲。弗與。梁其踁曰貨以藩身子何愛焉。踁。叔孫家臣。○〔踁〕戶定反。叔孫曰諸侯之會衞社稷也我以貨免魯必受師。言不戮其使。必伐其國。是禍之也何衞之爲人之有牆以蔽惡也。喻己爲國衞。如牆爲人蔽。牆之隙壞誰之咎也。咎在牆。衞而惡之吾又甚焉。罪甚牆。雖怨季孫魯國何罪。怨季孫之伐莒。叔出季處有自來矣吾又誰怨。季孫守國。叔孫出使。所從來久。今遇此戮。無所怨也。然鮒也賄弗與不已召使者裂裳帛而與之曰帶其褊矣。言帶褊盡。故裂裳。示不相逆。趙孟聞之曰臨患不忘國忠也。謂言魯國何罪。思難不越官信也。謂言叔出季處。○〔難〕乃旦反。下同。○圖國忘死貞也。謂不以貨免。謀主三者義也。三者。忠。信。貞。有是四者又可戮乎。（幷義而四。）乃請諸楚曰。魯雖有罪。其執事不辟難。（執事謂叔孫。）畏威而敬命矣。（謂不敢辟戮。）子若免之。以勸左右可也。若子之羣吏。處不辟汚。（汚勞事。）出不逃難。（不苟免。）其何患之有。患之所生。汚而不治。難而不守。所由來也。能是二者。又何患焉。不靖其能。其誰從之。（安靖。賢能則衆附從。）魯叔孫豹可謂能矣。請免之以靖能者。子會而赦有罪。（不伐魯。）又賞其賢。（赦叔孫。）諸侯其誰不欣焉望楚而歸之。視遠如邇。疆埸之邑。一彼一此。何常之有。（言今衰世疆埸無定主。）王伯之令也。（言三王五伯有令德時。）引其封疆。（引正也。正封界。）而樹之官。（樹立也。立官以守國。）舉之表旗。（旌旗以表貴賤。）而著之制令。（爲諸侯作制度法令。使不得相侵犯。）過則有刑。猶不可壹。於是乎虞有三苗。（三苗。饕餮。放三危者。）夏有觀扈。（觀國。今頓丘衞縣。扈在始平鄠縣。書序曰。啓與有扈戰于甘之野。○〔觀〕音館。）商有姺邳。（二國。商諸侯。邳。今下邳縣。○〔姺〕西典反。又西禮反。）周有徐奄。（二國。皆嬴姓。書序曰。成王伐淮夷。遂踐奄。徐即淮夷。）自無令王。諸侯逐進。（逐。猶競也。）狎主齊盟。其又可壹乎。（彊弱無常。故更主盟。○〔更〕音庚。）恤大舍小。足以爲盟主。（大。謂篡弒滅亡之禍。）又焉用之。（焉用治小事。○〔焉〕於虔反。）封疆之削。何國蔑有。主齊盟者。誰能辯焉。（辯。治也。）吳濮有釁。楚之執事。豈其顧盟。（吳在東。濮在南。今建寧郡南有濮夷。釁。過也。）莒之疆事。楚勿與知。諸侯無煩。不亦可乎。莒魯爭鄆。爲日久矣。苟無大害於其社稷。可無亢也。（亢。禦。○〔與〕音預。）

〔亢〕苦浪反。又音剛。去煩宥善。莫不競勸。子其圖之。固請諸楚。

楚人許之。乃免叔孫。令尹享趙孟。賦大明之首章。大明詩大雅。首章言文王明明照於下。故能赫赫盛於上。令尹意在首章。故特稱首章以自光大。○〔去〕起呂反。

趙孟賦小宛之二章。小宛。詩小雅。二章取其各敬爾儀。天命不又。言天命一去。不可復還。以戒令尹。事畢。趙孟謂叔向曰。令尹自以爲王矣。何如。問將能成否。

對曰。王弱。令尹彊。其可哉。言可成。雖可。不終。趙孟曰。何故。對曰。彊以克弱而安之。彊不義也。安於勝君。是彊而不義。不義而彊。其斃必速。詩曰。赫赫宗周。褒姒滅之。彊不義也。詩小雅。褒姒周幽王后。幽王惑焉而行不義。遂至滅亡。言雖赫赫盛彊。不義足以滅之。○〔滅〕如字。詩作威。令尹爲王。必求諸侯。晉少懦矣。懦。弱也。○〔懦〕乃亂反。

諸侯將往。若獲諸侯。其虐滋甚。滋，益也。民弗堪也。將何以終。夫以彊取。取不以道。不義而克。必以為道。以不義為道。道以淫虐。弗可久已矣。為十三年楚弒靈王傳。夏四月。趙孟叔孫豹曹大夫入于鄭。會罷過鄭。鄭伯兼享之。子皮戒趙孟。戒享期。禮終。趙孟賦瓠葉。受所戒禮畢而賦詩。瓠葉詩小雅。義取古人不以微薄廢禮。雖瓠葉兔首。猶與賓客享之。○瓠戶故反。子皮遂戒穆叔。且告之。告以趙孟賦瓠葉。穆叔曰。趙孟欲一獻。瓠葉詩義取薄物而以獻酬。知欲一獻。子其從之。子皮曰。敢乎。言不敢。穆叔曰。夫人之所欲也。又何不敢。夫人，趙孟。○夫音扶。及享。具五獻之籩豆於幕下。朝聘之制。大國之卿五獻。趙孟辭。趙孟自以今非聘鄭。故辭五獻。私於子產。私語。曰。武請於冢宰矣。冢宰。子皮。請。謂賦瓠葉。乃用一獻。趙孟爲客。禮終乃宴。卿會公侯。享宴皆折俎。不體薦。○〔折〕之設反。穆叔賦鵲巢。鵲巢。詩召南。言鵲有巢而鳩居之。喻晉君有國。趙孟治之。趙孟曰。武不堪也。又賦采蘩。亦詩召南。義取蘩菜薄物。可以薦公侯。享其信。不求其厚也。曰。小國爲蘩。大國省穡而用之。其何實非命。穆叔言小國微薄。猶蘩菜。大國能省愛用之而不弃。則何敢不從命。穡。愛也。○〔省〕所景反。又所幸反。子皮賦野有死麕之卒章。野有死麕。詩召南。卒章曰。舒而脫脫兮。無感我帨兮。無使尨也吠。脫脫。安徐。帨。佩巾。義取君子徐以禮來。無使我失節。而使狗驚吠。喻趙孟以義。撫諸侯。無以非禮相加陵。○〔脫〕吐外反。〔帨〕始銳反。趙孟賦常棣。常棣。詩小雅。取其凡今之人。莫如兄弟。言欲親兄弟之國。且曰。吾兄弟比以安。尨也可使無吠。受子皮之詩。○〔比〕毗志反。下同。穆叔子皮及曹大夫興拜。三大夫皆兄弟國。與起也。舉兕爵曰：小國賴子，知免於戾矣。兕爵所以罰不敬。言小國蒙趙孟德，此以安，自知免此罰戮。飲酒樂，趙孟出，曰：吾不復此矣。不復見此樂。○〔樂〕音洛。〔復〕去聲。下同。天王使劉定公勞趙孟於潁，館於雒汭。王，周景王。定公，劉夏。潁水出陽城縣。雒汭在河南鞏縣南。水曲流爲汭。○〔勞〕去聲。下同。〔潁〕音穎。劉子曰：美哉禹功。見河雒而思禹功。明德遠矣。微禹，吾其魚乎。吾與子弁冕端委，以治民臨諸侯，禹之力也。弁冕，冠也。端委，禮衣。言今得共服冠冕有國家者，皆由禹之力。子盍亦遠續禹功而大庇民乎。勸趙孟使纂禹功。對曰：老夫罪戾是懼，焉能恤遠。吾儕偷食，朝不謀夕，何其長也。言欲苟免目前，不能念長久。劉子歸，以語王曰：諺所謂老將知而耄及之者，八十曰耄。耄，亂也。○〔知〕音智。其趙孟之謂乎。爲晉正卿。以主諸侯。而儕於隷人。朝不謀夕。言其自比於賤人而無恤民之心。棄神人矣。民爲神主。不恤民。故神人皆去。神怒民叛。何以能久。趙孟不復年矣。言將死不復見明年。神怒不歆其祀。民叛不即其事。祀事不從。又何以年。爲此冬趙孟卒起本。

叔孫歸。虢會歸。曾夭御季孫以勞之。旦及日中不出。恨季孫伐莒使己幾被戮。曾夭謂曾阜。曾阜叔孫家臣。曰。旦及日中。吾知罪矣。魯以相忍爲國也。忍其外不忍其內。焉用之。欲受楚戮。是忍其外。日中不出。是不忍其內。阜曰。數月於外。言叔孫勞役在外數月。○數所主反。一旦於是庸何傷。賈而欲贏而惡囂乎。言譬如商賈。求贏利者。不得惡諠囂之聲。○賈音古。惡烏路反。下同。囂許驕反。又五高反。阜謂叔孫曰。可以出矣。叔孫指楹曰。雖惡是其可去乎。乃出見之。楹。柱也。以諭魯有季孫。猶屋有柱。○〔去〕起呂反。鄭徐吾犯之妹美。犯。鄭大夫。公孫楚聘之矣。楚。子南。穆公孫。公孫黑又使強委禽焉。禽。鴈也。納采用鴈。○〔強〕其丈反。犯懼。告子產。子產曰。是國無政。非子之患也。唯所欲與。犯請於二子。請使女擇焉。皆許之。子皙盛飾入布幣而出。布陳贄幣。子皙。公孫黑。子南戎服入。左右射。超乘而出。女自房觀之曰。子皙信美矣。抑子南夫也。言丈夫。○〔乘〕繩證反。夫夫婦婦。所謂順也。適子南氏。子皙怒。既而櫜甲以見子南。欲殺之而取其妻。子南知之。執戈逐之。及衝。擊之以戈。衝。交道。子皙傷而歸。告大夫曰。我好見之。不知其有異志也故傷大夫皆謀之子產曰直鈞幼賤有罪罪在楚也先聘子南直也子南用戈子皙直也子產力未能討故鈞其事歸罪於楚○〔好〕如字一呼報反乃執子南而數之曰國之大節有五女皆奸之奸犯也○〔女〕音汝下皆同畏君之威聽其政尊其貴事其長養其親五者所以爲國也今君在國女用兵焉不畏威也奸國之紀不聽政也奸國之紀紀謂傷人○〔長〕丁丈反〔養〕如字子皙上大夫女嬖大夫而弗下之不尊貴也幼而不忌不事長也忌畏也兵其從兄不養親也君曰余不女忍殺宥女以遠勉速行乎無重而罪五月庚辰鄭放游楚於吳將行子南子產咨於大叔大叔游楚之兄子○〔從〕兄如字又才用反大

叔曰。吉不能亢身。焉能亢宗。亢。蔽也。○〔亢〕苦浪反。彼國政也。非私難也。子圖鄭國。利則行之。又何疑焉。周公殺管叔而蔡蔡叔。蔡。放也。○〔難〕乃旦反。〔蔡〕〔蔡〕上素葛反。下如字。夫豈不愛王室。故也。吉若獲戾。子將行之。何有於諸游。爲二年鄭殺公孫黑傳。○〔夫〕音扶。秦后子有寵於桓。如二君於景。后子。秦桓公子。景公母弟鍼也。其權寵如兩君。其母曰。弗去懼選。選。數也。恐景公數其罪而加戮。○〔選〕息轉反。又素短反。〔數〕所主反。癸卯。鍼適晉。其車千乘。書曰。秦伯之弟鍼出奔晉。罪秦伯也。罪失教。后子享晉侯。爲晉侯設享禮。造舟于河。造舟爲梁。通秦晉之道。○〔造〕七報反。十里舍車。一舍八乘。爲八反之備。自雍及絳。雍絳相去千里。用車八百乘。○〔雍〕於用反。歸取酬幣。備九獻之儀。始禮自齎其一。故續送其八。酬酒幣。終事八反。每十里以八乘車。各以次載幣相授而還。不經至。故言八反。千里用車八百乘。
其二百乘以自隨。故言千乘。傳言秦鍼之出。極奢富以成禮。欲盡敬於所赴。司馬侯問焉。
曰。子之車盡於此而已乎。對曰。此之謂多矣。若能少
此。吾何以得見。言己坐車多。故出奔。○〔見〕賢遍反。女叔齊以告公。叔齊
司馬侯。且曰。秦公子必歸。臣聞君子能知其過。必有令
圖。令圖天所贊也。后子見趙孟。趙孟曰。吾子其曷歸。
問何時當歸。對曰。鍼懼選於寡君。是以在此。將待嗣君。趙
孟曰。秦君何如。對曰。無道。趙孟曰。亡乎。對曰。何爲。一
世無道。國未艾也。艾。絕也。○〔艾〕魚廢反。國於天地。有與立焉。言欲
輔助之者多。不數世淫。弗能斃也。趙孟曰。天乎。對曰。有焉。

趙孟曰。其幾何。對曰。鍼聞之。國無道而年穀和熟。天贊之也。贊，佐助也。鮮不五稔。鮮，少也。少尚當歷五年。多則不啻。趙孟視蔭曰。朝夕不相及。誰能待五。蔭，日景也。趙孟意衰，以日景自喻，故言朝夕不相及。誰能待五。○〔蔭〕於金反。〔景〕如字。又於領反。后子出而告人曰。趙孟將死矣。主民。翫歲而愒日。翫、愒，皆貪也。○〔愒〕苦蓋反。其與幾何。言不能久。○〔與〕如字。又羊茹反。鄭為游楚亂故。游楚，子南。六月丁巳。鄭伯及其大夫盟于公孫段氏。罕虎公孫僑公孫段印段游吉駟帶私盟于閨門之外實薰隧。閨門，鄭城門。薰隧，門外道名。實之者，為明年子產數子晳罪，稱薰隧盟起本。公孫黑強與於盟。使大史書其名。且曰七子。自欲同於六卿，故曰七子。○〔強〕其丈反。〔與〕羊茹反。子產弗討。子晳強，討之恐亂國。

晉中行穆子敗無終及羣狄于大原。即大鹵也。無終。山戎。崇卒也。崇。聚也。將戰。魏舒曰。彼徒我車。所遇又阸。地險不便車。○〔阸〕於懈反。以什共車必克。更增十人以當一車之用。○〔共〕音恭。困諸阸。又克。每車困於阸道。今去車。故爲必克。○〔去〕起呂反。請皆卒。去車爲步卒。自我始。乃毀車以爲行。魏舒先自毀其屬車爲步陳。○〔行〕戶郎反。〔陳〕直覲反。下五陳未陳同。五乘爲三伍。乘車者。車三人。五乘十五人。今改去車。更以五人爲伍。分爲三伍。○五〔乘〕繩證反。荀吳之嬖人不肯即卒。斬以徇。魏舒輒斬之。荀吳不恨。所以能立功。爲五陳以相離。兩於前。伍於後。專爲右角。參爲左角。偏爲前拒。皆臨時處置之名。○〔拒〕九甫反。以誘之。翟人笑之。笑其失常。未陳而薄之。大敗之。傳言荀吳能用善謀。莒展輿立而奪羣公子秩。公子召去疾于齊。秋。齊公子鉏納去疾。齊雖納去疾。莒人先召之。故從國逆例書。入。去疾奔齊在襄三十一年。展輿奔吳。吳外孫。叔弓帥師疆鄆田。因莒亂也。此春取鄆。今正其疆界。於是莒務婁瞀胡及公子滅明以大厖與常儀靡奔齊。三子。展輿黨。大厖。常儀靡。莒二邑。○(務)如字。又音謀。一音無。(瞀)音茂。一音謀。君子曰。莒展之不立棄人也夫。奪羣公子秩。是棄人。人可棄乎。詩曰。無競惟人。善矣。詩周頌。言惟得人。則國家彊。晉侯有疾。鄭伯使公孫僑如晉聘。且問疾。叔向問焉。曰。寡君之疾病。卜人曰。實沈臺駘爲祟。史莫之知。敢問此何神也。子產曰。昔高辛氏有二子。伯曰閼伯。季曰實沈。高辛。帝嚳。○(駘)他才反。(閼)於葛反。(嚳)音酷。居于曠林。不相能也。曠林。地闕。○(能)

如字。又奴代反。日尋干戈。以相征討。尋，用也。后帝不臧。后帝，堯也。〔臧〕善

也。遷閼伯于商丘。主辰。商丘，宋地。主祀辰星。辰，大火也。商人是因。故

辰爲商星。商人，湯先相土封商丘，因閼伯故國祀辰星。遷實沈于大夏。主

參。大夏，今晉陽縣。〇〔參〕音森。下同。唐人是因。以服事夏商。唐人若劉累之等。累

遷魯縣，此在大夏。其季世曰唐叔虞。唐人之季世，其君曰叔虞。當武王邑

姜方震大叔。邑姜，武王后，齊大公之女。懷胎爲震。大叔，成王之弟叔虞。〇〔震〕音振，又音申。〔大〕

音泰。夢帝謂己。余命而子曰虞。帝，天。取唐君之名。將與之唐。屬

諸參。而蕃育其子孫。及生。有文在其手曰虞。遂以命

之。及成王滅唐。而封大叔焉。故參爲晉星。叔虞封唐，是爲晉侯。

〇〔屬〕之玉反。〔蕃〕音煩。由是觀之。則實沈。參神也。昔金天氏有裔

子曰昧。爲玄冥師。生允格臺駘。金天氏帝少皞。裔。遠也。玄冥水官。昧爲水官之長。臺駘能業其官。纂昧之業。宣汾洮。宣猶通也。汾洮二水名。○〔洮〕他刀反。障大澤。陂障之。○〔障〕之尚反。又音章。以處大原。大原。晉陽也。臺駘之所居。帝用嘉之。封諸汾川。帝顓頊。沈姒蓐黃實守其祀。四國。臺駘之後。○〔沈〕音審。今晉主汾而滅之矣。滅四國。由是觀之。則臺駘汾神也。抑此二者不及君身。山川之神。則水旱癘疫之災於是乎禜之。有水旱之災。則禜祭山川之神。若臺駘者。周禮。四曰禜祭。爲營攢用幣。以祈福祥。○〔禜〕音詠。〔攢〕子管反。日月星辰之神。則雪霜風雨之不時。於是乎禜之。星辰之神。若實沈者。若君身則亦出入飲食哀樂之事也。山川星辰之神。又何爲焉。言實沈臺駘不爲君疾。僑聞之君子有四時。朝以聽政。聽國政。晝以訪問。問可否。夕以脩令。念所施。夜以安身。於是乎節宣其氣。宣散也。勿使有所壅閉湫底。以露其體。湫集也。底滯也。露羸也。壹之則血氣集滯而體羸露。○〔壅〕於勇反〔湫〕子小反又音秋〔底〕丁禮反。茲心不爽。而昏亂百度。茲此也。爽明也。百度百事之節。今無乃壹之。同四時也。則生疾矣。僑又聞之。內官不及同姓。內官嬪御。其生不殖。殖長也。美先盡矣。則相生疾。同姓之相與先美矣。美極則盡。盡則生疾。君子是以惡之。故志曰。買妾不知其姓則卜之。違此二者。古之所慎也。壹四時取同姓二者古人所慎。○〔惡〕如字又烏路反〔取〕七住反。男女辨姓。禮之大司也。辨別也。今君內實有四姬焉。同姓姬四人。其無乃是也乎。若由是二者。弗可爲也已。爲，治也。四姬有省猶可。無則必生疾矣。據異姓，去同姓。故言省。○〔省〕所景反，又所幸反。叔向曰：善哉，肸未之聞也。此皆然矣。

叔向出，行人揮送之。送叔向。叔向問鄭故焉，且問子皙。對曰：其與幾何。言將敗不久。○〔與〕如字，又音預。無禮而好陵人，怙富而卑其上，弗能久矣。爲明年鄭殺公孫黑傳。晉侯聞子產之言曰：博物君子也。重賄之。

晉侯求醫於秦，秦伯使醫和視之，曰：疾不可爲也，是謂近女，室疾如蠱。蠱惑疾。非鬼非食，惑以喪志。惑女色而失志。○〔喪〕息浪反。良臣將死，天命不祐。良臣不匡救君過，故將死。而不爲天所祐。公曰：女不可近乎？對曰：節之。先王之樂，所以節百事也，故有五節。五聲之節。遲速本末以相及中聲以降五降之後不容彈矣此謂先王之樂得中聲聲成五降而息也降罷退○[彈]徒丹反又徒旦反於是有煩手淫聲慆堙心耳乃忘平和君子弗聽也五降而不息則雜聲並奏所謂鄭衛之聲○[慆]吐刀反物亦如之言百事皆如樂不可失節至於煩乃舍也已無以生疾煩不舍則生疾○[舍]音捨君子之近琴瑟以儀節也非以慆心也爲心之節儀使動不過度天有六氣謂陰陽風雨晦明也降生五味謂金味辛木味酸水味鹹火味苦土味甘皆由陰陽風雨而生發爲五色辛色白酸色青鹹色黑苦色赤甘色黃發見也○[見]賢遍反徵爲五聲白聲商青聲角黑聲羽赤聲徵黃聲宮徵驗也○聲[徵]張里反淫生六疾淫過也滋味聲色所以養人然過則生害六氣曰陰陽風雨晦明也分爲四時序爲五節六氣之化分而序之則成四時得五行之節過

則爲蠱。陰淫寒疾。寒過則爲冷。陽淫熱疾。熱過則喘渴。風淫末疾。末四支也。風爲緩急。雨淫腹疾。雨濕之氣爲洩注。晦淫惑疾。晦夜也。爲宴寢過節則心惑亂。明淫心疾。明晝也。思慮煩多。心勞生疾。女陽物而晦時淫則生內熱惑蠱之疾。女常隨男。故言陽物。家道常在夜。故言晦時。今君不節不時。能無及此乎。出告趙孟。趙孟曰。誰當良臣。對曰。主是謂矣。主相晉國。於今八年。晉國無亂。諸侯無闕。可謂良矣。和聞之。國之大臣。榮其寵祿。任其大節。有菑禍興而無改焉。改。改行以救菑。○[行]去聲。必受其咎。今君至於淫以生疾。將不能圖恤社稷。禍孰大焉。主不能禦。吾是以云也。云主將死。趙孟曰。何謂蠱。對曰。淫溺惑亂之所生也。溺沈没於嗜欲。於文皿蟲爲蠱。文字也。皿器也。器受蟲害者爲蠱。○〔皿〕命景反。又讀若猛。穀之飛亦爲蠱。穀久積則變爲飛蟲。名曰蠱。在周易女惑男風落山謂之蠱☶☴巽下艮上。蠱。巽爲長女。爲風。艮爲少男。爲山。少男而說長女。非匹。故惑。山木得風而落。皆同物也。物猶類也。趙孟曰良醫也厚其禮而歸之。贈賄之禮。楚公子圍使公子黑肱伯州犂城犫櫟郟。黑肱。王子圍之弟子晳也。犫縣屬南陽。郟縣屬襄城。櫟今河南陽翟縣。三邑本鄭地。○〔犫〕尺州反。〔櫟〕音歷。又音鑠。〔郟〕音夾。鄭人懼子産曰不害令尹將行大事謂將弑君。而先除二子也。二子謂黑肱伯州犂。禍不及鄭何患焉冬楚公子圍將聘于鄭伍舉爲介未出竟聞王有疾而還伍舉遂聘十一月己酉公子圍至入問王疾縊而弑之月縊絞也孫卿曰以冠纓絞之長歷推己酉十二月六日經傳皆言十一月月誤也○縊一豉反遂殺其二子幕及平夏皆郟敖子右尹子干出奔晉子干王子比宮廄尹子皙出奔鄭因築城而去殺大宰伯州犁于郟葬王于郟謂之郟敖郟敖楚子麇使赴于鄭伍舉問應爲後之辭焉問赴者對曰寡大夫圍伍舉更之曰共王之子圍爲長伍舉更赴辭使從禮此告終稱嗣不以篡弒赴諸侯○共音恭長丁丈反子干奔晉從車五乘叔向使與秦公子同食食祿同○從才用反皆百人之餼百人一卒也其祿足百人○餼音墍趙文子曰秦公子富謂秦鍼富強秩祿不宜與子干同叔向曰厎祿以德厎致也○厎音旨德鈞以年年同以尊公子以國不聞以富且夫以千乘去其國

彊禦已甚詩曰不侮鰥寡不畏彊禦（詩大雅。侮陵也。○〔夫〕音扶。）秦楚匹也使后子與子干齒（以年齒爲高下而坐。）辭曰鍼懼選楚公子不獲是以皆來亦唯命（不獲不得自安。言俱奔事有優劣。唯主人命所處。謙辭。）且臣與羇齒無乃不可乎（后子先來仕。欲自同於晉臣。爲主人。子干後來奔。以爲羇旅之客。）史佚有言曰非羇何忌（忌敬也。欲謙以自別。）楚靈王即位薳罷爲令尹薳啓彊爲大宰（靈王公子圍也。即位易名熊虔。○〔罷〕音皮。〔彊〕其良反。）鄭游吉如楚葬郟敖且聘立君歸謂子產曰具行器矣（行器。會備。）楚王汰侈而自說其事必合諸侯吾往無日矣子產曰不數年未能也（爲四年會申傳。○〔說〕音悅。一始悅反。〔數〕所主反。）十二月晉既烝（烝冬祭也。）趙孟適南陽將會孟子餘。孟子餘。趙衰。趙武之曾祖。其廟在晉之南陽溫縣。往會祭之。甲辰朔。烝于溫。趙氏烝祭。甲辰。十二月朔。晉既烝。趙孟乃烝其家廟。則晉烝當在甲辰之前。傳言十二月。月誤。庚戌。卒。十二月七日。終劉定公秦后子之言。鄭伯如晉弔。及雍乃復。弔趙氏。蓋趙氏辭之而還。傳言大夫彊。諸侯畏而弔之。○〔雍〕於用反。

經二年春。晉侯使韓起來聘。夏。叔弓如晉。叔弓。叔老子。秋。鄭殺其大夫公孫黑。書名。惡之。薰隧之盟。子產不討。遂以爲卿。故書之。○〔惡〕烏路反。冬。公如晉。至河乃復。弔少姜也。晉人辭之。故還。季孫宿如晉。致襚服也。公實以秋行。冬還乃書。

傳二年春。晉侯使韓宣子來聘。公卽位故。且告爲政而來見。禮也。代趙武爲政。雖盟主。而脩好同盟。故曰禮。○〔見〕賢遍反。觀書於大史氏。

見易象與魯春秋。曰周禮盡在魯矣。易象上下經之象辭。魯春秋史
記之策書。春秋遵周公之典以序事。故曰周禮盡在魯矣。吾乃今知周公之德與
周之所以王也。易象春秋文王周公之制。當此時儒道廢。諸國多闕。唯魯備。故宣子適魯
而說之。○以〔王〕于況反〔說〕音悅。公享之。季武子賦緜之卒章。緜詩大雅卒章。
義取文王有四臣。故能以緜緜致興盛。以晉侯比文王。以韓子比四輔。韓子賦角弓。角弓
詩小雅。取其兄弟昏姻無胥遠矣。言兄弟之國宜相親。季武子拜曰。敢拜子之
彌縫敝邑。寡君有望矣。彌縫猶補合也。謂以兄弟之義。武子賦節之
卒章。節詩小雅卒章。取式訛爾心。以畜萬邦。以言晉德可以畜萬邦。○〔節〕才結反。旣享宴
于季氏。有嘉樹焉。宣子譽之。譽其好也。○〔譽〕音餘。武子曰。宿敢
不封殖此樹。以無忘角弓。封厚也。殖長也。遂賦甘棠。甘棠詩召南。召

伯息於甘棠之下。詩人思之。而愛其樹。武子欲封殖嘉樹如甘棠。以宣子比召公。宣子曰。起不堪也。無以及召公。宣子遂如齊納幣。爲平公聘少姜。見子雅。子雅召子旗。子旗。子雅之子。使見宣子。宣子曰。非保家之主也。不臣。志氣亢。○[見]賢遍反。下見彊同。見子尾。子尾見彊。彊。子尾之子。宣子謂之如子旗。亦不臣。大夫多笑之。唯晏子信之。曰。夫子君子也。夫子。韓起。君子有信。其有以知之矣。爲十年齊欒施高彊來奔張本。自齊聘於衛。衛侯享之。北宮文子賦淇澳。淇澳。詩衛風。美武公也。言宣子有武公之德。○[澳]於六反。宣子賦木瓜。木瓜亦衛風。義取於欲厚報以爲好。夏四月。韓須如齊逆女。須。韓起之子。逆少姜。齊陳無宇送女。致少姜。少姜有寵於晉侯。晉侯謂之少齊。爲立別號。所以

寵異之謂陳無宇非卿欲使齊以適夫人禮送少姜○〔適〕丁歷反執諸中都
中都晉邑在西河界休縣東南少姜爲之請曰送從逆班班列也畏大
國也猶有所易是以亂作韓須公族大夫陳無宇上大夫言齊畏晉改易禮制
使上大夫送遂致此執辱之罪蓋少姜謙以示譏叔弓聘于晉報宣子也此春
韓宣子來聘晉侯使郊勞聘禮賓至近郊君使卿勞之○〔勞〕力報反辭曰寡君
使弓來繼舊好固曰女無敢爲賓徹命於執事敝邑
弘矣徹達也○〔女〕音汝下皆同敢辱郊使請辭辭郊勞○〔使〕所吏反致館辭
曰寡君命下臣來繼舊好好合使成臣之祿也得通君命
則於己爲榮祿敢辱大館敢不敢叔向曰子叔子知禮哉吾聞
之曰忠信禮之器也卑讓禮之宗也宗猶主也辭不忘國

忠信也。謂稱舊好。先國後己卑讓也。始稱敝邑之弘，先國也。次稱臣之祿，後己也。詩曰：敬慎威儀，以近有德。夫子近德矣。詩大雅。秋，鄭公孫黑將作亂，欲去游氏而代其位。游氏，大叔之族。黑爲游楚所傷，故欲害其族。○〔去〕起呂反。傷疾作而不果。前年游楚所擊創。○〔創〕初良反。駟氏與諸大夫欲殺之。駟氏，黑之族。子產在鄙，聞之，懼弗及，乘遽而至。遽，傳驛。○〔傳〕中戀反。使吏數之，責數其罪。曰：伯有之亂，在襄三十年。以大國之事，而未爾討也。務共大國命，不暇治女罪。○〔共〕音恭，下同。爾有亂心無厭，國不女堪。專伐伯有，而罪一也。昆弟爭室，而罪二也。謂爭徐吾犯之妹。○〔厭〕於鹽反。薰隧之盟，女矯君位，而罪三也。謂使大史書七子。有死罪三，何以堪之？不速死，大刑將至再拜稽首辭曰死在朝夕無助天爲虐子產曰人誰不死凶人不終命也作凶事爲凶人不助天其助凶人乎請以印爲褚師（印子晳之子褚師市官○褚張呂反）子產曰印也若才君將任之不才將朝夕從女女罪之不恤而又何請焉不速死司寇將至七月壬寅縊尸諸周氏之衢（衢道也）加木焉（書其罪於木以加尸上）晉少姜卒公如晉及河晉侯使士文伯來辭曰非伉儷也（晉侯溺於所幸爲少姜行夫人之服故諸侯弔不敢以私煩諸侯故止之）請君無辱公還季孫宿遂致服焉（致少姜之襚服公以末秋行始冬還還乃書之故經在冬）叔向言陳無宇於晉侯曰彼何罪（彼無宇）君使公族逆之齊使上大夫送之

猶曰不共。君求以貪。國則不共。(逆卑於送。是晉國不共。)而執其使。君刑已頗。何以爲盟主。(頗。不平。○(頗)普多反。)且少姜有辭。(謂請無宇之辭。)冬十月。陳無宇歸。(晉侯赦之。)十一月。鄭印段如晉弔。(弔少姜。)

經三年。春。王正月。丁未。滕子原卒。(襄二十五年盟重丘。○(重)直恭反。)夏。叔弓如滕。五月。葬滕成公。(卿共小國之葬禮過厚。葬襄公。滕子來會。故魯厚報之。○(共)音恭。下皆同。)秋。小邾子來朝。八月。大雩。冬。大雨雹。(無傳。記災。○(雨)于付反。(雹)蒲學反。)北燕伯款出奔齊。(不書大夫逐之。而言奔。罪之也。書名從告。)

傳三年。春。王正月。鄭游吉如晉。送少姜之葬。梁丙與張趯見之。二子。晉大夫。○[趯]他歷反。梁丙曰。甚矣哉。子之爲此來也。卿共妾葬。過禮甚。○[爲]于僞反。子大叔曰。將得已乎。言不得止。昔文襄之霸也。晉文公襄公。其務不煩諸侯。令諸侯三歲而聘。五歲而朝。有事而會。不協而盟。明王之制。歲聘閒朝。在十三年。今簡之。君薨。大夫弔。卿共葬事。夫人。士弔。大夫送葬。先王之制。諸侯之喪。士弔。大夫送葬。在三十年。蓋時俗過制。故文襄雖節之。猶過於古。足以昭禮命事謀闕而已。朝聘以昭禮。盟會以謀闕。無加命矣。命有常。今嬖寵之喪。不敢擇位。而數於守適。不敢以其位卑。而令禮數如守適夫人。然則時適夫人之喪。弔送之禮。已過文襄之制。○而[數]所具反。又所主反。[適]丁歷反。唯懼獲戾。豈敢憚煩。少姜有寵而死。齊必繼室。繼室。復薦女。今茲吾又將來賀。

不唯此行也。張趯曰。善哉。吾得聞此數也。然自今子其無事矣。譬如火焉。火心星。火中寒暑乃退。心以季夏昏中而暑退。季冬旦中而寒退。此其極也。能無退乎。晉將失諸侯。諸侯求煩不獲。言將不能復煩諸侯。二大夫退。子大叔告人曰。張趯有知。其猶在君子之後乎。譏其無隱諱。○［知］音智。丁未。滕子原卒。同盟。故書名。同盟於襄之世。亦應從同盟之禮。故傳發之。齊侯使晏嬰請繼室於晉。復以女繼少姜。曰。寡君願事君。朝夕不倦。將奉質幣以無失時。則國家多難。是以不獲。不得自來。○［質］之二反。又如字。［難］乃旦反。不腆先君之適。謂少姜。以備內官。焜燿寡人之望。則又無祿。早世隕命。寡人失望。君若不忘先君之好惠顧齊國，辱收寡人，徼福於大公、丁公，徼，要也。二公，齊先君。言收恤寡人，則先君與之福也。○〔焜〕胡本反，又音昆。〔徼〕古堯反。照臨敝邑，鎮撫其社稷，則猶有先君之適適夫人之女。及遺姑姊妹，遺，餘也。若而人。言如黨人。不敢譽。君若不棄敝邑，而辱使董振擇之，以備嬪嬙，寡人之望也。董，正也。振，整也。嬪嬙，婦官。○〔振〕之刃反，一音真。韓宣子使叔向對曰：「寡君之願也。寡君不能獨任其社稷之事，未有伉儷，在縗絰之中，是以未敢請。制夫人之服，則葬訖，君臣乃釋服。○〔任〕音壬。君有辱命，惠莫大焉。若惠顧敝邑，撫有晉國，賜之內主，豈唯寡君，舉羣臣實受其貺，其自唐叔以下，實寵嘉之。」唐叔，晉之祖。既成昏，許成昏。晏子受禮，受賓享之禮。叔向從之宴相與語叔向曰齊其何如問興衰晏子曰此季世也吾弗知齊其爲陳氏矣不知其他唯知齊將爲陳氏公弃其民而歸於陳氏弃民不恤齊舊四量豆區釜鍾四升爲豆各自其四以登於釜四豆爲區區斗六升四區爲釜釜六斗四升登成也○〔量〕音亮下同〔區〕烏侯反下皆同釜十則鍾六斛四斗陳氏三量皆登一焉鍾乃大矣登加也加一謂加舊量之一也以五升爲豆五豆爲區五區爲釜則區二斗釜八斗鍾八斛以家量貸而以公量收之貸厚而收薄山木如市弗加於山魚鹽蜃蛤弗加於海賈如在山海不加貴○〔蜃〕食軫反〔賈〕音嫁民參其力二入於公而衣食其一言公重賦斂○〔參〕七南反又音三公聚朽蠹而三老凍餒三老謂上壽中壽下壽皆八十已上不見養遇國之諸

市屨賤踊貴(踊刖足者屨言刖多○〔踊〕音勇)民人痛疾而或燠休之
(燠休痛念之聲謂陳氏也○〔燠〕於喻反一於六反〔休〕虛喻反又許留反)其愛之如父母
而歸之如流水欲無獲民將焉辟之箕伯直柄虞遂
伯戲(四人皆舜後陳氏之先○〔戲〕許宜反)其相胡公大姬已在齊矣(胡公
四人之後周始封陳之祖大姬其妃也言陳氏雖爲人臣然將有國其先祖鬼神已與胡公共在齊○〔大〕
音泰)叔向曰然雖吾公室今亦季世也戎馬不駕卿無
軍行(言晉衰弱不能征討救諸侯○〔行〕戶郎反)公乘無人卒列無長(百人爲卒)
(言人皆非其人非其長○〔乘〕繩證反)庶民罷敝而宮室滋侈(滋益也)道殣
相望(餓死爲殣○〔殣〕音覲路冢也)而女富溢尤(女嬖寵之家)民聞公命
如逃寇讎欒郤胥原狐續慶伯降在皁隸(八姓晉舊臣之族也)

皁隸。賤官。政在家門。大夫專政。民無所依。君日不悛。以樂慆憂。慆。藏。悛。改也。○[慆]音滔。[樂]音洛。公室之卑。其何日之有。言今至。讒鼎之銘。讒。鼎名也。曰昧旦丕顯。後世猶怠。昧旦。早起也。丕。大也。言夙興以務大顯。後世猶解怠。況日不悛。其能久乎。晏子曰。子將若何。問何以免此難。叔向曰。晉之公族盡矣。肸聞之。公室將卑。其宗族枝葉先落。則公從之。肸之宗十一族。同祖為宗。[肸]許乙反。○唯羊舌氏在而已。肸又無子。無賢子。公室無度。無法度。幸而得死。言得以壽終為幸。豈其獲祀。言必不得祀。初。景公欲更晏子之宅。曰。子之宅近市。湫隘囂塵。不可以居。湫。下。隘。小。囂。聲。塵。土。○[湫]子小反。徐音秋。又在酒反。請更諸爽塏者。爽。明。塏。燥。○[塏]音凱。辭曰。君之先臣容焉。先臣，晏子之先人。臣不足以嗣之，於臣侈矣。侈，奢也。且小人近市，朝夕得所求，小人之利也，敢煩里旅。旅，眾也。不敢勞眾爲己宅。公笑曰：子近市，識貴賤乎？對曰：既利之，敢不識乎？公曰：何貴何賤？於是景公繁於刑，繁，多也。有鬻踊者，故對曰：踊貴屨賤。既已告於君，故與叔向語而稱之。傳護晏子令不與張趯同識。○〔鬻〕羊六反，賣也。景公爲是省於刑。君子曰：仁人之言，其利博哉！晏子一言，而齊侯省刑。詩曰：君子如祉，亂庶遄已。詩小雅。如，行也。祉，福也。遄，疾也。言君子行福，則庶幾亂疾止也。○〔爲〕于僞反。其是之謂乎？及晏子如晉，公更其宅，反則成矣。既拜，拜謝新宅。乃毀之而爲里室，皆如其舊。本壞里室，以大晏子之宅。

故復之。○(壞)音怪。則使宅人反之。○還其故宅。(還)音環。且諺曰非宅是卜唯鄰是卜。卜良鄰。二三子先卜鄰矣。二三子謂鄰人。違卜不祥君子不犯非禮。去儉即奢爲非禮。小人不犯不祥古之制也吾敢違諸乎卒復其舊宅公弗許因陳桓子以請乃許之。傳言齊晉之衰賢臣懷憂且言陳氏之興。夏四月鄭伯如晉公孫段相甚敬而卑禮無違者晉侯嘉焉授之以策。策賜命之書。曰子豐有勞於晉國。子豐段之父。余聞而弗忘賜女州田。州縣今屬河內郡。○(女)音汝。以胙乃舊勳伯石再拜稽首受策以出君子曰禮其人之急也乎伯石之汰也。汰驕也。一爲禮於晉猶荷其祿況以禮終始乎詩曰人而無禮胡不遄死其是之謂乎初州縣欒豹之邑也豹欒盈族〇〔荷〕戶可反及欒氏亡范宣子趙文子韓宣子皆欲之文子曰溫吾縣也州本屬溫溫趙氏邑二宣子曰自郤稱以別三傳矣郤稱晉大夫始受州自是州與溫別至今傳三家〇〔稱〕尺證反〔傳〕直專反晉之別縣不唯州誰獲治之言縣邑既別甚多無有得追而治取之文子病之乃舍之二子曰吾不可以正議而自與也皆舍之及文子爲政趙獲曰可以取州矣獲趙文子之子〇乃〔舍〕音赦又音捨下同文子曰退使獲退也二子之言義也二子二宣子也違義禍也余不能治余縣又焉用州其以徼禍也君子曰弗知實難患不知禍所起知而弗從禍莫大焉有言州必死豐氏故主韓

氏。故猶舊也。豐氏至晉。舊以韓氏爲主人。伯石之獲州也。韓宣子爲之請之。爲其復取之之故。後若還晉。因自欲取之。爲七年豐氏歸州張本。○(爲)去聲。自爲介。外皆同。五月。叔弓如滕。葬滕成公。子服椒爲介。及郊。遇懿伯之忌。敬子不入。忌。怨也。懿伯。椒之叔父。敬子。叔弓也。叔弓禮椒。爲之辟仇。○(辟)音避。惠伯曰。公事有公利。無私忌。椒請先入。乃先受館。敬子從之。惠伯。子服椒也。傳言叔弓之有禮。晉韓起如齊逆女。爲平公逆。公孫蠆爲少姜之有寵也。以其子更公女而嫁公子。更嫁公女。○(蠆)敕邁反。(更)平聲。人謂宣子。子尾欺晉。晉胡受之。宣子曰。我欲得齊而遠其寵。寵將來乎。寵謂子尾。○(遠)去聲。秋七月。鄭罕虎如晉。賀夫人。且告曰。楚人日徵敝邑以不

朝立王之故 楚靈王新立 敝邑之往則畏執事其謂寡君而固有外心其不往則宋之盟云 云交相見 進退罪也寡君使虎布之 布陳也 宣子使叔向對曰君若辱有寡君在楚何害脩宋盟也君苟思盟寡君乃知免於戾矣君若不有寡君雖朝夕辱於敝邑寡君猜焉 猜疑也 君實有心何辱命焉 言若有事晉心至楚可不須告 君其往也苟有寡君在楚猶在晉也張趯使謂大叔曰自子之歸也 歸在此年春 小人糞除先人之敝廬曰子其將來今子皮實來小人失望大叔曰吉賤不獲來 賤非上卿 畏大國尊夫人也且孟曰而將無事吉庶幾焉 孟張趯也庶幾如趯言 小邾

穆公來朝季武子欲卑之（不欲以諸侯禮待之）穆叔曰不可曹滕二邾實不忘我好敬以逆之猶懼其貳又卑一睦焉（一睦謂小邾）逆羣好也其如舊而加敬焉志曰能敬無災又曰敬逆來者天所福也季孫從之八月大雩旱也齊侯田於莒（莒齊東竟○[好]去聲）盧蒲嫳見泣且請曰余髮如此種種余奚能爲（嫳慶封之黨襄二十八年放之於竟種種短也自言衰老不能復爲害○[嫳]普結反[見]賢遍反[種]章勇反）公曰諾吾告二子（二子子雅子尾）歸而告之子尾欲復之子雅不可曰彼其髮短而心甚長其或寢處我矣（言不可信）九月子雅放盧蒲嫳于北燕（恐其復作亂）燕簡公多嬖寵欲去諸大夫而立其寵人冬燕

大夫比以殺公之外嬖。比相親比。○〔去〕上聲。〔比〕毗志反。公懼奔齊。書曰北燕伯款出奔齊罪之也。款罪輕於衞衎。重於蔡朱。故舉中示例。○〔衎〕苦旦反。十月鄭伯如楚子產相楚子享之賦吉日。吉日。詩小雅。宣王田獵之詩。楚王欲與鄭伯共田。故賦之。既享子產乃具田備王以田江南之夢。楚之雲夢。跨江南北。○〔夢〕如字。又莫公反。齊公孫竈卒。竈。子雅。司馬竈見晏子。司馬竈。齊大夫。曰又喪子雅矣。晏子曰惜也子旗不免殆哉。以其不臣。○〔喪〕息浪反。姜族弱矣而嬀將始昌。嬀。陳氏。○〔嬀〕九危反。二惠競爽猶可。子雅子尾。皆齊惠公之孫也。競。彊也。爽。明也。又弱一个焉姜其危哉。○〔个〕古賀反。

杜氏註　盡七年

經四年春王正月大雨雹當雪而雹故以爲災而書之○雨于付反雹蒲學反夏楚子蔡侯陳侯鄭伯許男徐子滕子頓子胡子沈子小邾子宋世子佐淮夷會于申楚靈王始合諸侯○沈音審楚人執徐子稱人以執以不道於其民告秋七月楚子蔡侯陳侯許男頓子胡子沈子淮夷伐吳因申會以伐吳不言諸侯者鄭徐滕小邾宋不在故也胡國汝陰縣西北有胡城執齊慶封殺之楚子欲行霸爲齊討慶封故稱齊遂滅賴九月取鄫鄫莒邑傳例曰克邑不用師徒曰取○鄫才陵反冬十有二月乙卯叔孫豹卒

傳四年春王正月許男如楚楚子止之欲與俱田遂止鄭伯復田江南許男與焉前年楚子已與鄭伯田江南故言復○復扶又反與羊茹反使椒舉如晉求諸侯二君待之二君鄭許椒舉致命曰寡君使舉曰日君有惠賜盟于宋宋盟在襄二十七年曰晉楚之從交相見也以歲之不易不易言有難○易以豉反寡人願結驩於二三君欲得諸侯謀事補闕使舉請閒君若苟無四方之虞虞度也○閒音閑一居閑反則願假寵以請於諸侯欲借君之威寵以致諸侯晉侯欲勿許司馬侯曰不可楚王方侈天或者欲逞其心以厚其毒而降之罰未可知也其使能終亦未可知也晉楚唯天所相相助也不可與爭君其許之

而脩德以待其歸若歸於德吾猶將事之況諸侯乎若適淫虐楚將弃之（弃不以為君）吾又誰與爭曰晉有三不殆其何敵之有（殆危也）國險而多馬齊楚多難（多篡弒之難）有是三者何鄉而不濟對曰恃險與馬而虞鄰國之難是三殆也四嶽（東嶽岱西嶽華南嶽衡北嶽恒○〔鄉〕許亮反）三塗（在河南陸渾縣南○〔渾〕戶昏反）陽城（在陽城縣東北）大室（在河南陽城縣西南○〔大〕音泰）荊山（在新城沶鄉縣南○〔沶〕音市漢書音穉）中南（在始平武功縣南）九州之險也是不一姓（雖是天下至險無德則滅亡）冀之北土（燕代○〔燕〕烏賢反）馬之所生無興國焉恃險與馬不可以為固也從古以然是以先王務脩德音以亨神人（亨通也）不聞其務險與馬

也。鄰國之難。不可虞也。或多難以固其國。啓其疆土。或無難以喪其國。失其守宇。於國則四垂爲宇。若何虞難。齊有仲孫之難。而獲桓公。至今賴之。仲孫。公孫無知。事在莊九年。晉有里丕之難。而獲文公。是以爲盟主。里克。丕鄭。事在僖九年。〇丕普悲反。衞邢無難。敵亦喪之。閔二年。狄滅衞。僖二十五年。衞滅邢。故人之難不可虞也。恃此三者。而不脩政德。亡於不暇。又何能濟。君其許之。紂作淫虐。文王惠和。殷是以隕。周是以興。夫豈爭諸侯。乃許楚使。使叔向對曰。寡君有社稷之事。是以不獲春秋時見。言不得自往。謙辭。〇見賢遍反。諸侯君實有之。何辱命焉。椒舉遂請昏。蓋楚子遣椒舉時。兼使求昏。晉侯許之。

楚子問於子產曰。晉其許我諸侯乎。對曰。許君。晉君少安不在諸侯。（安於少小。不能遠圖。）其大夫多求。（貪也。）莫匡其君。在宋之盟又曰如一。（晉楚同也。）若不許君。將焉用之。（焉用宋盟。）王曰。諸侯其來乎。對曰。必來。從宋之盟。承君之歡。不畏大國。（大國晉也。）何故不來。不來者。其魯衛曹邾乎。曹畏宋。邾畏魯。魯衛偪於齊而親於晉。唯是不來。其餘君之所及也。誰敢不至。（言楚威力所能及。）王曰。然則吾所求者無不可乎。對曰。求逞於人不可。（逞快也。求人以快意。人必違之。）與人同欲盡濟。（爲下會申傳。）大雨雹。季武子問於申豐曰。雹可禦乎。（禦止也。申豐魯大夫。）對曰。聖人在上無雹。雖有不爲災。古者日在北陸而藏冰。陸道也。謂夏十二月日在虛危。冰堅而藏之。西陸朝覿而出之。謂夏三月日在昴畢。蟄蟲出而用冰。春分之中。奎星朝見東方。其藏冰也深山窮谷。固陰沍寒。於是乎取之。沍閉也。必取積陰之冰。所以道達其氣。使不爲災。其出之也朝之祿位。賓食喪祭。於是乎用之。言不獨共公。○共音恭。其藏之也黑牡秬黍以享司寒。黑牡黑牲也。秬黑黍也。司寒玄冥北方之神。故物皆用黑。有事於冰。故祭其神。○牡茂后反。其出之也桃弧棘矢以除其災。桃弓棘箭。所以禳除凶邪。將御至尊故。其出入也時。食肉之祿冰皆與焉。食肉之祿。謂在朝廷治其職事就官食者。○與音預。大夫命婦喪浴用冰。命婦大夫妻。祭寒而藏之。享司寒。獻羔而啓之。謂二月春分獻羔祭韭。始開冰室。公始用之。公先用優尊。火出而畢賦火星昏見東方。謂三月四月中。自命夫命婦至於老疾無不受冰。老致仕在家者。山人取之。縣人傳之。山人，虞官。縣人，遂屬。○[傳]平聲。輿人納之。隸人藏之。輿隸皆賤官。夫冰以風壯。冰因風寒而堅。而以風出。順春風而散用。其藏之也周。周，密也。其用之也徧。及老疾。則冬無愆陽。愆，過也。謂冬溫。夏無伏陰。伏陰，謂夏寒。春無淒風。淒，寒也。秋無苦雨。霖雨為人所患苦。雷出不震。震，霆也。無菑霜雹。癘疾不降。癘，惡氣也。民不夭札。短折為夭。夭死為札。○[札]側八反。一音截。今藏川池之冰弃而不用。既不藏深山窮谷之冰。又火出不畢賦。有餘則弃之。風不越而殺。雷不發而震。越，散也。言陰陽失序。雷風為害。雹之為菑。誰能禦之。七月之卒章。藏冰之道也。七月，詩豳風。卒章曰：二之日鑿冰沖沖。謂十二月鑿而取之。三之日納于淩陰。淩陰，冰室也。四之日其蚤，獻羔祭韭。謂二月春分，蚤開冰室，以薦宗廟。○(淩)陵證反。夏，諸侯如楚。魯、衛、曹、邾不會。曹、邾辭以難，公辭以時祭，衛侯辭以疾。如子產言。(難)乃旦反。○鄭伯先待于申。自楚先至會地。六月丙午，楚子合諸侯于申。椒舉言於楚子曰：臣聞諸侯無歸，禮以為歸。今君始得諸侯，其慎禮矣。霸之濟否，在此會也。夏啓有鈞臺之享，啓，禹子。河南陽翟縣南有鈞臺陂，蓋啓享諸侯於此。商湯有景亳之命，河南鞏縣西南有湯亭，或言亳即偃師。周武有孟津之誓，將伐紂也。成有岐陽之蒐，成王歸自奄，大蒐於岐山之陽。岐山在扶風美陽縣西北。康有酆宮之朝，酆在始平鄠縣東，有靈臺。康王於是朝諸侯。穆有塗山之會，穆王會諸侯於塗山。塗山在壽春東北。齊桓有召陵之師，在僖四年。

晉文有踐土之盟。在僖二十八年。君其何用。宋向戌鄭公孫僑在諸侯之良也。君其選焉。選，擇所用。○〔向〕舒亮反。〔戌〕音恤。王曰吾用齊桓。用召陵之禮。王使問禮於左師與子產。左師曰小國習之。大國用之。敢不薦聞。言所聞，謙示所未行。獻公合諸侯之禮六。其禮六儀也。宋爵公，故獻公禮。子產曰小國共職。敢不薦守。獻伯子男會公之禮六。鄭伯爵，故獻伯子男會公之禮。其禮同，所從言之異。○〔共〕音恭。〔守〕手又反。君子謂合左師善守先代。子產善相小國。王使椒舉侍於後以規過。規正二子之過。卒事不規。王問其故。對曰禮吾未見者有六焉。又何以規。左師、子產所獻六禮，楚皆未嘗行。宋大子佐後至。王田於武城。久而弗見。椒舉請辭焉請王辭謝之王使往曰屬有宗祧之事於武城言爲宗廟田獵○[屬]章玉反適也[祧]他彫反寡君將墮幣焉敢謝後見恨其後至故言將因諸侯會布幣乃相見經弁書宋大子佐知此言在會前○[墮]許規反[見]如字又賢遍反徐子吳出也以爲貳焉故執諸申言楚子以疑罪執諸侯楚子示諸侯侈自奢侈椒舉曰夫六王二公之事六王啓湯武成康穆也二公齊桓晉文皆所以示諸侯禮也諸侯所由用命也夏桀爲仍之會有緡叛之仍緡皆國名商紂爲黎之蒐東夷叛之黎東夷國名周幽爲大室之盟戎狄叛之大室中嶽皆所以示諸侯汏也諸侯所由弃命也今君以汏無乃不濟乎王弗聽子產見左師曰吾不患楚矣汏而愎諫愎很也○[汏]音

泰〔愎〕皮逼反〔很〕胡懇反不過十年左師曰然不十年侈其惡不
遠遠惡而後弃惡及遠方則人弃之善亦如之德遠而後興爲十
三年楚弒其君傳秋七月楚子以諸侯伐吳宋大子鄭伯先
歸經所以更敘諸侯也時晉之屬國皆歸獨言二國者鄭伯久於楚宋大子不得時見故慰遣之〇〔見〕
賢遍反又如字宋華費遂鄭大夫從從伐吳以荅見慰〇〔費〕扶味反〔從〕才用反使
屈申圍朱方朱方吳邑齊慶封所封也屈申屈蕩之子〇〔屈〕居勿反八月甲申
克之執齊慶封而盡滅其族慶封以襄二十八年奔吳八月無甲申日誤
將戮慶封椒舉曰臣聞無瑕者可以戮人慶封唯逆
命是以在此逆命謂性不恭順其肯從於戮乎言不肯默而從戮播
於諸侯焉用之播揚也〇〔播〕波佐反又波可反王弗聽負之斧鉞以

徇於諸侯使言曰無或如齊慶封弒其君弱其孤以盟其大夫（齊崔杼弒君慶封其黨也故以弒君罪責之）慶封曰無或如楚共王之庶子圍弒其君兄之子麇而代之以盟諸侯王使速殺之遂以諸侯滅賴賴子面縛銜璧士袒輿櫬從之造於中軍（中軍王所將○〔麇〕九倫反〔袒〕音但）王問諸椒舉對曰成王克許（在僖六年）許僖公如是王親釋其縛受其璧焚其櫬王從之（從舉言）遷賴於鄢（鄢楚邑○〔鄢〕於晚反又於建反）楚子欲遷許於賴使鬭韋龜與公子弃疾城之而還（爲許城也）（韋龜子文之玄孫）申無宇曰楚禍之首將在此矣召諸侯而來伐國而克城竟莫校（謂築城於外竟諸侯無與爭○〔竟〕音境）王心不

違民其居乎。言將有事，不得安也。民之不處其誰堪之。不堪王命乃禍亂也。九月取鄟。言易也。莒亂著丘公立而不撫鄟。鄟叛而來。故曰取。凡克邑不用師徒曰取。著丘公，去疾也。不書奔者，潰散而來。來，將帥微也。重發例者，以通叛而自來。○易，以豉反。著，直居反。又直據反。

鄭子產作丘賦。丘，十六井，當出馬一匹，牛三頭。今子產別賦其田，如魯之田賦。田賦在哀十一年。國人謗之。謗，毀也。曰其父死於路。謂子國為尉氏所殺。己為蠆尾。謂子產重賦，毒害百姓。○蠆，敕邁反。以令於國。國將若之何。子寬以告。子寬，鄭大夫。子產曰何害。苟利社稷，死生以之。以，用也。且吾聞為善者不改其度，故能有濟也。民不可逞，度不可改。度，法也。詩曰禮義不愆，何恤於人言。逸詩。子產自以為權制濟國。於禮義無愆。吾不遷矣。遷移也。渾罕曰國氏其先亡乎。渾罕子寬。○〔渾〕平聲。君子作法於涼其敝猶貪。涼薄也。作法於貪敝將若之何。言不可久行。姬在列者。在列國也。蔡及曹滕其先亡乎。偪而無禮。蔡偪楚。曹滕偪宋。鄭先衞亡偪而無法。偪晉楚。政不率法而制於心民各有心何上之有。子產權時救急。渾罕譏之正道。

冬吳伐楚入棘櫟麻。棘櫟麻皆楚東鄙邑。譙國酇縣東北有棘亭。汝陰新蔡縣東北有櫟亭。○〔櫟〕力狄反。徐又失灼反。〔酇〕才河反。以報朱方之役。朱方役在此年秋。楚沈尹射奔命於夏汭。夏汭漢水曲入江今夏口也。吳兵在東北。楚盛兵在東南以絕其後。○〔射〕食夜反。又食亦反。箴尹宜咎城鍾離。宜咎本陳大夫。襄二十四年奔楚。○〔箴〕之林反。薳啓彊城巢。然丹城州來。然丹鄭穆公孫。襄十九年奔楚。○〔薳〕于委反。東國水。不可以城。彭生罷賴之師。彭生楚大夫。罷闞韋龜城賴之師。○罷皮買反。初。穆子去叔孫氏。及庚宗。成十六年辟僑如之難奔齊。庚宗魯地。○難乃旦反。遇婦人。使私爲食而宿焉。問其行。告之故。哭而送之。婦人聞而哭之。適齊。娶於國氏。國氏齊正卿姜姓。生孟丙仲壬。夢天壓己。弗勝。穆子夢也。○壓於甲反。勝音升。下同。顧而見人。黑而上僂。上僂肩傴。○僂力主反。傴紆甫反。深目而豭喙。口象豬。○豭音加。喙許穢反。號之曰。牛。助余。乃勝之。旦而皆召其徒。無之。徒從者。○號胡到反。一戶刀反。且曰。志之。志識也。○識申志反。及宣伯奔齊。饋之。宣伯僑如穆子之兄。成十六年奔齊。穆子饋宣伯。宣伯曰。魯以先子之故。先子宣伯先人。將存吾宗。必召女。召女何如。對曰。願之久矣。言兄始爲亂己

則有今日之願蓋忿言○[女]音汝魯人召之不告而歸既立在齊生孟丙仲
壬魯召之立爲卿襄二年始見經所宿庚宗之婦人獻以雉獻穆子問
其姓問有子否○女生曰姓姓謂子也對曰余子長矣能奉雉而從
我矣襄二年豎牛五六歲○[奉]芳勇反召而見之則所夢也未問其
名號之曰牛曰唯皆召其徒使視之遂使爲豎豎小臣也
傳言從夢未必吉有寵長使爲政爲家政公孫明知叔孫於齊
公孫明齊大夫子明也與叔孫相親知歸未逆國姜子明取之國姜孟仲母○
[取]七住反故怒其子長而後使逆之子孟丙仲壬田於丘蕕丘蕕
地名○[蕕]音由遂遇疾焉豎牛欲亂其室而有之强與孟盟
不可欲使從己孟丙不肯○[强]其丈反叔孫爲孟鐘曰爾未際際接也孟未與

諸大夫相接見。○（爲）于僞反。又如字。饗大夫以落之以豭豬血釁鐘曰落。既具饗禮具。使豎牛請日請饗日。入弗謁謁。白也。出命之日詐命日。及賓至聞鐘聲牛曰孟有北婦人之客北婦人。國姜也。客。謂公孫明。怒將往牛止之賓出使拘而殺諸外殺孟丙。牛又強與仲盟不可仲與公御萊書觀於公萊書。公御士名。仲與之私遊觀於公宮。○（强）上聲。（觀）古亂反。又如字。公與之環賜玉環。使牛入示之示叔孫。入不示出命佩之牛謂叔孫見仲而何而何。如何。○（見）賢遍反。下同。叔孫曰何爲怪牛言。曰不見既自見矣言仲已自往見公。公與之環而佩之矣遂逐之奔齊疾急命召仲牛許而不召杜洩見告之飢渴授之戈杜洩。叔孫氏宰也。牛不食叔孫。叔孫怒。欲使杜洩殺之○〔洩〕息列反〔食〕音嗣對曰求之而至又何去焉言求食可得無爲去豎牛蓋杜洩力不能去設辭以免○〔去〕起呂反下同豎牛曰夫子疾病不欲見人使寘饋于个而退寘置也个東西廂○〔廂〕息羊反牛弗進則置虛命徹寫器令空示若叔孫已食命去之十二月癸丑叔孫不食乙卯卒三日絕糧牛立昭子而相之昭子豹之庶子叔孫婼也○〔相〕息亮反〔婼〕敕略反公使杜洩葬叔孫豎牛賂叔仲昭子與南遺昭子叔仲帶也南遺季氏家臣使惡杜洩於季孫而去之憎洩不與己同志杜洩將以路葬且盡卿禮路王所賜叔孫車南遺謂季孫曰叔孫未乘路葬焉用之且冢卿無路介卿以葬不亦左乎冢卿謂季孫介次也左不便季孫曰然使杜洩舍路舍置也○〔舍〕式夜反或音捨

不可。曰。夫子受命於朝。而聘于王。在襄二十四年。夫子謂叔孫。王思舊勳而賜之路。感其有禮。以念其先人。復命而致之君。豹不敢自乘。君不敢逆王命而復賜之。使三官書之。吾子爲司徒。實書名。謂季孫也。書名。定位號。〇〔復〕扶又反。夫子爲司馬。與工正書服。謂叔孫也。服。車服之器。工正所書。孟孫爲司空以書勳。勳。功也。今死而弗以。是弃君命也。書在公府而弗以。是廢三官也。若命服生弗敢服。死又不以。將焉用之。乃使以葬。季孫謀去中軍。豎牛曰。夫子固欲去之。誣叔孫以媚季孫。

經五年。春。王正月。舍中軍。襄十一年始立中軍。〇〔舍〕音捨。傳同。楚殺其大夫屈申。書名。罪之。公如晉。夏。莒牟夷以牟婁及防茲來奔。城陽平昌縣西南有防亭。姑幕縣東北有茲亭。秋七月。公至自晉。戊辰。叔弓帥師敗莒師于蚡泉。蚡泉。魯地。(蚡)扶粉反。○秦伯卒。無傳。不書名。未同盟。冬。楚子蔡侯陳侯許男頓子沈子徐人越人伐吳。

傳。五年春王正月。舍中軍。卑公室也。罷中軍。季孫稱左師。孟氏稱右師。叔孫氏則自以叔孫爲軍名。毀中軍于施氏。成諸臧氏。季孫不欲親其議。勑二家會諸大夫發毀置之計。又取其令名。初作中軍。三分公室而各有其一。三家各有一軍家屬。季氏盡征之。無所入於公。叔孫氏臣其子弟。以父兄歸公。孟氏取其半焉。復以子弟之半歸公。及其舍之也。四分公室。季氏擇二。簡擇取二分。○二(分)扶運反。或如字。二子各一。皆盡征之。而貢于公。國人盡屬三家。三家隨時獻公而已。以書使杜洩告於殯。

告叔孫之樞。曰子固欲毀中軍。既毀之矣。故告杜洩。曰夫子唯不欲毀也。故盟諸僖閎。詛諸五父之衢。皆在襄十一年。受其書而投之。投擲也。帥士而哭之。痛叔孫之見誣。叔仲子謂季孫曰。帶受命於子叔孫曰。葬鮮者自西門。不以壽終爲鮮。西門非魯朝正門。○[鮮]音仙。又思淺反。季孫命杜洩。命使從西門。杜洩曰。卿喪自朝。魯禮也。從生存朝覲之正路。吾子爲國政。未改禮而又遷之。遷易也。羣臣懼死。不敢自也。自從也。既葬而行。善杜洩能辟禍。仲至自齊。聞喪而來。季孫欲立之。南遺曰。叔孫氏厚則季氏薄。彼實家亂。子勿與知。不亦可乎。南遺使國人助豎牛以攻諸大庫之庭。攻仲壬也。魯城內有大庭氏之虛。於其上作庫。○[與]

音頤[虛]起居反司宮射之中目而死豎牛取東鄙三十邑以與南遺取叔孫氏邑○[射]食亦反昭子即位朝其家衆曰豎牛禍叔孫氏使亂大從使從於亂○大[從]如字殺適立庶又披其邑將以赦罪披析也謂以邑與南遺昭子不知豎牛餓殺其父故但言其見罪○[披]普彼反[見]賢遍反罪莫大焉必速殺之豎牛懼奔齊孟仲之子殺諸塞關之外齊魯界上關○[塞]悉代反投其首於寧風之棘上寧風齊地仲尼曰叔孫昭子之不勞不可能也不以立己爲功勞據其所言善之時魯人不以餓死語昭子周任有言曰爲政者不賞私勞不罰私怨詩云有覺德行四國順之詩大雅覺直也言德行直則四方順從之○[任]音壬初穆子之生也莊叔以周易筮之莊叔穆子父得臣也遇

明夷☲☷離下坤上明夷之謙☶☷艮下坤上謙明夷初九變爲謙以示卜楚丘楚丘卜人姓名曰是將行行出奔而歸爲子祀奉祭祀以讒人入其名曰牛卒以餒死明夷日也離爲日夷傷也日明傷日之數十甲至癸故有十時亦當十位自王已下其二爲公其三爲卿日中當王食時當公平旦爲卿雞鳴爲士夜半爲皁人定爲輿黃昏爲隸日入爲僚晡時爲僕日昳爲臺隅中日出闕不在第尊王公曠其位○〔皁〕才早反〔昳〕田結反日上其中日中盛明故以當王食日爲二公位旦日爲三卿位明夷之謙明而未融其當旦乎融朗也離在坤下日在地中之象又變爲謙謙道卑退故曰明而未融日明未融故曰其當旦乎故曰爲子祀莊叔卿也卜豹爲卿故知爲子祀日之謙當鳥故曰明夷于飛離爲日爲鳥離變爲謙日光不足故當鳥鳥飛行故曰于

飛。明而未融。故曰垂其翼。〔於日爲未融。於鳥爲垂翼。〕象日之動。故曰君子于行。〔明夷初九。得位有應。君子象也。在明傷之世。居謙下之位。故將辟難而行。〕當三在旦。故曰三日不食。〔旦位在三。又非食時。故曰三日不食。〕離火也。艮山也。離爲火。火焚山。山敗。〔離艮合體故。〕於人爲言。〔艮爲言。〕敗言爲讒。〔爲離所焚。故言敗。〔敗〕必邁反。又如字。〕○故曰有攸往。主人有言。言必讒也。〔離變爲艮。故言有所往。往而見燒。故主人有言。言而見敗。故必讒言。〕純離爲牛。〔易離上離下。離畜牝牛吉。故言純離爲牛。〕世亂讒勝。勝將適離。故曰其名曰牛。〔離焚山則離勝。譬世亂則讒勝。山焚則離獨存。故知名牛也。豎牛非牝牛。故不吉。〕謙不足飛。不翔。〔謙道沖退。故飛不遠翔。〕垂不峻。翼不廣。〔峻高也。翼垂下。故不能廣遠。〕故曰其爲子後乎。〔不遠翔。故知不遠去。〕吾子亞卿也。抑少不終（旦日正卿之位莊叔父子世爲亞卿位不足以終盡卦體蓋引而致之）楚子以屈申爲貳於吳乃殺之（造生貳心）以屈生爲莫敖（生屈建子）使與令尹子蕩如晉逆女過鄭鄭伯勞子蕩于汜勞屈生于菟氏（汜菟氏皆鄭地○過古禾反勞力報反後皆同汜徐扶嚴反菟大胡反）晉侯送女于邢丘子產相鄭伯會晉侯于邢丘（傳言楚強諸侯畏敬其使）

公如晉（卽位而往見）自郊勞至于贈賄（往有郊勞去有贈賄）無失禮（揖讓之禮）晉侯謂女叔齊曰魯侯不亦善於禮乎對曰魯侯焉知禮公曰何爲自郊勞至于贈賄禮無違者何故不知對曰是儀也不可謂禮禮所以守其國行其政令無失其民者也今政令在家（在大夫）不能取也有

子家羈弗能用也。羈，莊公玄孫懿伯也。奸大國之盟，陵虐小國，謂伐莒取鄆。利人之難，謂往年莒亂而取鄆。○[難]乃旦反。下並同。不知其私，不自知有私難。公室四分，民食於他，他謂三家也。言魯君與民無異。思莫在公，不圖其終。無爲公謀終始者。○[思]息吏反。一如字。爲國君，難將及身，不恤其所。禮之本末將於此乎在，在恤民與憂國。而屑屑焉習儀以亟。言以習儀爲急。言善於禮，不亦遠乎？君子謂叔侯於是乎知禮。時晉侯亦失政，叔齊以此諷諫。○[諷]芳鳳反。

晉韓宣子如楚送女，叔向爲介。鄭子皮、子大叔勞諸索氏。河南城皋縣東有大索城。○[索]悉洛反。大叔謂叔向曰：楚王汰侈已甚，子其戒之。叔向曰：汰侈已甚，身之災也，焉能及人？若奉吾幣帛，愼吾威儀守之以信行之以禮敬始而思終終無不復事皆可復行從而不失儀從順也敬而不失威道之以訓辭奉之以舊法考之以先王以先王之禮成其好度之以二國度晉楚之勢而行之○度待洛反雖汏侈若我何及楚楚子朝其大夫曰晉吾仇敵也苟得志焉無恤其他今其來者上卿上大夫也若吾以韓起爲閽刖足使守門以羊舌肸爲司宮加宮刑○肸許乙反足以辱晉吾亦得志矣可乎大夫莫對薳啓彊曰可苟有其備何故不可恥匹夫不可以無備況恥國乎是以聖王務行禮不求恥人朝聘有珪珪以爲信享頫有璋享饗也頫見也既朝聘而享見也臣爲君使執璋○頫他弔反又他彫反

[〔見〕賢遍反。〔爲〕于僞反。]小有述職。[諸侯適天子曰述職。]大有巡功。[天子巡守曰巡功。]設机而不倚。爵盈而不飲。[言務行禮。]宴有好貨。[宴飲以貨爲好衣服車馬在客所無。○〔好〕去聲。]飧有陪鼎。[熟食爲飧。陪，加也。加鼎所以厚殷勤。○〔飧〕音孫。]入有郊勞。[賓至逆勞之於郊。]出有贈賄。[去則贈之以貨賄。]禮之至也。國家之敗，失之道也。則禍亂興。[失朝聘宴好之道。]城濮之役。[在僖二十八年。]晉無楚備。以敗於邲。[在宣十二年。言兵禍始於城濮。○〔邲〕皮必反。]邲之役。楚無晉備。以敗於鄢。[在成十六年。○〔鄢〕於晚反。]自鄢以來。晉不失備。而加之以禮。重之以睦。[君臣和也。]是以楚弗能報而求親焉。既獲姻親。又欲恥之。以召寇讎。備之若何。[言何以爲備。]誰其重此。[言怨重。]若有其人。恥之可也。[謂有賢人以敵晉則

可恥之。若其未有，君亦圖之。晉之事君，臣曰可矣。求諸侯而麇至，麇，羣也。○麇，丘隕反，又其郧反。求昏而薦女，薦，進也。君親送之，上卿及上大夫致之，猶欲恥之，君其亦有備矣。不然，柰何？韓起之下，趙成、中行吳、魏舒、范鞅、知盈；五卿位在韓起之下，皆三軍之將佐也。成，趙武之子。吳，荀偃之子。○行，戶郎反。鞅，於丈反。羊舌肸之下，祁午、張趯、籍談、女齊、梁丙、張骼、輔躒、苗賁皇，皆諸侯之選也。言非凡人。○趯，他歷反。骼，古百反，或音各。躒，力狄反，又力各反。賁，音枌。選，去聲。韓襄爲公族大夫，韓須受命而使矣；襄，韓無忌子也，爲公族大夫。須，起之門子。年雖幼，已任出使。○任，音壬。箕襄、邢帶，二人，韓氏族。叔禽、叔椒、子羽，皆韓起庶子。皆大家也。韓賦七邑，皆成縣也。成縣，賦百乘也。羊舌四族皆彊家也四族銅鞮伯華叔向叔魚叔虎兄弟四人○〔鞮〕丁兮反晉人若喪韓起楊肸五卿八大夫五卿趙成以下八大夫祁午以下○〔喪〕息浪反叔向本羊舌氏食菜於楊輔韓須楊石石叔向子食我也○〔食〕音嗣因其十家九縣韓氏七羊舌氏四而言十家舉大數也羊舌四家共二縣故但言彊家長轂九百長轂戎車也縣百乘○〔轂〕古木反其餘四十縣遺守四千計遺守國者尚有四千乘奮其武怒以報其大恥伯華謀之伯華叔向兄中行伯魏舒帥之伯中行吳其蔑不濟矣君將以親易怨失婚姻之親實無禮以速寇而未有其備使羣臣往遺之禽以逞君心何不可之有王曰不穀之過也大夫無辱謝薳啓彊○〔遺〕唯季反厚爲韓子禮王欲敖叔向以其所不知而不能言叔

向之多知。○〔敖〕五報反。亦厚其禮。韓起反，鄭伯勞諸圉，圉，鄭地名。辭不敢見，禮也。奉使君命未反故。○〔見〕賢遍反。鄭罕虎如齊，娶於子尾氏。自為逆也。晏子驟見之。陳桓子問其故，對曰：能用善人，民之主也。謂授子產政。

夏，莒牟夷以牟婁及防茲來奔。牟夷非卿而書，尊地也。尊，重也。重地故書，以名其人，終為不義。莒人愬于晉。愬魯受牟夷。晉侯欲止公。范獻子曰：不可。人朝而執之，誘也。討不以師，而誘以成之，惰也。為盟主而犯此二者，無乃不可乎？請歸之，閒而以師討焉。閒，暇也。○〔誘〕音酉。〔閒〕音閑。又如字。乃歸公。秋七月，公至自晉。莒人來討，討受牟夷。不設備。戊辰，叔弓敗諸蚡泉，莒未陳也。嫌君臣異，故重發例。冬十月楚子以諸侯及東夷伐吳以報棘櫟麻之役（役在四年）薳射以繁揚之師會於夏汭（會楚子○射食夜反又食亦反）越大夫常壽過帥師會楚子于瑣（瑣楚地○過古禾反）聞吳師出薳啓彊帥師從之（從吳師也）遽不設備吳人敗諸鵲岸（廬江舒縣有鵲尾渚）楚子以馹至於羅汭（馹傳也羅水名○馹人實反）吳子使其弟蹶由犒師（犒勞也○蹶居衛反）楚人執之將以釁鼓王使問焉曰女卜來吉乎對曰吉寡君聞君將治兵於敝邑卜之以守龜曰余亟使人犒師請行以觀王怒之疾徐而爲之備尚克知之（言吳令龜如此○女音汝守手又反下同）龜兆告吉曰克可知也君若驩焉好逆使臣滋敝邑休怠（休解也○好呼

報反〔解〕佳賣反而志其死亡無日矣今君奮焉震電馮怒馮盛也〇〔馮〕皮冰反虐執使臣將以釁鼓則吳知所備矣敝邑雖羸若早脩完完器備〇〔羸〕力危反其可以息師息楚之師難易有備可謂吉矣且吳社稷是卜豈爲一人使臣獲釁軍鼓而敝邑知備以禦不虞其爲吉孰大焉國之守龜其何事不卜言常卜〇豈〔爲〕于僞反一臧一否其誰能常之城濮之兆其報在邲城濮戰楚卜吉其效乃在邲〇〔否〕悲矣反今此行也其庸有報志言吳有報楚意乃弗殺楚師濟於羅汭沈尹赤會楚子次於萊山蘧射帥繁揚之師先入南懷楚師從之及汝清南懷汝清皆楚界吳不可入有備楚子遂觀兵於坻箕

之山（觀示也〔坻〕直吏反）。○是行也吳早設備楚無功而還以蹶由歸楚子懼吳使沈尹射待命于巢薳啓彊待命于雩婁禮也（善有備。○〔雩〕音于〔婁〕力侯反。又力俱反）。秦后子復歸於秦（元年奔晉）。景公卒故也（終五稔之言）。

經六年春王正月杞伯益姑卒（再同盟）。葬秦景公。夏季孫宿如晉。葬杞文公（無傳）。宋華合比出奔衛（合比事君不以道自取奔亡書名罪之。○〔華〕戶化反〔比〕如字）。秋九月大雩。楚薳罷帥師伐吳（○〔罷〕音皮）。冬叔弓如楚。齊侯伐北燕。

傳六年春王正月杞文公卒弔如同盟禮也（魯怨杞因晉取其田而今不廢喪紀故禮之）。大夫如秦葬景公禮也（合先王士弔大夫送葬之）

禮。三月。鄭人鑄刑書。（鑄刑書於鼎以爲國之常法）叔向使詒子產書（詒遺也○〔遺〕唯季反）曰。始吾有虞於子。（虞度也言準度子產以爲己法○〔度〕音鐸下同）今則已矣。（已止也）昔先王議事以制。不爲刑辟。懼民之有爭心也。（臨事制刑不豫設法也法豫設則民知爭端○〔辟〕婢亦反下同）猶不可禁禦。是故閑之以義。（閑防也）糾之以政。（糾舉也）行之以禮。守之以信。奉之以仁。（奉養也）制爲祿位以勸其從。（勸從教）嚴斷刑罰以威其淫。（淫放也○〔斷〕丁亂反下同）懼其未也。故誨之以忠。聳之以行。（聳懼也○〔行〕下孟反）教之以務。（時所急）使之以和。（說以使民）臨之以敬。涖之以彊。（施之於事爲涖）斷之以剛。（義斷恩）猶求聖哲之上。明察之官。（上公王也官卿大夫也）忠信之長。慈惠之師。民於是乎可任使也。而不生禍亂。民知有辟。則不忌於上。（權移於法。故民不畏上。）並有爭心。以徵於書。而徼幸以成之。（因危文以生爭。緣徼幸以成其巧僞。○〔徼〕古堯反。）弗可爲矣。（爲。治也。）夏有亂政而作禹刑。商有亂政而作湯刑。（夏商之亂。著禹湯之法。言不能議事以制。）周有亂政而作九刑。（周之衰。亦爲刑書。謂之九刑。）三辟之興。皆叔世也。（言刑書不起於始盛之世。）今吾子相鄭國。作封洫。（在襄三十年。○〔洫〕況域反。）立謗政。（作丘賦在四年。）制參辟。鑄刑書。（制參辟。謂用三代之末法。）將以靖民。不亦難乎。詩曰。儀式刑文王之德。日靖四方。（詩頌。言文王以德爲儀式。故能日有安靖四方之功。刑。法也。）又曰。儀刑文王。萬邦作孚。（詩大雅。言文王作儀法。爲天下所信。孚。信也。）如是。何辟之有。（言詩唯以德與信。不以刑也。民知爭端矣。將弃禮而徵於書。以刑書爲徵。錐刀之末。將盡爭之。錐刀末。喻小事。亂獄滋豐。賄賂並行。終子之世。鄭其敗乎。肸聞之。國將亡。必多制。數改法。其此之謂乎。復書曰。若吾子之言。復。報也。僑不才。不能及子孫。吾以救世也。既不承命。敢忘大惠。以見箴戒爲惠。士文伯曰。火見。鄭其火乎。火。心星。周五月昏見。○見音現。火未出而作火以鑄刑器。刑器。鼎也。藏爭辟焉。火如象之。不火何爲。象。類也。同氣相求。火未出而用火。相感而致災。夏。季孫宿如晉。拜莒田也。謝前年受牟夷邑不見討。晉侯享之。有加籩。籩豆之數。多於常禮。武子退。使行人告曰。小國之事大國也。苟免於討。不敢求貺。貺。賜也。得貺不

過三獻。周禮大夫三獻。今豆有加。下臣弗堪。無乃戾也。懼以不堪
爲罪。韓宣子曰。寡君以爲驩也。以加禮致驩心。對曰。寡君猶未
敢。未敢當此加也。況下臣君之隸也。敢聞加貺。固請徹加。而
後卒事。晉人以爲知禮。重其好貨。宴好之貨。○〔好〕去聲。宋寺人
柳有寵。有寵於平公。○柳寺人名。大子佐惡之。華合比曰。我殺之。
欲以求媚大子。○〔惡〕烏路反。柳聞之。乃坎用牲埋書。詐爲盟處。而告公
曰。合比將納亡人之族。亡人華臣也。襄十七年奔衛。既盟于北郭
矣。公使視之。有焉。遂逐華合比。合比奔衛。於是華亥
欲代右師。亥合比弟。欲得合比處。乃與寺人柳比。從爲之徵。曰
聞之久矣。聞合比欲納華臣。○柳〔比〕毗志反。公使代之。代合比爲右師。見於

左師。左師向戌。○〔見〕賢遍反。又如字。左師曰女夫也必亡。夫謂華亥。○〔女〕音汝。下同。女喪而宗室。於人何有。人亦於女何有。言人亦不能愛女。○〔喪〕息浪反。詩曰宗子維城。毋俾城壞。毋獨斯畏。詩大雅。言宗子之固若城。俾使也。女其畏哉。爲二十年華亥出奔傳。六月丙戌。鄭災。終士文伯之言。楚公子弃疾如晉。報韓子也。報前年送女。過鄭。鄭罕虎公孫僑游吉從鄭伯以勞諸柤。辭不敢見。不敢當國君之勞。柤鄭地。○〔過〕如字。又平聲。〔從〕去聲。或如字。〔勞〕去聲。〔柤〕音查。〔見〕賢遍反。固請見之。見如見王。見鄭伯如見楚王。言弃疾共而有禮。以其乘馬八匹私面。私見鄭伯。○〔乘〕去聲。見子皮如上卿。如見楚卿。以馬六匹見子產。以馬四匹見子大叔以馬二匹。降殺以兩。〔殺〕所界反。○禁芻牧採樵。不入田。

不犯田種不樵樹不采蓺蓺種也不抽屋不强匄誓曰有犯命者君子廢小人降君子則廢黜不得居位小人則退給下劇也○〔匄〕音蓋舍不爲暴主不慁賓慁患也○〔慁〕戶困反往來如是鄭三卿皆知其將爲王也三卿罕虎公孫僑游吉韓宣子之適楚也楚人弗逆公子弃疾及晉竟晉侯將亦弗逆叔向曰楚辟我衷辟邪也衷正也○〔竟〕音境〔辟〕匹亦反〔衷〕音忠若何效辟詩曰爾之教矣民胥效矣詩小雅言上教下效從我而已焉用效人之辟書曰聖作則逸書則法也無寧以善人爲則無寧寧也而則人之辟乎匹夫爲善民猶則之況國君乎晉侯說乃逆之傳言叔向知禮秋九月大雩旱也徐儀楚聘于楚儀楚徐大夫楚子

執之逃歸懼其叛也使薳洩伐徐（薳洩楚大夫）吳人救之令尹子蕩帥師伐吳師于豫章而次于乾谿（乾谿在譙國城父縣南楚東竟）吳人敗其師於房鍾（房鍾吳地）獲宮廄尹弃疾（鬬韋龜之父）子蕩歸罪於薳洩而殺之（歸罪於薳洩不以敗告故不書）冬叔弓如楚聘且弔敗也（弔為吳所敗）十一月齊侯如晉請伐北燕也（告盟主）士匄相士鞅逆諸河禮也（士匄晉大夫相為介得敬逆來者之禮○匄古害反）晉侯許之十二月齊侯遂伐北燕將納簡公（簡公北燕伯三年出奔齊）晏子曰不入燕有君矣民不貳吾君賄左右謟諛作大事不以信未嘗可也（為明年暨齊平傳）

經七年春王正月暨齊平（暨與也燕與齊平前年冬齊伐燕閒無異事故不重

言燕從可知。三月。公如楚。叔孫婼如齊涖盟。無傳。公將遠適楚。故叔孫如齊尋舊好。○[婼]敕略反。又音釋。夏四月甲辰朔。日有食之。秋八月。戊辰。衛侯惡卒。元年大夫盟于虢。九月。公至自楚。冬十有一月。癸未。季孫宿卒。十有二月。癸亥。葬衛襄公。

傳七年春王正月。暨齊平。齊求之也。齊伐燕。燕人賂之。反從求平。如晏子言。癸巳。齊侯次于虢。虢燕竟。燕人行成。曰。敝邑知罪。敢不聽命。先君之敝器。請以謝罪。敝器。瑤罋玉櫝之屬。公孫晳曰。受服而退。俟釁而動。可也。晳齊大夫。二月。戊午。盟于濡上。濡水出高陽縣東北。至河閒鄚縣入易水。○[濡]音須。又女于反。燕人歸燕姬。嫁女與齊侯。賂以瑤罋玉櫝斝耳。不克而還。瑤玉罋也。櫝匱也。斝玉爵。○[斝]古雅反。一音嫁。楚子之爲令尹也。爲王旌以田。析羽爲旌。王旌游至於軫。○[游]音留。芋尹無宇斷之。曰。一國兩君。其誰堪之。及卽位。爲章華之宮。納亡人以實之。章華。南郡華容縣。○[芋]于付反。[斷]音短。○無宇之閽入焉。有罪亡入章華宮。無宇執之。有司弗與。王有司也。曰。執人於王宮。其罪大矣。執而謁諸王。執無宇也。王將飲酒。遇其歡也。無宇辭曰。天子經略。經營天下。略有四海。故曰經略。諸侯正封。封疆有定分。古之制也。封略之內。何非君土。食土之毛。誰非君臣。毛。草也。故詩曰。普天之下。莫非王土。率土之濱。莫非王臣。詩小雅。濱。涯也。天有十日。甲至癸。人有十等。王至臺。下所以事上。上所以共神也。故王臣公。公臣大夫。大夫臣士士臣皁皁臣輿輿臣隸隸臣僚僚臣僕僕臣臺馬有圉牛有牧養馬曰圉養牛曰牧○〔共〕音恭以待百事今有司曰女胡執人於王宮將焉執之周文王之法曰有亡荒閱荒大也閱蒐也有亡人當大蒐其衆所以得天下也吾先君文王楚文王作僕區之法僕區刑書名○僕〔區〕烏侯反僕隱也區匿也曰盜所隱器隱盜所得器與盜同罪所以封汝也行善法故能啓疆北至汝水若從有司是無所執逃臣也逃而舍之是無陪臺也言皆將逃王事無乃闕乎昔武王數紂之罪以告諸侯曰紂爲天下逋逃主萃淵藪萃集也天下逋逃悉以紂爲淵藪集而歸之故夫致死焉人欲致死討紂○〔夫〕音扶又方于反君王始求諸侯而則紂無乃不

可乎。若以二文之法取之。盜有所在矣。言王亦為盜。王曰。取而臣以往。往去也。盜有寵。未可得也。盜有寵王自謂。為葬靈王張本。遂赦之。赦無宇。楚子成章華之臺。願與諸侯落之。宮室始成祭之為落。臺今在華容城內。大宰薳啓彊曰。臣能得魯侯。薳啓彊來召公。辭曰。昔先君成公命我先大夫嬰齊曰。吾不忘先君之好。將使衡父照臨楚國。鎮撫其社稷。以輯寧爾民。嬰齊受命于蜀。蜀盟在成二年。衡父公衡。奉承以來。弗敢失隕。而致諸宗祧。言奉成公此語以告宗廟。日我先君共王引領北望。日月以冀。冀魯朝。（共）音恭。○傳序相授。於今四王矣。四王共。康。郟敖。及靈王。嘉惠未至。唯襄公之辱臨我喪。襄公二十八年如楚。

臨康王喪 孤與其二三臣悼心失圖在哀喪故 社稷之不皇況
能懷思君德皇暇也言有大喪多不暇 今君若步玉趾辱見寡君
趾足也 寵靈楚國以信蜀之役致君之嘉惠是寡君既
受貺矣何蜀之敢望言但欲使君來不敢望如蜀復有質子○〔復〕去聲〔質〕音致下同
其先君鬼神實嘉賴之豈唯寡君君若不來使臣請
問行期問魯見伐之期 寡君將承質幣而見于蜀以請先君
之貺請問也〔見〕音現 ○公將往夢襄公祖祖祭道神 梓慎曰君不
果行襄公之適楚也夢周公祖而行今襄公實祖君
其不行子服惠伯曰行先君未嘗適楚故周公祖以
道之襄公適楚矣而祖以道君不行何之三月公如

楚鄭伯勞于師之梁（鄭城門。○(勞)去聲）孟僖子爲介不能相儀（僖子，仲孫貜。○(貜)俱縛反）及楚不能荅郊勞（爲下僖子病不相禮張本）夏四月甲辰朔日有食之晉侯問於士文伯曰誰將當日食對曰魯衛惡之（受其凶惡。○(惡)之如字，或去聲）衛大魯小公曰何故對曰去衛地如魯地（衛地豕韋也，魯地降婁也，日食於豕韋之末，及降婁之始乃息，故禍在衛大，在魯小。周四月，今二月，故日在降婁。○(降)戶江反）於是有災魯實受之（災發於衛，而魯受其餘禍）其大咎其衛君乎魯將上卿（八月衛侯卒，十一月季孫宿卒）公曰詩所謂彼日而食于何不臧者何也（感日食而問詩）對曰不善政之謂也國無政不用善則自取讁于日月之災（讁，譴也）故政不可不愼也務三而已一曰擇人。擇賢人。二曰因民。因民所利而利之。三曰從時。順四時之所務。

晉人來治杞田。前女叔侯不盡歸。今公適楚。晉人恨。故復來治杞田。季孫將以

成與之。成。孟氏邑。本杞田。謝息爲孟孫守不可。謝息。僖子家臣。○［爲］去聲。下同。［守］音狩。守臣同。曰人有言曰。雖有挈缾之知。守不假器。禮

也。挈缾汲者。喻小知。爲人守器。猶知不以借人。○［知］音智。夫子從君而守臣喪

邑。夫子。謂孟僖子從公如楚。○［喪］去聲。雖吾子亦有猜焉。言季孫亦將疑我不忠。

季孫曰。君之在楚。於晉罪也。言晉罪君之至楚。又不聽晉。魯

罪重矣。晉師必至。吾無以待之。不如與之。閒晉而取

諸杞。候晉閒隙。可復伐杞取之。○［閒］如字。吾與子桃。魯國卞縣東南有桃虛。成反

誰敢有之。是得二成也。魯無憂而孟孫益邑。子何病

焉辭以無山與之萊柞（萊、柞，二山。○[萊]音來。[柞]子洛反，又音昨。）乃還于桃（謝息遷也。）晉人爲杞取成（不書，非公命。）楚子享公于新臺（章華臺也。）使長鬣者相（鬣，鬚也。欲光夸魯侯。○[鬣]力輒反。[相]去聲。）好以大屈（宴好之賜。大屈，弓名。○[好]呼報反。[屈]居勿反。）既而悔之。薳啓彊聞之，見公。公語之，拜賀。公曰：「何賀？」對曰：「齊與晉、越欲此久矣，寡君無適與也，而傳諸君。君其備禦三鄰（言齊、晉、越將伐魯而取之。○[見]賢遍反。[語]魚據反。[適]丁歷反。）愼守寶矣，敢不賀乎？」公懼，乃反之（傳言楚靈不信，所以不終。）鄭子產聘于晉。晉侯有疾，韓宣子逆客，私焉（私語。）曰：「寡君寢疾，於今三月矣，竝走羣望（晉所望祀山川，皆走往祈禱。）有加而無瘳。今夢黃熊入於寢門，其何厲鬼也？」對

曰以君之明子為大政其何厲之有昔堯殛鯀于羽
山羽山在東海祝其縣西南○(熊)音雄獸名亦作能如字一奴來反三足鼈也解者云獸非入水之物
故知為鼈也說文云能熊屬其神化為黃熊以入于羽淵實為夏
郊三代祀之鯀禹父夏家郊祭之歷殷周二代又通在羣神之數并見祀晉為盟
主其或者未之祀也乎言周衰晉為盟主得佐天子祀羣神韓子祀夏
郊祀鯀晉侯有閒閒差也○(差)初賣反賜子產莒之二方鼎方鼎莒所
貢子產為豐施歸州田於韓宣子豐施鄭公孫段之子三年晉以州田
賜段○(為)于僞反曰日君以夫公孫段為能任其事而賜之
州田今無祿早世不獲久享君德其子弗敢有不敢
以聞於君私致諸子此年正月公孫段卒○(夫)音扶(任)音壬下同宣子辭

子產曰古人有言曰其父析薪其子弗克負荷荷擔也以微薄喻貴重○[荷]河可反[擔]丁甘反施將懼不能任其先人之祿其況能任大國之賜縱吾子爲政而可後之人若屬有疆埸之言敝邑獲戾恐後代宣子者將以鄭取晉邑罪鄭○[屬]音燭而豐氏受其大討吾子取州是免敝邑於戾而建置豐氏也敢以爲請傳言子產貞而不諒宣子受之以告晉侯晉侯以與宣子宣子爲初言病有之初言謂與趙文子爭州田以易原縣於樂大心樂大心宋大夫原晉邑以賜樂大心鄭人相驚以伯有曰伯有至矣則皆走不知所往襄三十年鄭殺伯有言其鬼至鑄刑書之歲二月在前年或夢伯有介而行介甲也曰壬子余將殺帶也

駟帶助子晳殺伯有壬子六年三月三日明年壬寅余又將殺段也公孫段豐氏黨壬寅此年正月二十八日及壬子駟帶卒國人益懼齊燕平之月此年正月壬寅公孫段卒國人愈懼其明月子產立公孫洩及良止以撫之乃止公孫洩子孔之子也襄十九年鄭殺子孔良止伯有子也立以爲大夫使有宗廟子大叔問其故子產曰鬼有所歸乃不爲厲吾爲之歸也大叔曰公孫洩何爲子孔不爲厲問何爲復立洩子產曰說也爲身無義而圖說伯有無義以妖鬼故立之恐惑民并立洩使若自以大義存誅絕之後者以解說民心○說如字下同又始銳反從政有所反之以取媚也民不可使知之故治政或當反道以求媚於民不媚不信說而後信之不信民不從也及子產適晉趙景子問焉景子晉中

軍佐趙成。曰。伯有猶能爲鬼乎。子產曰。能。人生始化曰魄。魄。形也。既生魄。陽曰魂。陽。神氣也。用物精多。則魂魄强。物。權勢。是以有精爽至於神明。爽。明也。匹夫匹婦强死。其魂魄猶能馮依於人。以爲淫厲。强死。不病也。人。謂匹夫匹婦賤身。○[强]其丈反。下同。況良霄。我先君穆公之冑。子良之孫。子耳之子。敝邑之卿。從政三世矣。鄭雖無腆。腆。厚也。○子良。公子去疾。生子耳。公孫輒。輒生伯有。良霄。三世爲鄭卿。抑諺曰。蕞爾國。蕞。小貌。○[蕞]在最反。而三世執其政柄。其用物也弘矣。其取精也多矣。其族又大。所馮厚矣。良霄。魂魄所馮者。貴重。而强死。能爲鬼。不亦宜乎。傳言子產之博敏。子皮之族。飲酒無度。相尚以奢。相困以酒。故馬師氏與子皮氏有惡。馬師氏。公孫鉏之子罕朔也。襄三十年。馬師頡出奔。公孫鉏代之。爲馬師。與子皮俱同一族。齊師還自燕之月。在此年二月。罕朔殺罕魋。魋。子皮弟。罕朔奔晉。韓宣子問其位於子產。問朔可使在何位。子產曰。君之羈臣。苟得容以逃死。何位之敢擇。卿違從大夫之位。謂以禮去者。降位一等。罪人以其罪降。罪重則降多。古之制也。朔於敝邑亞大夫也。其官馬師也。大夫位。馬師職。獲戾而逃。唯執政所寘之。得免其死。爲惠大矣。又敢求位。宣子爲子產之敏也。使從嬖大夫。爲子產故。使降一等。不以罪降。○〔爲〕子于僞反。秋八月。衛襄公卒。晉大夫言於范獻子曰。衛事晉爲睦。睦。和。也。晉不禮焉。庇其賊人而取其地。賊人。孫林父。其地。戚也。故諸侯貳。詩曰。鶺鴒在原。兄弟急難。詩小雅。鶺鴒。雝渠也。飛則鳴。行則搖。喻兄弟相救於急難。不可自舍。○[難]如字。又乃旦反。又曰。死喪之威。兄弟孔懷。威。畏也。言有死喪。則兄弟宜相懷思。兄弟之不睦於是乎不弔。不相弔恤。況遠人誰敢歸之。今又不禮於衛之嗣。嗣。新君也。衛必叛我。是絕諸侯也。獻子以告韓宣子。宣子說。使獻子如衛弔。且反戚田。傳言戚田所由還衛。○[說]音悅。衛齊惡告喪于周。且請命。王使成簡公如衛弔。簡公。王卿士也。且追命襄公曰。叔父陟恪在我先王之左右。以佐事上帝。陟。登也。恪。敬也。帝。天也。叔父。謂襄公。命。如今之哀策。余敢忘高圉亞圉。二圉。周之先也。爲殷諸侯。亦受殷王追命者。九月。公至自楚。孟僖子病不能相禮。不能相儀荅郊勞。以此爲己病。乃講學之。講習也。苟能禮者從之及其將死也。二十四年孟僖子卒。
傳終言之。召其大夫。僖子屬大夫。曰禮人之幹也無禮無以立
吾聞將有達者曰孔丘。僖子卒時孔丘年三十五。聖人之後也。聖人
殷湯。而滅於宋。孔子六代祖孔父嘉為宋督所殺其子奔魯。其祖弗父何以
有宋而授厲公。弗父何孔父嘉之高祖宋閔公之子厲公之兄何適嗣當立以讓厲公。
及正考父。弗父何之曾孫。佐戴武宣。三人皆宋君。三命茲益共。三命
上卿也言位高益共。故其鼎銘云。考父廟之鼎。一命而僂再命而傴
三命而俯。俯共於傴傴共於僂。〔僂〕力主反〔傴〕紆羽反。○循牆而走。言不敢安行。
亦莫余敢侮。其共如是人亦不敢侮之。饘於是鬻於是以餬余口
於是鼎中為饘鬻。饘鬻餬屬言至儉。○〔饘〕之然反〔鬻〕之六反。其共也如是臧孫紇

有言（紇。武仲也。）曰。聖人有明德者。若不當世。其後必有達人。（聖人之後有明德而不當大位。謂正考父。）今其將在孔丘乎。我若獲沒。（得以壽終。）必屬說與何忌於夫子。使事之。（說。南宮敬叔。何忌。孟懿子。皆僖子之子。○〔屬〕音燭。〔說〕音悅。）而學禮焉。以定其位。（知禮則位安。）故孟懿子與南宮敬叔師事仲尼。仲尼曰。能補過者。君子也。詩曰。君子是則是效。（詩小雅。）孟僖子可則效已矣。單獻公弃親用羈。（獻公。周卿士。單靖公之子。頃公之孫。羈。寄客也。○〔單〕音善。）冬十月辛酉。襄頃之族殺獻公而立成公。（襄公。頃公之父。成公。獻公弟。○〔頃〕音傾。）十一月。季武子卒。晉侯謂伯瑕（伯瑕。士文伯。）曰。吾所問日食從矣。可常乎。（衛侯武子皆卒故。）對曰。不可。六物不同。（各異時。）民心不壹。政教殊。事序不類。有變易。官職不則。治官居職非一法。同始異終。胡可常也。詩曰。或燕燕居息。或憔悴事國。詩小雅。言不同。○〔憔〕在遙反。詩作盡。其異終也如是。公曰。何謂六物。對曰。歲時日月星辰。是謂也。公曰。多語寡人辰。而莫同。何謂辰。對曰。日月之會。是謂辰。一歲日月十二會。所會謂之辰。○〔語〕魚據反。故以配日。謂以子丑配甲乙。衛襄公夫人姜氏無子。姜氏宣姜。嬖人婤姶生孟縶。孔成子夢康叔謂己。立元。成子衛卿。孔達之孫烝鉏也。元孟縶弟。夢時元未生。○〔婤〕音周。又直周反。〔姶〕烏荅反。〔縶〕張立反。余使羈之孫圉。與史苟相之。羈烝鉏子。苟史朝子。史朝亦夢康叔謂己。余將命而子苟與孔烝鉏之曾孫圉相元。史朝見成子告之。

夢夢協（協合也）晉韓宣子爲政聘于諸侯之歲（在二年）婤姶生子名之曰元孟縶之足不良弱行（跛也）孔成子以周易筮之曰元尙享衛國主其社稷（令著辭）遇屯䷂（震下坎上屯）又曰余尙立縶尙克嘉之（嘉善也）遇屯䷂之比䷇（坤下坎上比屯初九爻變○〔比〕音鼻）以示史朝史朝曰元亨又何疑焉（周易曰屯元亨）成子曰非長之謂乎（言屯之元亨謂年長非謂名元○〔長〕丁丈反下同）對曰康叔名之可謂長矣（善之長也）孟非人也將不列於宗不可謂長（足跛非全人不可列爲宗主）且其繇曰利建侯（繇卦辭○〔繇〕直又反）嗣吉何建建非嗣也（嗣子有常位故無所卜又無所建今以位不定卜嗣得吉則當從吉而建之也）二卦皆云（謂再得屯卦皆有建侯之文）子

其建之康叔命之二卦告之筮襲於夢武王所用也弗從何為外傳云大誓曰朕夢協朕卜襲於休祥戎商必克此武王辭弱足者居跛則偏弱居其家不能行侯主社稷臨祭祀奉民人事鬼神從會朝又焉得居各以所利不亦可乎孟跛利居元吉利建故孔成子立靈公十二月癸亥葬衛襄公靈公元也

春秋經傳集解昭公二第二十一

春秋經傳集解昭公三第二十二

杜氏註　盡十二年

經。八年。春。陳侯之弟招殺陳世子偃師。以首惡從殺例。故稱弟。又稱世子。○〔招〕常遙反。夏。四月。辛丑。陳侯溺卒。襄二十七年大夫盟于宋。○〔溺〕乃歷反。叔弓如晉。楚人執陳行人干徵師殺之。稱行人。明非行人罪。陳公子留出奔鄭。留爲招所立。未成君而出奔。秋。蒐于紅。革車千乘。不言大者。經文闕也。紅。魯地。沛國蕭縣西有紅亭。遠疑。○〔沛〕音貝。陳人殺其大夫公子過。與招共殺偃師。書名。罪之。○〔過〕古禾反。大雩。無傳。不旱而秋雩。過也。冬。十月。壬午。楚師滅陳。不稱將帥。不以告。壬午。月十八日。執陳公子招放之于越。無傳。復稱公子。兄已卒。○〔復〕扶又反。殺陳孔奐。無傳。招之黨。楚殺之。○〔奐〕呼亂反。葬陳哀公。（嬖人袁克葬之。魯往會。故書。）

傳。八年。春。石言于晉魏榆。（魏榆。晉地。）晉侯問於師曠曰。石何故言。對曰。石不能言。或馮焉。（謂有精神馮依石而言。）不然。民聽濫也。（濫。失也。○〔濫〕力暫反。）抑臣又聞之。（抑。疑辭。）曰。作事不時。怨讟動于民。則有非言之物而言。今宮室崇侈。民力彫盡。（彫。傷也。）怨讟竝作。莫保其性。（性。命也。民不敢自保其性命。）石言不亦宜乎。於是晉侯方築虒祁之宮。（虒祁。地名。在絳西四十里。臨汾水。○〔虒〕音斯。）叔向曰。子野之言。君子哉。（子野。師曠字。）君子之言。信而有徵。故怨遠於其身。（怨咎遠其身也。○〔遠〕于萬反。）小人之言。僭而無徵。故怨咎及之。詩曰。哀哉不能言。匪舌是出。唯躬是瘁。詩小雅也。不能言。謂不知言理。以僭言見退者。其言非不從舌出。以僭而無信。自取瘁病。故哀之。○[出]如字。又尺遂反。哿矣能言。巧言如流。俾躬處休。其是之謂乎。哿嘉也。巧言如流。謂非正言而順敘。以聽言見荅者。言其可嘉。以信而有徵。自取安逸。師曠此言。緣問流轉。終歸于諫。故以比巧言如流也。當叔向時。詩義如此。故與今說詩者小異。○[哿]古可反。是宮也成。諸侯必叛。君必有咎。夫子知之矣。謂十年晉侯彪卒傳。

陳哀公元妃鄭姬。生悼大子偃師。元妃。嫡夫人也。二妃生公子留。下妃生公子勝。二妃嬖。留有寵。屬諸司徒招與公子過。招及過。皆哀公弟也。○[屬]音燭。哀公有癈疾。○[癈]甫肺反。三月。甲申。公子招公子過殺悼大子偃師而立公子留。夏四月辛亥。哀公縊。憂恚自殺。經書辛丑。從赴。○[恚]一睡反。于徵師赴于楚。（于徵師陳大夫。）且告有立君公子勝愬之于楚（以招過殺偃師告愬也。）楚人執而殺之（殺于徵師。）公子留奔鄭書曰陳侯之弟招殺陳世子偃師罪在招也楚人執陳行人于徵師殺之罪不在行人也（疑爲招赴楚當同罪故重發之。）叔弓如晉賀虒祁也（賀宮成。）游吉相鄭伯以如晉亦賀虒祁也史趙見子大叔曰甚哉其相蒙也（蒙欺也。○〔相〕息亮反下相吾室同。）可弔也而又賀之子大叔曰若何弔也其非唯我賀將天下實賀（言諸侯畏晉非獨鄭。）秋大蒐于紅自根牟至于商衛革車千乘（大蒐數軍實簡車馬也。根牟魯東界琅邪陽都縣有牟鄉。商宋地。魯西竟接宋衞也。言千乘明大蒐且見魯衆之大數也。）七月甲戌齊子尾卒子旗欲治其室（子旗。

欒施也。欲幷治子尾之家政。丁丑。殺梁嬰。梁嬰。子尾家宰。八月。庚戌。逐子成子工子車。三子。齊大夫。子尾之屬。子成。頃公子固也。子工。成之弟鑄也。子車。頃公之孫捷也。皆來奔。不書。非卿。而立子良氏之宰。子良。子尾之子高彊也。子旗為子良立宰。其臣曰。孺子長矣。孺子。謂子良。而相吾室。欲兼我也。兼幷也。授甲將攻之。陳桓子善於子尾。亦授甲將助之。或告子旗。子旗不信。則數人告。將往。又數人告於道。遂如陳氏。桓子將出矣。聞之而還。聞子旗至。游服而逆之。去戎備。著常游戲之服。請命。問桓子所至。對曰。聞彊氏授甲將攻子。子聞諸。曰。弗聞。子盍亦授甲。無宇請從。無宇。桓子名。○[從]才用反。子旗曰。子胡然。彼孺子也。吾誨之猶懼其不濟。吾又寵秩之。謂爲之立宰。其若先人何。子盍謂之。謂之使無攻我。周書曰。惠不惠。茂不茂。周書康誥也。言當施惠於不惠者。勸勉於不勉者。茂勉也。康叔所以服弘大也。服行也。桓子稽顙曰。頃靈福子。頃公靈公欒氏所事之君。吾猶有望。望子旗惠及己。遂和之如初。和欒高二家。陳公子招歸罪於公子過而殺之。言招所以不死而得放。九月。楚公子弃疾帥師奉孫吳圍陳。孫吳悼大子偃師之子惠公。宋戴惡會之。戴惡宋大夫。冬十一月壬午。滅陳。壬午十一月十八日。傳言十一月誤。輿嬖袁克殺馬毀玉以葬。輿衆也。袁克嬖人之貴者。欲以非禮厚葬哀公。楚人將殺之。請寘之。置馬玉。既又請私。私盡君臣恩。私於幄加絰於顙而逃。幄帳也。逃不欲爲楚臣。○（絰）直結反。使穿封戌爲陳公。戌楚大夫。滅陳爲縣。

使戍為縣公曰城麇之役不諂城麇役在襄二十六年戍與靈王爭皇頡○(麇)九倫反侍飲酒於王王曰城麇之役女知寡人之及此女其辟寡人乎及此謂為王○(女)音汝對曰若知君之及此臣必致死禮以息楚息寧靜也晉侯問於史趙曰陳其遂亡乎對曰未也公曰何故對曰陳顓頊之族也陳祖舜舜出顓頊歲在鶉火是以卒滅陳將如之顓頊氏以歲在鶉火而滅火盛而水滅今在析木之津猶將復由箕斗之閒有天漢故謂之析木之津由用也且陳氏得政于齊而後陳卒亡物莫能兩盛自幕至于瞽瞍無違命幕舜之先瞽瞍舜父從幕至瞽瞍閒無違天命廢絕者舜重之以明德寘德於遂遂舜後蓋殷之興存舜之後而封遂言舜德乃至於遂遂世守之及

胡公不淫故周賜之姓使祀虞帝胡公滿遂之後也事周武王賜姓曰嬀封諸陳紹舜後臣聞盛德必百世祀虞之世數未也繼守將在齊其兆既存矣言陳氏興盛於齊形兆已見

經九年春叔弓會楚子于陳以事往非行會禮許遷于夷許畏鄭欲遷故以自遷爲文夏四月陳災天火曰災陳既已滅降爲楚縣而書陳災者猶晉之梁山沙鹿崩不書晉災害繫於所災所害故以所在爲名秋仲孫貜如齊○貜俱縛反冬築郎囿

傳九年春叔弓宋華亥鄭游吉衛趙黶會楚子于陳楚子在陳故四國大夫往非盟主所召不行會禮故不總書○黶於減反二月庚申楚公子弃疾遷許于夷實城父此時改城父爲夷故傳實之城父縣屬譙郡取

州來淮北之田以益之益許田伍舉授許男田然丹遷城父人於陳以夷濮西田益之以夷田在濮水西者與城父人遷方城外人於許成十五年許遷於葉因謂之許今許遷於夷故以方城外人實其處傳言靈王使民不安〔葉〕始涉反○周甘人與晉閻嘉爭閻田甘人甘大夫襄也閻嘉晉閻縣大夫晉梁丙張趯率陰戎伐潁陰戎陸渾之戎潁周邑○〔趯〕他歷反王使詹桓伯辭於晉辭責讓之桓伯周大夫曰我自夏以后稷魏駘芮岐畢吾西土也在夏世以后稷功受此五國爲西土之長駘在始平武功縣所治釐城岐在扶風美陽縣西北○〔駘〕他來反〔芮〕如銳反〔釐〕他來反一力之反及武王克商蒲姑商奄吾東土也樂安博昌縣北有蒲姑城○〔蒲〕如字又音薄〔奄〕於檢反巴濮楚鄧吾南土也肅慎燕亳吾北土也肅慎北夷在玄菟北三千

餘里吾何邇封之有邇近也文武成康之建母弟以蕃屏周亦其廢隊是爲爲後世廢隊兄弟之國當救濟之○〔隊〕音墜〔爲〕去聲豈如弁髦而因以敝之童子垂髦始冠必三加冠成禮而弃其始冠故言弁髦因以敝之弁亦冠也○始〔冠〕去聲先王居檮杌于四裔以禦螭魅言檮杌略舉四凶之一下言四裔則三苗在其中故允姓之姦居于瓜州允姓陰戎之祖與三苗俱放三危者瓜州今敦煌伯父惠公歸自秦而誘以來僖十五年晉惠公自秦歸二十二年秦晉遷陸渾之戎於伊川使偪我諸姬入我郊甸則戎焉取之邑外爲郊郊外爲甸言戎取周郊甸之地○〔焉〕於虔反又如字戎有中國誰之咎也咎在晉后稷封殖天下今戎制之不亦難乎后稷修封疆殖五穀今戎得之唯以畜牧伯父圖之我在伯父猶衣服之有冠冕

聚珍倣宋版印

木水之有本原。民人之有謀主也。民人謀主，宗族之師長。伯父若裂冠毁冕。拔本塞原。專弃謀主。雖戎狄其何有余一人。伯父猶然，則雖戎狄無所可責。晉率陰戎伐周邑，故云然。叔向謂宣子曰：文之伯也。豈能改物。言文公雖霸，未能改正朔，易服色。○伯，如字，又音霸。翼戴天子。而加之以共。翼，佐也。自文以來，世有衰德，而暴滅宗周。宗周，天子。以宣示其侈。諸侯之貳。不亦宜乎。且王辭直。子其圖之。宣子說。王有姻喪。外親之喪。○說，音悅。使趙成如周弔。且致閻田與襚。襚，送死衣。反潁俘。王亦使賓滑執甘大夫襄以說於晉。晉人禮而歸之。賓滑，周大夫。○說，如字，又音悅。夏四月。陳災。鄭裨竈曰。五年。陳將復封。封五十二年而遂士子產問其故對曰陳水屬也（陳顓頊之後故爲水屬○[復]扶又反下同）火水妃也（火畏水故爲之妃○[妃]平聲一音配）而楚所相也（相治也楚之先祝融爲高辛氏火正主治火事○[相]息亮反）今火出而火陳（火心星也火出於周爲五月而以四月出者以長歷推前年誤置閏）逐楚而建陳也（水得妃而興陳興則楚衰故曰逐楚而建陳）妃以五成故曰五年（妃合也五行各相妃合得五而成故五歲而陳復封爲十三年陳侯吳歸于陳傳○[妃]音配）歲五及鶉火而後陳卒亡楚克有之天之道也故曰五十二年（是歲歲在星紀五歲及大梁而陳復封自大梁四歲而及鶉火後四周四十八歲凡五及鶉火五十二年天數以五爲紀故五及鶉火火盛水衰）

晉荀盈如齊逆女（自爲逆○[爲]于僞反）還六月卒于戲陽（魏郡內黃縣北有戲陽城○[戲]許宜反）殯于絳未葬晉侯飲酒樂膳宰屠蒯

趨入請佐公使尊公之使人執尊酌酒請爲之佐○〔樂〕音洛〔蒯〕苦怪反許之許公之而遂酌以飲工工樂師師曠也○〔飲〕於鴆反下同曰女爲君耳將司聰也樂所以聰耳○〔女〕音汝下皆同辰在子卯謂之疾日疾惡也紂以甲子喪桀以乙卯亡故國君以爲忌日君徹宴樂學人舍業爲疾故也君之卿佐是謂股肱股肱或虧何痛如之言痛疾過於忌日○〔舍〕音捨〔爲〕于僞反下同女弗聞而樂是不聰也不聞是義而作樂又飲外嬖嬖叔外都大夫之嬖者曰女爲君目將司明也職在外故主視服以旌禮旌表也禮以行事事政令事有其物物類也物有其容容貌也今君之容非其物也有卿佐之喪而作樂而歡會故曰非其物而女不見是不明也亦自飲也曰味以行氣氣以實志

氣和則志充。志以定言。在心爲志發口爲言。言以出令。臣實司味。二
御失官而君弗命。臣之罪也。工與嬖叔侍御君者失官不聰明。公說。
徹酒。初。公欲廢知氏而立其外嬖。爲是悛而止。〔說〕音悅
〔知〕音智下同〔悛〕七全反。秋八月。使荀躒佐下軍以說焉。躒荀盈之子知
文子也佐下軍代父也說自解說○〔躒〕力狄反又音洛。孟僖子如齊殷聘。禮也。
自叔老聘齊至今二十年禮意久曠今脩盛聘以無忘舊好故曰禮。冬。築郎囿。書時也。
季平子欲其速成也。叔孫昭子曰。詩曰。經始勿亟。庶
民子來。詩大雅言文王始經營靈臺非急疾之衆民自以子義來勸樂爲之○〔樂〕如字又五教反
一音洛。焉用速成。其以勦民也。勦勞也○〔勦〕初交反又子小反。無囿猶
可。無民其可乎。

經十年春王正月夏齊欒施來奔（耆酒好內以取敗亡故書名）秋七月季孫意如叔弓仲孫貜帥師伐莒（三大夫皆卿故書之季孫爲主二子從之）戊子晉侯彪卒（五同盟）九月叔孫婼如晉葬晉平公（三月而葬速）十有二月甲子宋公成卒（十一同盟也無冬史闕文○〔戍〕音城或音戌）

傳十年春王正月有星出于婺女（客星也不書非孛○〔孛〕蒲對反）鄭裨竈言於子產曰七月戊子晉君將死今茲歲在顓頊之虛（歲歲星也顓頊之虛謂玄枵○〔虛〕起魚反）姜氏任氏實守其地（姜齊姓任薛姓齊薛二國守玄枵之地）居其維首而有妖星焉告邑姜也（客星居玄枵之維首邑姜齊大公女晉唐叔之母星占婺女爲既嫁之女織女爲處女邑姜齊之既嫁女）

妖星在婺女齊得歲故知禍歸邑姜邑姜晉之妣也天以七紀二十八宿面七
戊子逢公以登星斯於是乎出逢公殷諸侯居齊地者逢公將死妖星出
婺女時非歲星所在故齊自當禍而以戊子日卒吾是以譏之爲晉侯彪卒傳齊惠
欒高氏皆耆酒欒高二族皆出惠公信內多怨說婦人言故多怨彊於
陳鮑氏而惡之惡陳鮑(惡)烏路反○夏有告陳桓子曰子旗子
良將攻陳鮑亦告鮑氏桓子授甲而如鮑氏遭子良
醉而騁欲及子良醉故驅告鮑文子遂見文子文子鮑國則亦授甲矣
使視二子二子子旗子良則皆將飲酒桓子曰彼雖不信彼傳
言者聞我授甲則必逐我及其飲酒也先伐諸陳鮑方
睦遂伐欒高氏子良曰先得公陳鮑焉往欲以公自輔助遂

伐虎門。欲入，公不聽，故伐公門。晏平仲端委立于虎門之外。端委，朝服。四族召之，無所往。四族，欒、高、陳、鮑。其徒曰：助陳、鮑乎？曰：何善焉？言無善義可助。助欒、高乎？曰：庸愈乎？罪惡不差於陳、鮑。○〔差〕初賣反。然則歸乎？曰：君伐，焉歸？公召之而後入。公卜使王黑以靈姑銔率，吉，請斷三尺焉而用之。王黑，齊大夫。靈姑銔，公旗名。斷三尺，不敢與君同。○〔銔〕扶眉反，又音丕。〔率〕所律反，又所類反。〔斷〕丁管反。五月庚辰，戰于稷。稷，祀后稷之處。欒、高敗，又敗諸莊。莊，六軌之道。國人追之，又敗諸鹿門。鹿門，齊城門。欒施、高彊來奔。高彊不書，非卿。陳、鮑分其室。晏子謂桓子：必致諸公。讓，德之主也。讓之謂懿德。凡有血氣，皆有爭心，故利不可強。不可強取。○〔強〕其丈反。思義爲愈。

義。利之本也。蘊利生孽。蘊畜也孽妖害也○〔蘊〕紆粉反姑使無蘊乎。可以滋長。桓子盡致諸公。而請老于莒。莒齊邑○〔長〕丁丈反桓子召子山。子山子商子周襄三十一年子尾所逐羣公子私具幄幕器用。從者之衣屨。私具不告公而反棘焉。棘子山故邑齊國西安縣東有戟里亭子商亦如之。而反其邑。子周亦如之。而與之夫于。子周本無邑故更與之濟南於陵縣西北有于亭反子城子公公孫捷三子八年子旗所逐而皆益其祿。凡公子公孫之無祿者。私分之邑。桓子以己邑分之國之貧約孤寡者。私與之粟。曰詩云。陳錫載周。能施也。詩大雅言文王能布陳大利以賜天下行之周徧○〔施〕始豉反桓公是以霸。齊桓公亦能施以致霸公與桓子莒之旁邑。辭。讓不受穆孟姬爲

之請高唐陳氏始大 穆孟姬景公母傳言陳氏所以興 秋七月平子伐莒取郠 郠莒邑取郠不書公見討於平丘魯諱之○(郠)音梗 獻俘始用人於亳社 以人祭殷社 臧武仲在齊聞之曰周公其不饗魯祭乎周公饗義魯無義詩曰德音孔昭視民不佻 詩小雅佻偷也言盟德君子必愛民○(佻)他彫反 佻之謂甚矣而壹用之將誰福哉 壹同也同人於畜牲 戊子晉平公卒 如禘竈之言 鄭伯如晉及河晉人辭之游吉遂如晉 禮諸侯不相弔故辭 九月叔孫婼齊國弱宋華定衞北宮喜鄭罕虎許人曹人莒人邾人滕人薛人杞人小邾人如晉葬平公也 經不書諸侯大夫者非盟會 鄭子皮將以幣行 見新君之贄○(見)音現下至因見同 子產曰喪焉用

幣用幣必百兩載幣用車百乘百兩必千人千人至將不行行用也不行必盡用之不得見新君將自費用盡幾千人而國不亡言千人之費不可數○〔幾〕音紀〔數〕所角反子皮固請以行既葬諸侯之大夫欲因見新君叔孫昭子曰非禮也弗聽叔向辭之曰大夫之事畢矣送葬禮畢而又命孤孤斬焉在衰絰之中既葬未卒哭故猶服斬衰其以嘉服見則喪禮未畢其以喪服見是重受弔也大夫將若之何皆無辭以見子皮盡用其幣歸謂子羽曰非知之實難將在行之言不患不知患不能行○以〔見〕音現下同夫子知之矣我則不足言己由子產之戒既知其不可而遂行之是我之不足書曰欲敗度縱敗禮逸書我之謂矣夫子

知度與禮矣。我實縱欲而不能自克也。欲因喪以慶新君。故縱而行之。不能自勝。○〔勝〕音升。昭子至自晉。大夫皆見。高彊見而退。高彊。子良。昭子語諸大夫曰。爲人子不可不愼也哉。昔慶封亡。子尾多受邑而稍致諸君。君以爲忠而甚寵之。將死。疾于公宮。在公宮被疾。○〔語〕魚據反。輦而歸。君親推之。推其車而送之。○〔推〕如字。又他回反。其子不能任。是以在此。忠爲令德。其子弗能任。罪猶及之。難不愼也。喪夫人之力。弃德曠宗。以及其身。不亦害乎。夫人謂子尾。曠。空也。○〔任〕音壬。〔喪〕息浪反。詩曰。不自我先。不自我後。其是之謂乎。詩小雅。言禍亂不在他。正當己身。以喻高彊身自取此禍。冬十二月。宋平公卒。初。元公惡寺人柳。欲殺之。元公。

平公大子佐也○(惡)烏路反及喪柳熾炭于位以温地將至則去之
使公坐其處○(去)起呂反比葬又有寵言元公好惡無常
經十有一年春王二月叔弓如宋葬宋平公夏四月
丁巳楚子虔誘蔡侯般殺之于申蔡侯雖弒父而立楚子誘而殺之刑
其羣士蔡大夫深怨故以楚子名告○(般)音班楚公子弃疾帥師圍蔡五月
甲申夫人歸氏薨昭公母胡女歸姓大蒐于比蒲○(比)音毗仲孫
貜會邾子盟于祲祥祲祥地闕○(祲)子鴆反又七林反秋季孫意如
會晉韓起齊國弱宋華亥衛北宮佗鄭罕虎曹人杞
人于厥憖厥憖地闕○(佗)徒何反(憖)魚靳反又五巾反一五轄反九月己亥葬
我小君齊歸齊謚冬十有一月丁酉楚師滅蔡執蔡世

子有以歸用之。用之、殺以祭山。

傳十一年春王二月叔弓如宋葬平公也。嫌以聘事行、故傳具之。

景王問於萇弘曰今茲諸侯何實吉何實凶。萇弘、周大夫。○〔萇〕直良反。對曰蔡凶此蔡侯般弑其君之歲也歲在豕韋。襄三十年、蔡世子般弑其君、歲在豕韋、至今十三年、歲復在豕韋。般卽靈侯也。弗過此矣。言蔡凶不過此年。楚將有之然壅也。蔡近楚、故知楚將有之。楚無德而享大利、所以壅積其惡。歲及大梁蔡復楚凶天之道也。楚靈王弑立之歲、歲在大梁。到昭十三年、歲復在大梁。美惡周必復、故知楚凶。

楚子在申召蔡靈侯靈侯將往蔡大夫曰王貪而無信唯蔡於感。蔡近楚之大國、故楚常恨其不服順。○〔感〕戶暗反。今幣重而言甘誘我也不如無往蔡侯不

可三月丙申楚子伏甲而饗蔡侯於申醉而執之夏
四月丁巳殺之刑其士七十人公子弃疾帥師圍蔡
傳言楚子無道韓宣子問於叔向曰楚其克乎對曰克哉蔡
侯獲罪於其君謂弑父而立而不能其民不能施德天將假手
於楚以斃之借楚手以討蔡何故不克然肸聞之不信以幸
不可再也楚王奉孫吳以討於陳曰將定而國陳人
聽命而遂縣之事在八年今又誘蔡而殺其君以圍其國
雖幸而克必受其咎弗能久矣桀克有緡以喪其國
紂克東夷而隕其身紂爲黎之蒐東夷叛之桀爲仍之會有緡叛之故伐而克之
楚小位下而亟暴於二王能無咎乎天之假助不善

非祚之也厚其凶惡而降之罰也且譬之如天其有五材而將用之力盡而敝之是以無拯不可沒振金木水火土五者爲物用久則必有敝盡盡則弃捐故言無拯拯猶救助也不可沒振猶沒不可復振○〔亟〕斯冀反五月齊歸薨大蒐于比蒲非禮也孟僖子會邾莊公盟于祲祥脩好禮也蒐非存亡之由故臨喪不宜爲之盟會以安社稷故喪盟謂之禮泉丘人有女夢以其帷幕孟氏之廟泉丘魯邑遂奔僖子其僚從之鄰女爲僚友者隨而奔僖子盟于清丘之社曰有子無相弃也二女自共盟僖子使助薳氏之簉簉副倅也薳氏之女爲僖子副妾別居在外故僖子納泉丘人女令副助之○〔薳〕爲彼反〔簉〕初又反反自祲祥宿于薳氏生懿子及南宮敬叔於泉丘人其僚無子使

字敬叔。字，養也。似雙生。楚師在蔡。向之師。四月晉荀吳謂韓宣子曰：不能救陳，又不能救蔡，物以無親。物，事也。晉之不能亦可知也已。為盟主而不恤亡國，將焉用之？秋，會于厥慭，謀救蔡也。不書救蔡，不果救。鄭子皮將行，子產曰：行不遠，不能救蔡也。蔡小而不順，楚大而不德，天將棄蔡以壅楚，盈而罰之。盈楚惡。蔡必亡矣。且喪君而能守者鮮矣。三年，王其有咎乎？美惡周必復，王惡周矣。元年，楚子弑君而立，歲在大梁。後二年十三歲，歲星周復於大梁。〇〔復〕於去聲。晉人使狐父請蔡于楚，弗許。狐父，晉大夫。單子會韓宣子于戚。單子，單成公。視下言徐。叔向曰：單子其將死乎！朝有著定，著定，朝內列位常處，謂之表著。會有表。野會，設表以爲位。衣有禬帶有結。禬，領會。結，帶結也。○[禬]古外反。會朝之言必聞于表著之位，所以昭事序也。視不過結禬之中，所以道容貌也。言以命之，容貌以明之，失則有闕。今單子爲王官伯，而命事於會，視不登帶，言不過步，貌不道容，而言不昭矣。不道不共，不昭不從，貌正曰共，言順曰從。無守氣矣。爲此年冬單子卒起本。九月，葬齊歸，公不慼。晉士之送葬者歸以語史趙，史趙曰：必爲魯郊。言昭公必出在郊野，不能有國。○[語]魚據反。侍者曰：何故？曰：歸姓也，不思親，祖不歸也。姓，生也。言不思親，則不爲祖考所歸佑。叔向曰：魯公室其卑乎？君有大喪，國不廢蒐，謂蒐比蒲。有三年之喪，而無一日之感國不恤喪不忌君也（忌畏也）君無感容不顧親也國不忌君君不顧親能無卑乎殆其失國（爲二十五年公孫於齊傳）冬十一月楚子滅蔡用隱大子于岡山（蔡靈公之大子蔡侯廬之父）申無宇曰不祥五牲不相爲用況用諸侯乎（五牲牛羊豕犬雞○〔爲〕去聲或如字）王必悔之（悔爲暴虐）十二月單成公卒（終叔向之言）楚子城陳蔡不羹（襄城縣東南有不羹城定陵西北有不羹亭○〔羹〕音郎漢書作更字）使弃疾爲蔡公王問於申無宇曰弃疾在蔡何如對曰擇子莫如父擇臣莫如君鄭莊公城櫟而寘子元焉使昭公不立（子元鄭公子莊公寘子元於櫟桓十五年厲公因之以殺櫟大夫檀伯遂居櫟卒使昭公不安位而見殺○〔櫟〕力狄反）齊桓公城穀而寘管仲

焉。至于今賴之。城穀在莊三十二年。臣聞五大不在邊。五細不在庭。上古。金。木。水。火。土。謂之五官。玄鳥氏。丹鳥氏。亦有五。又以五鳩鳩民。五雉爲五工正。蓋立官之本也。末世隨事施職。是以官無常數。今無宇稱古言。故云五大也。言五官之長。專盛過節。則不可居邊。細弱不勝任。亦不可居朝廷。親不在外。羈不在內。今弃疾在外。鄭丹在內。襄十九年。丹奔楚。君其少戒。王曰。國有大城何如。對曰。鄭京櫟實殺曼伯。曼伯。檀伯也。厲公得櫟。又并京。○[曼]音萬。宋蕭亳實殺子游。在莊十二年。齊渠丘實殺無知。在莊九年。渠丘。今齊國西安縣也。齊大夫雍廩邑。衛蒲戚實出獻公。蒲。甯殖邑。戚。孫林父邑。出獻公在襄十四年。若由是觀之。則害於國。末大必折。折其本。尾大不掉。君所知也。爲十三年陳蔡作亂傳。○[掉]徒弔反。

經十有二年春齊高偃帥師納北燕伯于陽三年燕伯出奔齊高偃高傒玄孫齊大夫陽即唐燕別邑中山有唐縣不言于燕未得國都○〔傒〕音奚三月壬申鄭伯嘉卒五同盟夏宋公使華定來聘定華椒孫公如晉至河乃復晉人以莒故辭公五月葬鄭簡公三月而葬速楚殺其大夫成熊傳在葬簡公上經從赴秋七月冬十月公子慭出奔齊書名謀亂故也○〔慭〕魚覲反一讀爲整楚子伐徐不書圍以乾谿師告晉伐鮮虞不書將帥史闕文

傳十二年春齊高偃納北燕伯款于唐因其衆也言因唐衆欲納之故得先入唐三月鄭簡公卒將爲葬除除葬道○〔爲〕于僞反及游氏之廟游氏子大叔族將毀焉子大叔使其除徒執用以

立而無庸毀（用毀廟具）曰子產過女而問何故不毀乃曰
不忍廟也諾將毀矣（教毀廟者之辭○女音汝）既如是子產乃使
辟之司墓之室有當道者（簡公別營葬地不在鄭先公舊墓故道有臨時迂直）
（司墓之室鄭之掌公墓大夫徒屬之家○迂音于）毀之則朝而塴（塴下棺○朝如字塴北鄧反又甫贈反又作窆音砭）弗毀則日中而塴子大叔請毀之曰
無若諸侯之賓何（不欲久留賓）子產曰諸侯之賓能來會
吾喪豈憚日中無損於賓而民不害何故不爲遂弗
毀日中而葬君子謂子產於是乎知禮禮無毀人以
自成也夏宋華定來聘通嗣君也（宋元公新卽位）公享之爲
賦蓼蕭弗知又不答賦（蓼蕭詩小雅義取燕笑語兮是以有譽處兮樂與華定燕）

語也。又曰。既見君子。爲龍爲光。欲以寵光賓也。又曰。宜兄宜弟。令德壽凱。言賓有令德。可以壽樂也。又曰。和鸞雝雝。萬福攸同。言欲與賓同福祿也。昭子曰。必亡。宴語之不懷。懷思也。寵光之不宣。宣揚也。令德之不知。同福之不受。將何以在。爲二十年華定出奔傳。齊侯衞侯鄭伯如晉。朝嗣君也。晉昭公新立。公如晉。亦欲朝嗣君。至河乃復。取郠之役。在十年。莒人愬于晉。晉有平公之喪。未之治也。故辭公。公子慭遂如晉。慭魯大夫。如晉不書。還不書。復命而奔。故史不書於策。晉侯享諸侯。子產相鄭伯。辭於享。請免喪而後聽命。簡公未葬。晉人許之。禮也。善晉不奪孝子之情。晉侯以齊侯宴。中行穆子相。穆子。荀吳。投壺。晉侯先。穆子曰。有酒如淮。有肉如坻。淮。水名。坻。山名。○坻。直疑反。寡君中此爲諸侯師中之齊侯舉矢曰有酒如澠有肉如陵澠水出齊國臨淄縣北入時水陵大阜也○(中)丁仲反下同(澠)音蠅寡人中此與君代興代更也○(更)音庚亦中之伯瑕謂穆子伯瑕士文伯曰子失辭吾固師諸侯矣壺何爲焉其以中儁也言投壺中不足爲儁異齊君弱吾君歸弗來矣欲與晉君代興是弱之穆子曰吾軍帥彊禦卒乘競勸今猶古也齊將何事言晉德不衰於古齊不事晉將無所事公孫傁趨進曰日旰君勤可以出矣以齊侯出傁齊大夫傳言晉之衰○(傁)素口反又所流反(旰)古旦反楚子謂成虎若敖之餘也遂殺之成虎令尹子玉之孫與鬬氏同出於若敖宣四年鬬椒作亂今楚子信譖而訖討若敖之餘或譖成虎於楚子成虎知之而不能行書曰

楚殺其大夫成虎。懷寵也。解經所以書名。六月。葬鄭簡公。傳終子產辭享，明既葬則為免喪。經書五月，誤。晉荀吳僞會齊師者，假道於鮮虞，遂入昔陽。鮮虞，白狄別種，在中山新市縣。昔陽，肥國都，樂平沾縣東有昔陽城。秋八月壬午，滅肥，以肥子緜皐歸。肥，白狄也。緜皐，其君名。鉅鹿下曲陽縣西南有肥累城。為下晉伐鮮虞起。○[累]音壘。周原伯絞虐其輿臣，使曹逃。原伯絞，周大夫原公也。輿，衆也。曹，羣也。冬十月壬申朔，原輿人逐絞而立公子跪尋。跪尋，絞弟。絞奔郊。郊。周也。甘簡公無子，立其弟過。甘簡公，周卿士。○[過]古禾反。下之子過同。過將去成景之族。成公、景公，皆過之先君。○[去]起呂反。成景之族賂劉獻公。欲使殺過。劉獻公亦周卿士，劉定公子。丙申，殺甘悼公。悼公即過。而立成公之孫鰌。鰌，平公。[鰌]音秋。○丁酉，殺獻大子之傅庚皮之子過。過，劉獻公大子之傅。殺瑕辛于市及宮嬖綽王孫沒劉州鳩陰忌老陽子。六子，周大夫，及庚過，皆甘悼公之黨。傳言周衰，原甘二族所以遂微。

季平子立而不禮於南蒯。蒯，南遺之子，季氏費邑宰。○〔蒯〕苦怪反。〔費〕音祕。南蒯謂子仲，子仲，公子憖。吾出季氏而歸其室於公。室，季氏家財。子更其位。更，代也。○〔更〕音庚。我以費爲公臣。子仲許之。南蒯語叔仲穆子，且告之故。穆子，叔仲帶之子叔仲小也。語以欲出季氏，以不見禮故。○〔語〕魚據反。

季悼子之卒也，叔孫昭子以再命爲卿。悼子，季武子之子，平子父也。傳言叔孫之見命，乃在平子爲卿之前。及平子伐莒克之，更受三命。十年，平子伐莒，以功加三命。昭子不伐莒，亦以例加爲三命。叔仲子欲構二家。欲構使相憎。謂平子曰：三命踰父兄，非禮也。言昭子受三命。自踰其先人。平子曰。然。故使昭子。使昭子自貶黜。昭子曰。叔孫氏有家禍。殺適立庶。故婼也及此。禍在四年。若因禍以斃之。則聞命矣。言因亂討己。不敢辭。若不廢君命。則固有著矣。著位次。昭子朝而命吏曰。婼將與季氏訟。書辭無頗。頗偏也。○頗普何反。季孫懼。而歸罪於叔仲子。故叔仲小南蒯公子憖謀季氏。憖告公。而遂從公如晉。憖子仲。南蒯懼不克。以費叛如齊。子仲還及衛。聞亂。逃介而先。介副使也。及郊。聞費叛。遂奔齊。言及郊解經所以書出。南蒯之將叛也。其鄉人或知之。過之而歎。鄉人過南蒯而歎。且言曰。恤恤乎。湫乎攸乎。恤恤憂患。湫愁隘。攸懸危之貌。○湫子小反。又在酒反。一音秋。深思而淺謀。邇身而遠志。家臣而君圖。（家臣而圖人君之事。故言思深而謀淺。身近而志遠。○（思）息嗣反。）有人矣哉。（言今有此人。微以感之。）南蒯枚筮之。（不指其事。汎卜吉凶。）遇坤䷁（坤下坤上。坤。）之比䷇（坤下坎上。比。坤六五爻變。）曰黃裳元吉。（坤六五爻辭。）以爲大吉也。示子服惠伯曰。卽欲有事。何如。惠伯曰。吾嘗學此矣。忠信之事則可。不然必敗。外彊內溫。忠也。（坎險故彊。坤順故溫。彊而能溫。所以爲忠。）和以率貞。信也。（水和而土安正。和正。信之本也。）故曰黃裳元吉。黃。中之色也。裳。下之飾也。元。善之長也。中不忠。不得其色。（言非黃。）下不共。不得其飾。（不爲裳。）事不善。不得其極。（失中德。）外內倡和爲忠。（不相違也。○（和）戶臥反。）率事以信爲共。（率猶行也。）供養三德爲善三德謂正直剛克柔克也○[供]九用反[養]餘亮反非此三者弗當非忠信善不當此卦○[當]如字或丁浪反且夫易不可以占險將何事也且可飾乎夫易猶此易謂黃裳元吉之卦問其何事欲令從下之飾中美能黃上美爲元下美則裳參成可筮參美盡備吉可如筮猶有闕也筮雖吉未也有闕謂不參成將適費飲鄉人酒南蒯自其家還適費○[飲]於鴆反鄉人或歌之曰我有圃生之杞乎言南蒯在費欲爲亂如杞生於園圃非宜也杞世所謂枸杞也從我者子乎子男子之通稱言從己可不失今之尊○[稱]尺證反去我者鄙乎倍其鄰者恥乎鄰猶親也已乎已乎非吾黨之士乎已乎已乎言自遂不改平子欲使昭子逐叔仲小欲以自解說小聞之不敢朝昭子命吏謂小待政於朝曰吾不爲怨府

言不能為季氏逐小生怨禍之聚為明年叔弓圍費傳楚子狩于州來。狩冬獵也次于潁尾。潁水之尾在下蔡西使蕩侯潘子司馬督囂尹午陵尹喜帥師圍徐以懼吳。五子楚大夫徐吳與國故圍之以偪吳○〔囂〕五刀反又許驕反楚子次于乾谿。在譙國城父縣南以為之援。雨雪。王皮冠。秦復陶。秦所遺羽衣也○〔雨〕于付反〔復〕音服一音福翠被。以翠羽飾被豹舄。以豹皮為履執鞭以出。執鞭以教令僕析父從。楚大夫○〔從〕才用反右尹子革夕。子革鄭丹夕莫見〔莫〕音暮〔見〕賢遍反○王見之去冠被舍鞭。敬大臣○〔去〕起呂反〔舍〕音捨與之語曰昔我先王熊繹楚始封君與呂伋齊大公之子丁公王孫牟衛康叔子康伯燮父晉唐叔之子○〔燮〕素協反禽父周公子伯禽竝事康王。康王成王子四國皆有分我獨無有。四國齊晉魯衛分珍

寶之器。○〔分〕扶問反。下同。今吾使人於周求鼎以爲分王其與我
乎對曰與君王哉昔我先王熊繹辟在荊山在新城沶鄉縣
南。○〔辟〕匹亦反。〔沶〕音市。篳路藍縷以處草莽跋涉山林以事天
子唯是桃弧棘矢以共禦王事桃弧棘矢以禦不祥。言楚在山林。少所出
有。○〔共〕音恭。〔禦〕魚呂反。齊王舅也成王母。齊大公女。晉及魯衛王母弟
也楚是以無分而彼皆有今周與四國服事君王將
唯命是從豈其愛鼎王曰昔我皇祖伯父昆吾舊許
是宅陸終氏生六子。長曰昆吾。少曰季連。季連。楚之祖。故謂昆吾爲伯父。昆吾嘗居許地。故曰舊許
是宅。今鄭人貪賴其田而不我與我若求之其與我乎
對曰與君王哉周不愛鼎鄭敢愛田王曰昔諸侯遠

我而畏晉今我大城陳蔡不羹賦皆千乘子與有勞焉諸侯其畏我乎對曰畏君王哉是四國者專足畏也四國陳蔡二不羹○[遠]于萬反[羹]音郎[與]音預又加之以楚敢不畏君王哉工尹路請曰君王命剝圭以爲鏚柲鏚斧也柲柄也破圭玉以飾斧柄○[鏚]音戚[柲]音秘敢請命請制度之命王入視之析父謂子革吾子楚國之望也今與王言如響國其若之何譏其順王心如響應聲子革曰摩厲以須王出吾刃將斬矣以己喻鋒刃欲自摩厲以斬王之淫慝王出復語左史倚相趨過倚相楚史名○[復]扶又反[倚]於綺反王曰是良史也子善視之是能讀三墳五典八索九丘皆古書名○[索]所白反對曰臣嘗問焉昔穆王欲肆其

心。（周穆王。肆，極也。）周行天下，將皆必有車轍馬跡焉。祭公謀父作祈招之詩以止王心。（謀父，周卿士。祈父，周司馬，世掌甲兵之職，招其名。祭公方諫遊行，故指司馬官而言。此詩逸。○周[行]如字，又下孟反。[祭]側界反。[招]常遙反。）王是以獲沒於祗宮。（獲沒，不見篡弒。○[祗]音支，又音祁。）臣問其詩而不知也，若問遠焉，其焉能知之。王曰：子能乎？對曰：能。其詩曰：祈招之愔愔，式昭德音。（愔愔，安和貌。式，用也。昭，明也。○[愔]一心反。）思我王度，式如玉，式如金。（金玉取其堅重。）形民之力，而無醉飽之心。（言國之用民，當隨其力任，如金冶之器，隨器而制形，故言形民之力，去其醉飽過盈之心。）王揖而入，饋不食，寢不寐，數日，（深感子革之言。○[數]所主反。）不能自克，以及於難。（克，勝也。○[難]乃旦反。[勝]升證反，又音升。）仲尼曰：古也有志，克己復

禮。仁也。信善哉。楚靈王若能如是。豈其辱於乾谿。晉

伐鮮虞。因肥之役也。肥役在此年。

春秋經傳集解昭公三第二十二

西元二〇二四年三月一日重製一版

春秋左氏傳杜氏集解 冊三（晉杜預集解）

平裝四冊基本定價貳仟貳佰元正
（郵運匯費另加）

發行人 張敏君

發行處 中華書局

臺北市內湖區舊宗路二段一八一巷八號五樓（5FL., No. 8, Lane 181, JIOU-TZUNG Rd., Sec 2, NEI HU, TAIPEI, 11494, TAIWAN）

客服電話：886-8797-8396

公司傳真：886-8797-8909

匯款帳戶：華南商業銀行西湖分行
179100026931

印刷：維中科技有限公司
海瑞印刷品有限公司

No. N0007-3

國家圖書館出版品預行編目(CIP)資料

春秋左氏傳杜氏集解/(晉)杜預集解. -- 重製一版. -- 臺北市：
中華書局, 2024.03
冊；　公分
ISBN 978-626-7349-06-9(全套：平裝)

1.CST: 左傳 2.CST: 注釋

621.732　　113001476